國家圖書館出版品預行編目資料

中國古代思想史論 / 李澤厚著.－－三版一刷.－－臺
　北市: 三民, 2019
　　面；　公分.－－(李澤厚論著集)

ISBN 978-957-14-6527-2　(平裝)

1.中國哲學史

112　　　　　　　　　　　　　　　　　107020624

© 　中國古代思想史論

著 作 人	李澤厚
發 行 人	劉振強
著作財產權人	三民書局股份有限公司
發 行 所	三民書局股份有限公司
	地址　臺北市復興北路386號
	電話　(02)25006600
	郵撥帳號　0009998-5
門 市 部	(復北店) 臺北市復興北路386號
	(重南店) 臺北市重慶南路一段61號
出版日期	初版一刷　1996年9月
	三版一刷　2019年1月
編　　號	S 120950

行政院新聞局登記證局版臺業字第○二○○號

有著作權・不准侵害

ISBN　978-957-14-6527-2　（平裝）

http://www.sanmin.com.tw　三民網路書店
※本書如有缺頁、破損或裝訂錯誤，請寄回本公司更換。

再版說明

　　一九八六年的北京街頭，書報攤小販高喊著「李澤厚」、「中國古代思想史論」來拉攏買氣，證明了李澤厚先生家喻戶曉的知名程度。在美學方面，《美的歷程》、《美學四講》、《華夏美學》的出版，奠定了他美學大師的地位。在思想史方面，《中國古代思想史論》、《中國近代思想史論》、《中國現代思想史論》的發表，更在國內外掀起高潮迭起的論戰，引領著當時代學術發展的方向。

　　「李澤厚」三個字代表著深刻思考、理性批評，因此追隨者眾，其著作更是被廣泛盜版、翻印，劣質品充斥於市。一九九〇年代，在余英時教授的引介下，本局不惜鉅資取得李澤厚先生的著作財產權，隨即重新製版、印刷，以精緻美觀的高品質問世。

　　此次再版，除重新設計版式、更正舊版疏漏之處外，並以本局自行撰寫的字體加以編排，不惟美觀，而且大方，相信於讀者在閱讀的便利性與舒適度上，能有大幅的提升。

三民書局編輯部　謹識

李澤厚論著集總序

　　在大陸和臺灣的一些朋友，都曾多次建議我出一個「全集」，但我沒此打算。「全集」之類似乎是人死之後的事情，而我對自己死後究竟如何，從不考慮。「歸日急翻行戍稿，把空名料理傳身後」，那種立言不朽的念頭，似乎相當淡漠。聲名再大，一萬年後也仍如灰燼。所以，我的書只為此時此地的人們而寫，即使有時收集齊全，也還是為了目前，而非為以後。

　　而且，我一向懷疑「全集」。不管是誰的全集，馬克思的也好，尼采的也好，孫中山、毛澤東的也好，只要是全集，我常持保留態度，一般不買不讀，總覺得它們虛有其表，徒亂人意。為什麼要「全」呢？第一，世上的書就夠多了，越來越多，越來越讀不過來；那麼多的「全集」，不是故意使人難以下手和無從卒讀麼？第二，人有頭臉，也有臀部；人有口才，也放臭氣；一個人能保留一兩本或兩三本「精華」，就非常不錯了。「全」也有何好處？如果是為了研究者、崇拜者的需要，大可讓他們自己去搜全配齊；如果是因對此人特別仇恨（如毛澤東提議編蔣介石全集），專門編本「後臀集」或「放屁集」以揚醜就行了，何必非「全集」不可？難道「全集」都是精華？即使聖賢豪傑、老師宿儒，也不大可能吧？也許別人可以，但至少我不配。我在此慎重聲明：永

遠也不要有我的「全集」出現。因之，關於這個「論著集」，首先要說明，它不全；第二，雖然保留了一些我並不滿意卻也不後悔的「少作」或非少作，但它是為了對自己仍有某種紀念意義，對別人或可作為歷史痕跡的參考；第三，更重要的是由於我的作品在臺灣屢經盜版，錯漏改竄，相當嚴重，並且零零碎碎，各上其市，就不如乾脆合編在一起，不管是好是壞，有一較為真實可信的面貌為佳。何況趁此機會，尚可小作修飾，訂正誤會，還有正式的可觀稿酬，如此等等；那麼，又何樂而不為呢？這個「論著集」共十冊，以哲學、思想史、美學、雜著四個部分相區分。

前數年大陸有幾家出版社，包括敝家鄉的一家，曾與我面商出「全集」，被我或斷然拒絕或含糊其辭地打發了。我也沒想到會在臺灣出這個「論著集」。至今我沒好好想，或者沒有想清楚，為什麼我的書會在臺灣有市場，它們完全是在大陸那種特殊環境中並是針對大陸讀者而寫的。是共同文化背景的原因嗎？或者是共同對中國命運的關心？還是其他什麼原因？我不清楚。人們告訴我，在日本和韓國，我的書也受歡迎，而且主要也是青年學人，與大陸、臺灣情況近似。對此我當然非常高興，但也弄不清楚是什麼原因。臺灣只來過一次，時不過五週，一切對我還很陌生，但有幸能繞島旅遊一周。東海岸的秀麗滄茫，令人心曠神怡，太魯閣的雄偉險峻，令人神驚目奪。但使我最難忘懷的，卻是那最南邊頗為奇特的墾丁公園。在那裡，我遇到了一批南來渡假的女大學生，她們笑語連連，任情打鬧，那要滿溢出來的青春、自由和歡樂，真使我萬分欽羨。如此風光，如此生命，這才是美的本身和哲學本體之所在。當同行友人熱心地把我介紹給她們時，除

一兩位似略有所知外，其他大都茫然，當然也就是說並未讀過我的什麼著作了。那種茫然若失、稚氣可掬的姿態神情，實在是太漂亮了。這使我特別快樂。我說不清楚為什麼。也許，我不是作為學者、教授、前輩，而是作為一個最普通的老人，與這批最年輕姑娘們匆匆歡樂地相遇片刻，而又各自東西永不再見這件事本身，比一切更愉快、更美麗、更富有詩意？那麼，我的這些書的存在和出版又還有什麼價值、什麼意義呢？我不知道。

最後，作為總序，該說幾句更嚴肅的話。我的書在臺灣早經盜版，這次雖增刪重編，於出版者實暫無利可圖。在此商業化的社會氛圍中，如非余英時教授熱誠推薦，一言九鼎；黃進興先生不憚神費，多方努力；劉振強先生高瞻遠矚，慨然承諾；此書是不可能在臺問世的。我應在此向三位先生致謝。特別是英時兄對我殷殷關注之情，至可銘感。

是為「論著集」總序。

李澤厚
1994 年 3 月於科泉市

李澤厚論著集

總分目冊

序

　　思想史部分收《中國古代思想史論》、《中國近代思想史論》、《中國現代思想史論》三書，分別初版於 1985、1979 和 1987 年。

　　據大陸的朋友們說，除《美的歷程》外，這三本思想史是我的著作中流傳最遠、影響最廣的。他們說，《批判哲學的批判——康德述評》一書的影響是深度，《美的歷程》和這三本思想史論的影響是廣度。在海外，無論是美國、歐洲或日本，人們常提到的也大都是這三書，而少及其他，思想史可能比哲學特別是比美學，在國外要更受注意和重視。

　　有趣的是，我收到的反應，也包括我故意問過好些人：這三本書中，你最喜歡哪一本？或者你認為哪一本最好？使我奇怪的是，答覆完全不同，可說人言言殊，大不一樣。有偏愛《現代》的，有稱讚《近代》的，有選擇《古代》的。這倒使我有點糊塗了。人們反問我，我也說不清，只好說，滿意的還沒寫出來。因此迄今為止，我不知道哪一本算最好或最受人歡迎。我只知道，寫在不同時期的這三本書，無論是問題、風格、體例和處理方式都各不相同。三書在外表上也很不一樣，這次放在一起合為一卷，除了從內容上看，可能有試圖從「文化心理結構」角度去處理由

孔夫子到毛澤東這樣一條似有似無、尚未定形的線索外，其他都
不統一，這次也不想去強求統一。但總覽全書，畢竟可以看到從
古到今的中國思想史一些最為重要的問題和人物都或論述到，或
接觸到了。

再回到對三本書的不同反應上來。為什麼對三本書各有不同
的選擇或接受呢？我是這樣猜想的：《現代》一書之被接受，甚至
為某些青年所偏愛，可能主要是當時在「文化熱」的高潮中，人
們（特別是青年一代）對未來中國的走向有鉅大的關懷。特別當
時要求政治民主的思想情緒正日趨強烈，反思過去使他們對《現
代》一書中提出的「救亡壓倒啟蒙」、「馬克思主義的中國化」（提
出實用主義、民粹主義、道德主義的嚴重浸入）、「西體中用」等
等發生了極大興趣，於是此書不脛而走，謬種相傳，「流毒」甚
大。於是也就有 1989 年後的官方左派圍剿式的大批判。批判認為
「……《中國現代思想史論》比較集中地表現出他對中國歷史和
現實有一條系統的政治思想綱領。這一綱領性的東西是由三個命
題構成，即五四時代『救亡壓倒啟蒙』，後來中國革命是農民革
命，建立的政權是封建主義的。現在應該走『西體中用』的道路。
這個綱領離開馬克思主義和社會主義太遠了」，「李澤厚思想和著
作為資產階級自由化思潮提供了理論基礎」（均見雜著卷附錄之
二）。大概這本書的確離開史達林和毛澤東的馬克思主義和社會主
義「太遠了」，於是才贏來了當時讀者們的歡迎。其實，平心說
來，雖然至今我仍然堅持此書的所有觀點，包括為人詬病最多的
「西體中用」；但也如 1989 年前一些評論所指出，此書無論從資
料的掌握和處理上，或從論證的分析和展開上，都相當粗糙、籠

統。我在該書〈後記〉中也講過，它是「提前」完成的急就章。為什麼提前？是想趕在某種風雨之前，否則就出版不成了。這一點當時也和一些朋友說過。但這只是當年的一種朦朧預感，卻絕沒想到後來會是那麼一場暴風雨，而且來得那麼快，那麼急，那麼狂暴惡劣，幾乎摧毀了一切，也使《現代》在大陸成了禁書。

《近代》一書，情況則頗不相同。特別是其中一九五〇年代的作品，坐而論道，從容不迫，分析較細，材料較全。我非常清晰地記起當年還是大學生，害著肺病，一個人蟄居在被學校廢棄的一間三層斗室中，白天缺乏陽光，得開燈寫作，當時日以繼夜地埋頭於各種線裝書中，摘抄材料。包括該書一九七〇年代的產品，用的也還是那時候所積累的一點原始材料。因此論據似乎比較周全，一些人欣賞這本書，可能這是原因之一。但我覺得這書之所以被接受，主要原因恐怕還不在這裡，而是由於出版較早。時值毛剛去世，人們思想似一片茫然，這書通過近代思想人物的論述，提出了一些看法，其中的確有意蘊含了後來在《現代》中展開以及至今尚未展開的好些觀點。在當時封閉多年、思想阻塞的年代裡，算是起了開風氣先的作用。我吃驚地聽到一些作家、藝術家說，這本書影響了他們的創作。我簡直不能置信如此枯燥的學術論文，文藝家們如何可能去讀的？很簡單，這是因為那時候還沒書可讀的緣故。所以對今天讀者是如此平淡無奇的普通常識，在當時卻是石破天驚、非同小可的危險話語。才不過十餘年，中國畢竟是大步地向前邁進了。回頭想想幾十年一直把梁啟超、王國維等作為反面人物來論述，予以徹底否定，並成為所謂「定論」，也真有點不勝今昔之感。這次雖然對此書作了好些刪削，但

畢竟難作重大變動了。當年對革命的傾心讚頌，對未來的盲目樂觀，並以之作為標準和依據的論述評說，是不可能作全部改動了。當然，我也並不認為此書已經徹底「過時」，它的好些歷史觀察和價值描述是至今仍然有其意義的。

　　《古代》一冊，更難敘說。上下數千年，十幾萬字就打發掉，如〈後記〉中所認承，是自感會見笑於學林的。自己寫作時，便深感底子太薄，功力不夠，知識太少，不可能也不應該駕馭這麼大的場面，甚至暗暗發誓「以後再不寫這種東西了」。但結果居然還強如人意，這書在海內外的反應都不壞，不斷被人提及甚至還受到讚賞。據說大陸某大學馬列研究生以此書作重點研讀對象。在三本書中，我自己也的確比較喜歡這一本。原因是儘管材料少，論述粗，但畢竟是企圖對中國整個傳統作某種鳥瞰式的追索、探尋和闡釋，其中提出的一些觀念和看法，如「樂感文化」、「實用理性」、「文化心理結構」、「審美的天地境界」等等，我至今以為是相當重要的。我總希望在未來的世紀裡，中國文化傳統在東西方人文世界進行真正深入的對話中，能有自己的立場和貢獻。因此此書之作，即使是鋪磚砌瓦也好，拋磚引玉也好，似乎比《近》、《現》二冊，便有更深一層的目標和涵義了。也有青年從而認為我自相矛盾：《近》、《現》二書反封建、反傳統，《古代》一冊卻大說傳統的好話。其實不然。簡單說來，這正是今日中國現實的深刻「吊詭」和關鍵所在：中國要進入現代化，當然要在一定程度和一定意義上反掉某些前現代的傳統；但今日中國又應該是在看到後現代的前景下來進入現代，從而才可能盡量避免或減輕現代化所帶來的種種災難、弊病和禍害，因此，注意保存傳

統又成為非常重要的事情。我認為，也許這樣，才能嘗試去走出一條既現代又中國、既非過去的「社會主義」又優越於今日資本主義的創造性的道路來。當然，這只是某種想法，也許完全是空想或夢想。但我是主張做做夢的，如我有篇短文所說，只要不夢得糊糊塗塗，瘋瘋顛顛，存留一點對未來的美好希望並為之努力，又有何不可、有何不好呢？思想史論總要有點思想，「究天人之際，通古今之變」，是為了今日和將來，這又有何不可、有何不好呢？

李澤厚

中國古代思想史論

內容提要

一、孔 孟

1. 孔子所維護的周禮，本是周公所建立的氏族貴族的規範化
   制度，其中包含著原始人道和民主遺風。古典文獻與現代
   民俗學可相互印證這一點。

2. 但歷史向來是在悲劇性的二律背反中行進，文明進步要付
   出道德的代價。必將消失的氏族社會中的人道意識卻構成
   了孔學的中心。

3. 孔子以「仁」釋「禮」，將社會外在規範化為個體的內在自
   覺，是中國哲學史上的創舉，為漢民族的文化──心理結
   構奠下了始基。孔子成為中國文化的象徵和代表。

4. 「仁」的四個層面：(A) 血緣基礎，(B) 心理原則，(C) 人
   道主義，(D) 個體人格。四因素的相互制約，構成有機整
   體，其精神特徵是「實踐（用）理性」。

5. 最為重要和值得注意的是心理情感原則，它是孔學、儒家
   區別於其他學說或學派的關鍵點。

6. 強調情感與理性的合理調節，以取得社會存在和個體身心
   的均衡穩定：不需要外在神靈的膜拜、非理性的狂熱激情

或追求超世的拯救，在此岸中達到濟世救民和自我實現。

7. 孔子仁學對中國民族長久而巨大的影響和它的優缺點。

8. 孟子的「仁政→不忍人之心→四端→人格本體」的內收路線。賦予心理情感以先驗的形上性質，最終歸結為道德主體性的建立。

9. 倫理相對主義與絕對主義。中國倫理學特點：一方面強調道德的先驗普遍性、絕對性，另方面又強調此先驗、普遍、絕對即在經驗的感性、心理之中。體用不二。

10. 孟子奇特的「養氣」說：理性凝聚（「集義」）為意志，人憑這種凝聚了理性的感性（「氣」）能與天地相交通。

二、墨　子

1. 墨子思想作為小生產勞動者的代表，具有重大典型意義。

2. 強調勞動生產創造財富，是墨子思想基礎。

3. 建立在「交相利」基礎上的「兼相愛」——「大同」空想是墨子思想的中心。

4. 人格神的專制主宰是墨子思想的第三根支柱。

5. 墨家傳統並未消失，它以各種不同形態出現在農民起義和儒學異端中。近代中國的「墨學復興」。

三、老　韓

1. 中國辯證法應溯源於兵家，從而具有不同於概念辯證法的特徵：(A) 高度冷靜的理智態度，(B) 迅速抓住關鍵的二分法方式，(C) 直接指導行動的具體實用性。

2. 老子將軍事辯證法提昇為「君人南面術」「無為」的政治層與社會層涵義。

3. 「道」是功能與實體混而未分的整體，不可以語言、見聞、經驗去限定。老子辯證法並非對自然的認識而是生活的智慧。它的多義性和不可確定性的魅力。

4. 由老子的非情感的特徵發展而來的韓非的冷酷的利己主義：對世事人情的周密計算。政治猶軍事，人生乃戰場，揭穿了一切虛仁假義而「益人神智」。

5. 重要不在認識真理而在如何運用知識，這種軍事——政治——生活的辯證法給中國智力結構帶來了影響。

四、荀 易

1. 孔孟荀一脈相承，「一是以修身為本」，都注意了社會規範（外）與個體心理（內）的關係即人性問題。孟強調內（「仁」），荀強調外（「禮」）。

2. 荀子對「禮」所作的歷史主義的理性解釋，從人的族類特徵的高度來論證，是極為卓越的見解。

3. 「隆禮」、「性偽」、「勸學」和「天人之分」，構成了以改造主客觀世界為根本精神的思想體系，比孟子更具有物質實踐性格和以人類為主體的博大氣概。

4. 荀子的「天人之分」與「天人合一」並不矛盾。荀子思想與「順天」的農業生產或有關係。

5. 《易傳》建構起儒家的世界觀，賦予「天」以品德情感色彩，把自然與歷史貫串起來。既理性又情感，既是世界觀

又是人生觀。

6. 動態過程的《易傳》辯證法與靜態描述的《老子》辯證法的異同。

7.《中庸》的內在論。

五、董　黃

1. 與完成大一統專制帝國適應，各家學說逐漸合流，儒、道、法、陰陽為主幹。儒家有深厚的農業小生產基礎上的血緣宗法紐帶為依據，它對各家的吸取改造。

2. 董仲舒將陰陽五行（「天」）同王道政治（「人」）作異質同構的類比聯繫，建構起宇宙論系統圖式以強調自然——社會作為有機整體的動態平衡與和諧秩序。

3. 中國文官政教體制的建立。

4. 以《黃帝內經》為代表的中醫學說是天人宇宙論建構在科學思想中的表現。中醫迄今保持其生命力，乃世界文化史的奇蹟。

5. 秦漢不但在物質文明而且也在整個文化心理結構上為中國後代形成了模式和基礎，是原始儒學的真正落實。

6. 陰陽五行宇宙圖式長久滲入社會生活，給文化心理帶來了各種優缺點，如樂觀堅韌的整體精神，封閉順從的奴隸性格和經驗論的思辨水平，等等。

六、莊　禪

1. 莊子是最早的反異化的思想家，反對人為物役，要求個體

身心的絕對自由。

2. 審美的人生態度和理想人格，莊子的哲學是美學。

3. 道似無情卻有情：對生命、個體、感性的注意。

4. 玄學提出人格本體論。玄學三宗，各有特色。

5. 禪是中國產物，要求徹底破除任何對語言、概念、思辨、修養、權威的執著，才能「悟道」。

6. 瞬刻中得永恆，剎那間可終古，超越一切時空因果，「我即佛」。所以，不是什麼理想人格而是這種人生境界才是「本體」所在。

7. 莊禪對中國藝術有重要影響，它的直觀思維方式值得注意。

七、理　學

1. 奠基、成熟和瓦解三時期。張載、朱熹、王陽明為代表，各以「氣」、「理」、「心」為中心範疇，也是理學三派。

2. 由宇宙論到倫理學的內向理論。無極太極、理氣心性的討論都是為了重建以倫常秩序為本體軸心的「孔孟之道」。

3. 從而，「人性」問題構成「天」「人」關鍵。追求個體心性超越自身的有限感性存在，以達到「參天地」的不朽形上本體。這個本體是倫理又超倫理的。

4. 「義利之分乃人禽之異」，理性倫常與感性欲求的截然二分和尖銳對立。強調倫理律令非功利、非感性的立法普遍性。朱熹與康德。

5. 康德只講「義」，理學又講「仁」；但由於從本體上對感性

存在的承認和肯定，使天人、理欲之分變得模糊。「仁」、
「天」、「心」諸基本範疇既是先驗理性的又是經驗感
性的。

6. 這個矛盾突出表現在「心統性情」命題中，「道心」與「人
心」既對立又依存。

7. 王陽明的「無善無惡心之體」將由倫理走向宗教？

8. 王學發展的兩條路線：自然人性論與宗教禁欲主義。

八、經　世

1. 政治化為道德，準宗教性的理學統治構成中國式的政教合
一，使官僚體制和中國社會更趨虛偽和腐朽。中國傳統知
識分子對政治的依附性。

2. 陳、葉主功利，黃宗羲提「有治法而後有治人」，王船山發
現歷史與倫理的矛盾，都意味與傳統命題相背離，但由於
沒有進入近代社會，缺乏全新的哲學建樹。

3. 戴震用認識論、章學誠用歷史學來反理學，展示了同一
方向。

4. 主要不是宋明理學而是「經世致用」，給中國近代改革者以
思想的傳統力量。

九、中國智慧

1. 中國哲學史的課題之一：探究文化──心理結構問題以獲
得清醒的自我意識。

2. 中國四大文化（兵、農、醫、藝）與培育中國智慧形式有

關係。自然與社會相同的歷史意識是中國智慧的重要特徵，成為歷史經驗加人際情感的實用理性。

3. 「通而同之」（求同）以包容、吸取和同化外物而擴展自己，是中國智慧的特徵之一。

4. 樂感文化：本體、無限、超越即在此當下的有限、現實中，中國智慧是審美型的。是審美而非宗教，成為中國哲學的最高境界。

5. 「自然的人化」與「天人合一」的新解釋學。

一、孔子再評價

關於孔子研究已有不少成果，但意見分歧也許更大。分歧的一個重要原因，是對當時社會變革不很清楚，從而對孔子思想的性質和意義也就眾說紛紜。本文無法涉及社會性質問題的探討，而只想就孔子思想本身作些分析，認為其中包含多元因素的多層次交錯依存，終於在歷史上形成了一個對中國民族影響很大的文化——心理結構。

　　關於孔子研究已有不少成果，但意見分歧也許更大。分歧的一個重要原因，是對當時社會變革不很清楚，從而對孔子思想的性質和意義也就眾說紛紜。本文無法涉及社會性質問題的探討，而只想就孔子思想本身作些分析，認為其中包含多元因素的多層次交錯依存，終於在歷史上形成了一個對中國民族影響很大的文化——心理結構。如何科學地把握和描述這一現象，可能是正確解釋孔子的一條途徑。本文認為春秋戰國是保存著氏族社會傳統的早期宗法制向發達的地域國家制的過渡，認為孔子思想是這一空前時代變革中某些氏族貴族社會性格的表現。但由孔子創始的這個文化——心理結構，因具有相對獨立的穩定性質而長久延續和發展下來。

 「禮」的特徵

　　無論哪派研究者恐怕很難否認孔子竭力維護、保衛「周禮」這一事實。《論語》講「禮」甚多，鮮明表示孔子對當時「禮」的破壞毀棄痛心疾首，要求人們從各方面恢復或遵循「周禮」。

　　那麼，「周禮」是什麼？

　　一般公認，它是在周初確定的一整套的典章、制度、規矩、儀節。本文認為，它的一個基本特徵，是原始巫術禮儀基礎上

的晚期氏族統治體系的規範化和系統化。作為早期宗法制的殷周體制，仍然包裹在氏族血緣的層層衣裝之中，它的上層建築和意識形態直接從原始文化延續而來。「周禮」就具有這種特徵。一方面，它有上下等級、尊卑長幼等明確而嚴格的秩序規定，原始氏族的全民性禮儀已變而為少數貴族所壟斷；另方面，由於經濟基礎延續著氏族共同體的基本社會結構，從而這套「禮儀」一定程度上又仍然保存了原始的民主性和人民性。就在流傳到漢代、被稱為「禮經」、作為《三禮》之首的《儀禮》中，也還可以看到這一特徵的某些遺跡。例如《儀禮》首篇的〈士冠禮〉，實際是原始氏族都有的「成丁禮」、「入社禮」的延續和變形。例如〈鄉飲酒禮〉中對長者的格外敬重，如《禮記》所闡釋「六十者坐，五十者立侍，以聽政役，所以明尊長也，六十者三豆，七十者四豆，八十者五豆，九十者六豆，所以明養老也。民知尊長養老，而後乃能入孝弟」[1]。可見，孝弟以尊長為前提，而這種尊長禮儀，我同意楊寬《古史新探》中的看法，它「不僅僅是一種酒會中敬老者的儀式，而且具有元老會議的性質，這在我國古代政權機構中有一定地位」[2]。中外許多原始氏族都有這種會議，如鄂溫克人「在六十多年前，凡屬公社內部的一些重要事情都要由『烏力楞』會議來商討和決定。會議主要是由各戶的老年男女所組成，男子當中以其鬍鬚越長

---

1 《禮記・鄉飲酒禮》。

2 楊寬：《古史新探》，中華書局，1964年，第297頁。

越有權威」[3]。《儀禮》中的「聘禮」「射禮」等等，也無不可追溯到氏族社會的各種禮儀巫術[4]。《儀禮》各篇中描述規定得那麼瑣碎的「禮儀」，既不是後世所能憑空杜撰，也不是毫無意義的繁文縟節，作為原始禮儀，它們的原型本有其極為重要的社會功能和政治作用。遠古氏族正是通過這種原始禮儀活動，將其群體組織起來、團結起來，按著一定的社會秩序和規範來進行生產和生活，以維繫整個社會的生存和活動。因之這套「禮儀」對每個氏族成員便具有極大的強制性和約束力，它相當於後世的法律，實際即是一種未成文的習慣法。到「三代」，特別是殷、周，這套作為習慣法的「禮儀」就逐漸變為替氏族貴族服務的專利品了[5]。孔子對「周禮」的態度，反映了對氏族統治體系和這種體系所保留的原始禮儀的維護。例如孔孟一貫「尚齒」：所謂「孔子於鄉黨，恂恂如也，似不能言者」[6]，「鄉人飲酒，杖者出，斯出矣」[7]。所謂「天下有達尊三，爵一，齒一，德一」[8]……等等，就是如此。

3　秋浦等：《鄂溫克人的原始社會形態》，中華書局，1962 年，第 62 頁。

4　參看楊寬《古史新探》，該書對此作了一些頗有價值的探討。

5　在《禮記》中（例如《禮記‧明堂位》）經常看到從「有虞氏」到夏殷周三代的連續，其中，夏便是重要轉換點，是許多「禮」的起點。又如《禮記‧郊特牲》說「諸侯之有冠禮，夏之末造也」等等，都反映出這一點。

6　《論語‧鄉黨 10‧1》。

7　《論語‧鄉黨 10‧13》。

8　《孟子‧公孫丑下》。

　　「禮」是頗為繁多的，其起源和其核心則是尊敬和祭祀祖先。王國維說：「盛玉以奉神人之器謂之曲若豐，推之而奉神人之酒醴亦謂之醴，又推之而奉神人之事，通謂之禮」[9]。郭沫若說：「禮是後來的字。在金文裡面，我們偶爾看見用豐字的。從字的結構上來說，是在一個器皿裡面盛兩串玉具以奉事於神。〈盤庚〉裡面所說的『具乃貝玉』，就是這個意思。大概禮之起源於祀神，故其字後來從示，其後擴展而為對人，更其後擴展而為吉、凶、軍、賓、嘉各種儀制」[10]。可見，所謂「周禮」，其特徵確是將以祭神（祖先）為核心的原始禮儀[11]，加以改造製作，予以系統化、擴展化，成為一整套習慣統治法規（「儀制」）[12]。以血緣父家長制

---

9 《觀堂集林‧釋禮》。

10 《十批判書‧孔墨的批判》，人民出版社，1954 年，第 82～83 頁。

11 《禮記‧祭統》：「凡治人之道，莫急於禮。禮有五經，莫重於祭。……祭者，所以追養繼孝也……夫祭有十倫焉；見事鬼神之道焉，見君臣之義焉，見父子之倫焉，見貴賤之等焉，見親疏之殺焉，見爵賞之施焉，見夫婦之別焉，見政事之均焉，見長幼之序焉，見上下之際焉」。包括前述冠禮等等也與「祭」有關，「冠者，禮之始也……古者重冠，重冠故行之於廟，……所以自卑而尊先祖也」（《禮記‧冠義》）。

12 所謂原始禮儀，即是圖騰和禁忌。它們構成原始社會強有力的上層建築和意識形態，儀式在這裡是不可違背的一套規範準則和秩序法規。恩格斯曾說，在基督教「以前的一切宗教中，儀式是一件主要的事情」（〈布魯諾‧鮑威爾和早期基督教〉）。原始巫術禮儀活動更是如此。種種繁細碎瑣的儀節，正是這種法規的具體執行。所以在某些禮儀活動中，一舉手一投足都有嚴格的規定，一個動作也不容許做錯，一個細節也不容許

為基礎（親親）的等級制度是這套法規的骨脊，分封、世襲、井田、宗法等政治經濟體制則是它的延伸擴展。而以孔子為代表的儒家，也正是由原始禮儀巫術活動的組織者領導者（所謂巫、尹、史）演化而來的「禮儀」的專職監督保存者[13]。

省略、漏掉……，否則就是瀆神，大不敬，而會給整個氏族、部落帶來災難。《儀禮》中的繁多規定，《左傳》中那麼多的「是禮也」「非禮也」的告誡，少數民族的材料，如「鄂溫克人長時期……形成的一套行為規範，……大家都必須嚴格地來遵守它……涉及的範圍是很廣泛的……如狩獵時不能說『我們打圍去』，鹿、犴的頭不能從馴鹿上掉下來。在捕魚時不能跨過魚網，不能切開魚的胸骨。鄂溫克人認為違反了這些禁忌，會觸怒神明，從而會對漁獵生產帶來不利……」（上引秋浦書，第68頁），都反映這一點。

13 「生民之初，必方士為政」（《訄書·原教》），章太炎認為儒家本「術士」（《國故論衡·原儒》。術士之說當然不始於章，章的老師俞樾即有此說），「明靈星午子吁嗟以求雨者謂之儒」，「助人君順陰陽以教化者也」（同上），本是一種宗教性、政治性的大人物。儒家的理想人物，從所謂皋陶、伊尹到周公，實際都正是這種巫師兼宰輔的「方士」（傳說中所謂伊尹以「宰割要湯」，實際恐乃一有關宰割聖牛的祭神禮儀故事）。後世儒家的理想也總以這種幫助皇帝去治理天下的「宰相」為最高目標，其來有自。各派史家都注意到「禮」出自祭祀活動，「禮」與「巫」、「史」不可分等事實。如「禮由史掌，而史出於禮」（柳詒徵：《國史要義》，中華書局，民國37年，第5頁），「宗祝卜史，皆司天之官，而所謂太宰者，實亦主治庖膳，為部落酋長之下之總務長，祭祀必有牲宰，故宰亦屬天官」（同上），「最古之禮，專重祭禮。歷世演進則兼括凡百事為，宗史合一之時已然。至周則益崇人事，此宗與史，古乃司天之官，而後來

　　章學誠認為，賢智學於聖人，聖人學於百姓[14]，集大成者，為周公而非孔子，又說「孔子之大，學周禮一言可以蔽其全體」[15]。的確是周公而非孔子，將從遠古到殷商的原始禮儀加以大規模的整理、改造和規範化。這在當時是一個非常重要的變革。王國維〈殷周制度論〉中的論點是值得重視的。孔子一再強調自己是「述而不作」[16]、「吾從周」[17]、「夢見周公」[18]……，其意確乎是要維護周公的這一套。「觚不觚，觚哉，觚哉」[19]；「八佾舞於庭，是可忍也，孰不可忍也」[20]；「爾愛其羊，我愛其

為治人之官之程序也」（同上書，第6頁）。「……春秋所記，即位、出境、朝、聘、會、盟、田獵、城築、嫁娶，乃至出奔、生卒等等事項，幾乎沒有和祭祀無關的。而祭祀既以神為對象，故和祭祀有關的禮，其中還包括有媚神的詩歌（舞蹈和音樂），測神意的占卜，及神的命令——類似詩歌的刑律（一種初民的禁忌，多採取這種形式）等等」（《杜國庠文集》，人民出版社，1962年，第274頁）。「儒」、「儒家」之「名」雖晚出，但其作為與祭祀活動（從而與「禮」）有關的巫、尹、史、術士……之「實」卻早存在。

14 這其實已有「上古之時禮源於俗」（劉師培）的意思，即「聖人」的「禮」，來源於百姓的「俗」。

15 《文史通義・原道下》。

16 《論語・述而7・1》。

17 《論語・八佾3・14》。

18 《論語・述而7・5》。

19 《論語・雍也6・25》。

20 《論語・八佾3・1》。

禮」[21]……，是孔子對禮儀形式（「儀」）的維護。「道之以政，齊之以刑，民免而無恥；道之以德[22]，齊之以禮，有恥且格」[23]，「自古皆有死，民無信不立……」[24] 等等，則是孔子對建立在習慣法（「信」）基礎上的「禮治」內容的維護[25]。

但是，孔子的時代已開始「禮壞樂崩」，氏族統治體系和公社

---

21 《論語・八佾 3・17》。

22 「德」究竟是什麼？尚待研究。它的原義顯然並非道德，而可能是各氏族的習慣法規，所以說「異姓則異德，異德則異類」（《國語・晉語》），故與「禮」聯在一起。

23 《論語・為政 2・3》。

24 《論語・顏淵 12・7》。

25 孔子反對鑄刑鼎，把「政」、「刑」與「禮」、「德」對立起來。《春秋》三傳都認為「初稅畝」是「非禮也」，說明「禮」是與成文法對立的氏族貴族的古老的政治、經濟體制。但到戰國時代，儒家說「禮樂刑政，四達而不悖，則王道備矣」（《樂記・樂本》），將「禮樂」與「刑政」視為同類，情況有了很大變化，這已是荀子而非孔子。實際在戰國，「禮」已全等於「儀」而失其重要性了。「春秋二百四十二年的期間，君臣士大夫言及政治人生，無不以禮為準繩。至戰國則除了儒家以外，絕少言禮。……戰國時之漠視禮，可以取證於記載戰國史的《戰國策》。……禮字差不多都是指的人情禮節之禮，與春秋時為一切倫理政治準繩之禮，截然不同」（羅根澤：《諸子考索》，第 235 頁）。並參看《日知錄》卷 13「周末風俗」條：「春秋時猶尊禮重信，而七國則絕不言禮與信矣。春秋時猶宗周王，而七國則絕不言王矣。春秋時猶嚴祭祀、重聘享，而七國則無其事矣。春秋時猶論宗姓氏族，而七國則無一言及之矣」。所謂廢封建立郡縣，實即地域性國家替代了自然血緣紐帶。

共同體的社會結構在瓦解崩毀，「民散久矣」[26]，「民惡其上」[27]。春秋時代眾多的氏族國家不斷被吞併消滅，許許多多氏族貴族保不住傳統的世襲地位，或不斷貧困，或「降在皂隸」。部分氏族貴族則拋棄陳規，他們以土地私有和經營商業為基礎，成為新興階級並迅速富裕壯大。韓非說：「晉之分也，齊之奪也，皆以群臣之太富也」[28]，經濟上的強大實力使他們在政治上要求奪權（田恆的大斗出小斗進實際是顯示實力而不是「收買民心」），在軍事上要求兼併侵吞，終於造成原來沿襲氏族部落聯盟體系建立起來的天子──諸侯──大夫的周禮統治秩序徹底崩潰。赤裸裸壓迫剝削（「鑄刑鼎」「作竹刑」「初稅畝」「作丘甲」）和戰爭主張，取下了那層溫情脈脈的「禮」「德」面紗，公開維護壓迫剝削的意識形態和政治理論──從管仲到韓非的法家思想體系日益取得優勢。

　　孔子在這個動盪的變革時代，明確地站在保守、落後的一方。除了上述在政治上他主張維護「禮」的統治秩序、反對「政」「刑」外，在經濟上，他主張維持原有的社會經濟結構，以免破壞原有的氏族制度和統治體系（「不患寡而患不均，不患貧而患不安」[29]）。反對追求財富（聚斂）而損害君臣父子的既定秩序和氏

---

26 《論語・子張 19・19》。「民」即公社自由民，「民散久矣」，即自由民離開了世代相沿的公社共同體。

27 《國語・周語》。

28 《韓非子・愛臣》。

29 《論語・季氏 16・1》。雖然孔子也主張「富之」，但居次要地位，更重要的是「安」和「均」。這裡的「均」是「各得其分」的意思，並非

族貴族的人格尊嚴，成為孔子一個重要思想：

　　富與貴，是人之所欲也，不以其道得之，不處也；貧與賤，是人之所惡也，不以其道得之，不去也。[30]

　　士志於道，而恥惡衣惡食者，未足與議也。[31]

　　季氏富於周公，而求也為之聚斂而附益之，子曰：非吾徒也，小子鳴鼓而攻之，可也。[32]

　　吾猶及史之闕文也，有馬者借人乘之，今亡已夫。[33]

　　衣敝縕袍，與衣狐貉者立而不恥者，其由也歟！[34]

　　這些都反映了被財富打敗、處於沒落命運的氏族貴族的特徵。孔子儘管東奔西走，周遊列國，想要恢復周禮，卻依然四處碰壁。歷史必然地要從早期宗法制走向更發達的地域國家制。
　　這是社會的一大前進，在這基礎上出現了燦爛的戰國文明和強盛的秦漢帝國。但同時，早期宗法制所保留的大量原始禮儀體

　　平均。

30　《論語・里仁 4・5》。

31　《論語・里仁 4・9》。

32　《論語・先進 11・17》。

33　《論語・衛靈公》。

34　《論語・子罕》。

制中包含的氏族內部的各種民主、仁愛、人道的殘留，包括像春秋許多中小氏族國家的城邦民主制政治，也全被這一進步所捨棄和吞沒。歷史向來就是在這種悲劇性的二律背反中行進。恩格斯說：「由於文明時代的基礎是一個階級對另一個階級的剝削，所以它的全部發展都是在經常的矛盾中進行的。生產的每一進步，同時也就是被壓迫階級即大多數人的生活狀況的一個退步……」[35]。恩格斯指的是資本主義對機器的採用。而從原始社會進到階級社會，更是如此。社會的前進，生產的提高，財富的增加，是以大多數人付出沈重犧牲為代價。例如，在原始社會和階級社會中，戰爭經常是推動歷史進步的重要因素，但哀傷、感嘆和反對戰爭帶來的痛苦、犧牲，也從來便是人民的正義呼聲[36]。雙方都有理由，所以說是不可解決的悲劇性的歷史二律背反[37]。當以財富為實力的新興階級推倒氏族貴族的「禮治」，要求「以耕戰為本」，建立無情的「治法」，赤裸裸地肯定壓迫剝削，以君主集權專制替代氏族貴族民主，來摧毀家長制的氏族統治的落後體制時，它具有歷史的合理性和進步性。但另一面，哀嘆氏族體制的最終崩毀，反對日益擴大的兼併戰爭，幻想恢復遠古剝削壓迫較輕的「黃金

---

35 《馬克思恩格斯選集》第 4 卷，人民出版社，1972 年，第 173～174 頁。

36 《詩經·采薇》等篇很早就表示了這種矛盾。宣王北伐遠征，「載饑載渴」，日歸不得，「我心傷悲，莫知我哀」；但「靡室靡家，玁狁之故」，為保衛國家抵抗外侮而戰爭是正義的。後世如杜甫〈新婚別〉等也突出地表現了這一矛盾。

37 可參看黑格爾《美學》論悲劇。

時代」,企圖維護相對說來對本氏族內部成員確乎比較寬厚的統治體系,不滿、斥責、抨擊赤裸裸的剝削壓迫[38]……,這也有其合理性和人民性。歷史、現實和人物本來經常就是矛盾和複雜的,想用一個好壞是非的簡單方式來評定一切,往往削足適履,不符事實。孔子維護周禮,是保守、落後以至反動的(逆歷史潮流而動),但他反對殘酷的剝削壓榨,要求保持、恢復並突出地強調相對溫和的遠古氏族統治體制,又具有民主性和人民性。孔子的仁學思想體系,就建立在這樣一種矛盾複雜的基礎之上。

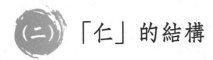

「仁」的結構

也幾乎為大多數孔子研究者所承認[39],孔子思想的主要範疇

---

38 如果比較一下戰國以來的「殺人盈城」「殺人盈野」的戰爭,和秦漢帝國的大規模勞役壓榨,西周時代的貧困而「安寧」就很顯然。周禮雖已包含恐嚇威脅的一面,如「哀公問社於宰我。宰我對曰,夏后氏以松,殷人以柏,周人以栗,曰使民戰栗」(《論語·八佾3·21》),但孔子不同意突出這一面,「子聞之曰,成事不說,遂事不諫,既往不咎」(同上)。

39 當然也不盡然。國內外均有論者持相反意見。其中,Herbert Fingarette 強調外在禮儀是中心,不是內在的個體心理(仁),與本文強調「禮」的特徵有相近處,但他忽視了孔子將「禮」(外在)化為「仁」(內在)的重

是「仁」而非「禮」。後者是因循，前者是創造。儘管「仁」字早有，但要把它作為思想系統的中心，孔子確為第一人。

那麼，「仁」又是什麼？

「仁」字在《論語》中出現百次以上，其涵義寬泛而多變，每次講解並不完全一致。這不僅使兩千年來從無達詁，也使後人見仁見智，提供了各種不同解說的可能。強調「仁者愛人」與強調「克己復禮為仁」，便可以實際也作出了兩種對立的解釋。看來，要在這百次講「仁」中，確定哪次為最根本或最準確，以此來推論其他，很難作到；在方法上也未必妥當。因為部分甚至部分之合併不能等於整體，有機整體一經構成，便獲得自己的特性和生命。孔子的仁學思想似乎恰恰是這樣一種整體模式。它由四個方面或因素組成，諸因素相互依存、滲透或制約；從而具有自我調節、相互轉換和相對穩定的適應功能。正因如此，它就經常能夠或消化掉或排斥掉外來的侵犯、干擾，而長期自我保持、延續下來，構成一個頗具特色的思想模式和文化心理結構[40]。在塑造漢民族性格上留下了重要痕跡。構成這個思想模式和仁學結構的四因素分別是 1. 血緣基礎，2. 心理原則，3. 人道主義，4. 個體人格。其整體特徵則是 5. 實踐理性。這裡面有許多複雜問題需要詳細研究，本文只是試圖初步提出這個問題和提供一個假說。下面粗線條地簡略說明一下。

要性。見所著 *Confucious—The Secular as Sacred*, New York, 1972。
40 這個結構的最終完成是在漢代，參看本書〈秦漢思想簡議〉。

1. 孔子講「仁」是為了釋「禮」，與維護「禮」直接相關。「禮」如前述，是以血緣為基礎、以等級為特徵的氏族統治體系。要求維護或恢復這種體系是「仁」的根本目標。所以：

其為人也孝悌，而好犯上者，鮮矣。不好犯上而好作亂者，未之有也。君子務本，本立而道生，孝悌也者，其為人之本歟？[41]（「有子之言似夫子」，一般均引作孔子材料。）

「子奚不為政？」子曰：《書》云：「孝乎惟孝，友于兄弟。」施於有政，是亦為政，奚其為為政？[42]

弟子入則孝，出則悌，謹而信，泛愛眾，而親仁……。[43]

君子篤於親，則民興於仁。[44]

參以孟子「親親，仁也」[45]，「仁之實，事親是也」[46]，可以確證強調血緣紐帶是「仁」的一個基礎涵義。「孝」[47]、「悌」通

---

41 《論語・學而1・2》。

42 《論語・為政2・21》。

43 《論語・學而1・6》。

44 《論語・泰伯8・2》。

45 《孟子・盡心上》。

46 《孟子・離婁上》。

47 《尚書・堯典》：「放勛乃殂落，百姓如喪考妣」。《尚書・康誥》：「王曰，封元惡大憝，惟不孝不友，弗只服厥父事，大傷厥弟心，……大不友于

過血緣從縱橫兩個方面把氏族關係和等級制度構造起來。這是從遠古到殷周的宗法統治體制（亦即「周禮」）的核心，這也就是當時的政治（「是亦為政」），亦即儒家所謂「修身齊家治國平天下」。春秋時代和當時儒家所講的「家」，不是後代的個體家庭或家族，正是與「國」同一的氏族、部落[48]。所謂「平天下」，指的也是氏族（大夫）──部落（諸侯）──部落聯盟（天子）[49]的整個系統。只有這樣，才能了解孔子所謂「邇之事父，遠之事君」，孟子所謂「天下之本在國，國之本在家，家之本在身」；也才能理解孔子的「興滅國，繼絕世，舉逸民」[50]，孟子的「反其旄倪，止其

弟，惟弔滋，不于我政人得罪，天惟與我民彝大泯亂……」。《尚書・酒誥》、《詩・大雅・文王有聲》均強調「孝」。《左傳・文公二年》：「孝，禮之始也」，甲文中，孝與老、考本通，金文同此。可知「孝」與尊老敬齒本同一件事，是氏族遺風。「忠」則原意是對平等的「人」並非對「君」，它出現也很晚。

48　《章太炎國學講演錄》，第 65 頁 ：「〈大學〉有治其國者必先齊家之語，……此殆封建時代，家國無甚分別。所謂家者乃『千乘之家百乘之家』之類，故不齊家者即不能治國，……郡縣時代，家與國大異，故而唐太宗家政雖亂而偏能治國」。

49　殷周的「天子」可能比一般觀念中的「部落聯盟」首領要發展得更為充分、高級一層。但在實質上，我以為是相近或相當的。正如王國維所說，「當夏后之世而殷之王亥王恆累代稱王，湯未放桀之時亦已稱王，……蓋諸侯之於天子，猶後世諸侯之於盟主，未有君臣之分也」（《觀堂集林・殷周制度論》）。

50　《論語・堯曰 20・1》。

重器，謀於燕眾，置君而後去之」[51] 等等意思，它們都是要恢復
原有氏族部落國家的生存權利。孔子把「孝」「悌」作為「仁」的
基礎，把「親親尊尊」[52] 作為「仁」的標準，維護氏族父家長傳
統的等級制度，反對「政」、「刑」從「禮」「德」中分化出來，都
是在思想上縮影式地反映了這一古老的歷史事實。恩格斯說:「親
屬關係在一切蒙昧民族和野蠻民族的社會制度中起著決定作
用」[53]。孔子在當時氏族體制、親屬關係崩毀的時代條件下，把
這種血緣關係和歷史傳統提取、轉化為意識形態上的自覺主張，
對這種超出生物種屬性質、起著社會結構作用的血緣親屬關係和
等級制度作明朗的政治學的解釋，使之擺脫特定氏族社會的歷史
限制，強調它具有普遍和長久的社會性的涵義和作用，這具有重
要意義。特別是把它與作為第二因素的心理原則直接溝通、聯結
起來並擴展為第三因素之後。

　　2.「禮自外作」。「禮」本是對個體成員具有外在約束力的一
套習慣法規、儀式、禮節、巫術。包括「入則孝，出則悌」等等，
本也是這種並無多少道理可講的禮儀。例如，為孔孟所強調的「天

---

51 《孟子・梁惠王下》。

52 「親親尊尊」並不與「舉賢才」相矛盾。「舉賢」也是原始社會氏族體制
　　中一個早就存在的歷史傳統，它與「親親尊尊」互補而行。所以才有「舜
　　有天下，舉皋陶，不仁者遠矣。湯有天下，選於眾，舉伊尹，不仁者遠
　　矣」(《論語・顏淵 12・22》) 的稱讚和說法。孔孟並未突破氏族貴族的
　　世襲制 (如某些論著所認為)，而恰好是要求保存氏族體制的各種遺跡。

53 《馬克思恩格斯選集》第 4 卷，人民出版社，1972 年，第 24 頁。

下之通喪」(「三年之喪」)可能便是一種由來久遠、要求人們遵守
執行的傳統禮儀[54]。從而,在「禮壞樂崩」的時代浪潮中,很自
然地發生了對這套傳統禮儀(亦即氏族統治體制)的懷疑和反對。
當時,對「禮」作新解釋的浪潮已風起雲湧,出現了各種對「禮」
的說明。其中就有認為「禮」不應只是一套盲目遵循的外在儀節
形式,而應有其自身本質的觀點。例如:

> 子大叔見趙簡子,簡子問揖讓周旋之禮焉。對曰,是儀也,
> 非禮也。簡子曰,敢問何謂禮。對曰……夫禮,天之經也,地之
> 義也,民之行也。……民失其性,是故為禮以奉之。為六畜、五
> 牲、三犧,以奉五味,為九文、六采、五章以奉五色,為九歌、
> 八風、七音、六律以奉五聲,為君臣上下以則地義,為夫婦外內
> 以經二物,為父子、兄弟、姑姊、甥舅、婚媾、姻亞以象天明,
> 為政事、庸力、行務以從四時……。哀有哭泣,樂有歌舞,喜有
> 施捨,怒有戰鬥;喜生於好,怒生於惡,是故審行信令,禍福賞
> 罰,以制死生。[55]

---

54 三年之喪,非周制而為殷制 (見毛西河《四書改錯》卷9),《尚書・無
　逸》中有殷王守喪三年等記述。關於三年之喪,各家說法不一,今文經
　學以及錢玄同、郭沫若均認為是孔子改制創作,古文經學以及胡適、傅
　斯年等人認為是殷禮。本文暫從後說。
55 《左傳・昭公25年》。

　　這段話說明了，第一，「禮」不是「儀」[56]。這從反面證明，在原來，「禮」與「儀」本是不分的，它們是宗教性的原始禮儀巫術的延續；如今需要區分開來，以尋求和確定「禮」的內在本質。因為這時「禮」已是自覺的明確的社會規範，其中包含重要的統治秩序，不能再是那種包羅萬象而混沌一體的原始禮儀了。第二，這段話還說明了，作為統治秩序和社會規範的「禮」，是以食色聲味和喜怒哀樂等「人性」為基礎的，統治規範不能脫離人的食色好惡。那麼，進一步的問題便是，這種作為基礎的「人性」是什麼呢？孔子對宰我問「三年之喪」的回答，表達了自己的看法：

　　宰我問三年之喪，期已久矣。君子三年不為禮，禮必壞；三年不為樂，樂必崩。舊穀既沒，新穀既升，鑽燧改火，期可已矣。子曰食夫稻，衣夫錦，於女安乎？曰安。女安則為之。夫君子之居喪，食旨不甘，聞樂不樂，居處不安，故不為也。今女安，則為之。宰我出。子曰，予之不仁也！子生三年，然後免於父母之懷。夫三年之喪，天下之通喪也。予也有三年之愛於其父母乎！[57]

　　與上述對「禮」作新解釋新規定整個思潮相符合，孔子把「三

---

56 從春秋到戰國，從《左傳》到《荀子》，有對「禮」的各種解釋，其中區分「禮」與「儀」便是重要的共同處。所以有所謂「禮之文」、「禮之貌」、「禮之容」與「禮之質」、「禮之本」、「禮之實」等等區分說法。

57 《論語・陽貨 17・21》。

年之喪」的傳統禮制，直接歸結為親子之愛的生活情理，把「禮」的基礎直接訴之於心理依靠。這樣，既把整套「禮」的血緣實質規定為「孝悌」，又把「孝悌」建築在日常親子之愛上，這就把「禮」以及「儀」從外在的規範約束解說成人心的內在要求，把原來的僵硬的強制規定，提昇為生活的自覺理念，把一種宗教性神祕性的東西變而為人情日用之常，從而使倫理規範與心理欲求溶為一體。「禮」由於取得這種心理學的內在依據而人性化，因為上述心理原則正是具體化了的人性意識。由「神」的準繩命令變而為人的內在欲求和自覺意識，由服從於神變而為服從於人、服從於自己，這一轉變在中國古代思想史上具有劃時代的意義。

　　並沒有高深的玄理，也沒有神祕的教義，孔子卻比上述《左傳》中對「禮」的規定解釋，更平實地符合日常生活，具有更普遍的可接受性和付諸實踐的有效性。在這裡重要的是，孔子沒有把人的情感心理引導向外在的崇拜對象或神祕境界，而是把它消溶、滿足在以親子關係為核心的人與人的世間關係之中，使構成宗教三要素的觀念、情感和儀式[58]統統環繞和沈浸在這一世俗倫理和日常心理的綜合統一體中，而不必去建立另外的神學信仰大

---

58 參看普列漢諾夫〈論俄國的所謂宗教探尋〉：「可以給宗教下一個這樣的定義：宗教是觀念、情緒和活動的相當嚴整的體系。觀念是宗教的神話因素，情緒屬於宗教感情領域，而活動則屬於宗教禮拜方面，換句話說，屬於宗教儀式方面」（《普列漢諾夫哲學選集》第 3 卷，三聯書店，1962 年，第 363 頁）。

廈。這一點與其他幾個要素的有機結合，使儒學既不是宗教，又能替代宗教的功能，扮演準宗教的角色，這在世界文化史上是較為罕見的[59]。不是去建立某種外在的玄想信仰體系，而是去建立這樣一種現實的倫理——心理模式，正是仁學思想和儒學文化的關鍵所在。

　　正由於把觀念、情感和儀式（活動）引導和滿足在日常生活的倫理——心理系統之中，其心理原則又是具有自然基礎的正常人的一般情感，這使仁學一開始避免了擯斥情欲的宗教禁欲主義。孔子沒有原罪觀念和禁欲意識；相反，他肯定正常情欲的合理性，強調對它的合理引導。正因為肯定日常世俗生活的合理性和身心需求的正當性，它也就避免了、抵制了捨棄或輕視現實人生的悲觀主義和宗教出世觀念。孔學和儒家積極的入世人生態度與它的這個心理原則是不可分割的。

　　也由於強調這種內在的心理依據，「仁」　不僅僅得到了比「儀」遠為優越的地位，而且也使「禮」實際從屬於「仁」。孔子用「仁」解「禮」，本來是為了「復禮」，然而其結果卻使手段高於目的，被孔子所發掘所強調的「仁」——人性心理原則，反而成了更本質的東西，外的血緣（「禮」）服從於內的心理（「仁」）：「人而不仁，如禮何？人而不仁，如樂何？」[60]「禮云禮云，玉

---

59 墨家為恢復遠古傳統的外在約束力企圖建立宗教（〈天志〉、〈明鬼〉），結果被儒家打敗了。

60 《論語·八佾3·3》。

帛云乎哉？樂云樂云，鐘鼓云乎哉？」[61]「禮與其奢也寧儉，喪與其易也寧戚」[62]，「今之孝者，是謂能養，至於犬馬，皆能有養，不敬，何以別乎？」[63]……不僅外在的形式（「儀」：玉帛、鐘鼓），而且外在的實體（「禮」）都是從屬而次要的，根本和主要的是人的內在的倫理——心理狀態，也就是人性。後來孟子把這個潛在命題極大地發展了。

因之，「仁」的第二因素比第一因素（血緣、孝悌）與傳統「禮儀」的關係是更疏遠一層了，是更概括更抽象化（對具體的氏族體制說），同時又更具體化更具實踐性（對未經塑造的人們心理說）了。

3. 因為建立在這種情感性的心理原則上，「仁學」思想在外在方面突出了原始氏族體制中所具有的民主性和人道主義，「仁從人從二，於義訓親」（許慎），證以孟子所謂「仁也者，人也」，「老吾老以及人之老，幼吾幼以及人之幼」，漢儒此解，頗為可信。即由「親」及人，由「愛有差等」而「泛愛眾」，由親親（對血緣密切的氏族貴族）而仁民（對全氏族、部落、部落聯盟的自由民。但所謂「夷狄」——部落聯盟之外的「異類」在外），即以血緣宗法為基礎，要求在整個氏族——部落成員之間保存、建立一種既有嚴格等級秩序又具某種「博愛」的人道關係。這樣，就必然強

---

61 《論語・陽貨 17・11》。

62 《論語・八佾 3・4》。

63 《論語・為政 2・7》。

調人的社會性和交往性，強調氏族內部的上下左右、尊卑長幼之間的秩序、團結、互助、協調。這種我稱之為原始的人道主義，是孔子仁學的外在方面。孔子絕少擺出一副猙獰面目。相反，「愛人」[64]，「老者安之，朋友信之，少者懷之」[65]，「子為政，焉用殺」[66]，「寬則得眾，……惠則足以使人」[67]，「其養民也惠」[68]，「百姓足，君孰與不足？百姓不足，君孰與足？」[69]「不教而殺謂之虐，不戒視成謂之暴」[70]，「傷人乎？不問馬」[71]，「近者悅，遠者來」[72]，「修文德以來之」[73]，「四方之民襁負其子而至矣」[74]……，《論語》中的大量這種記述，清楚地表明孔子的政治經濟主張是既竭力維護氏族統治體系的上下尊卑的等級秩序，又強調這個體制所仍然留存的原始民主和原始人道，堅決反對過分的、殘暴的、赤裸裸的壓迫與剝削。而這，也就是所謂「中庸」。關於「中庸」，歷代和今人都有許多解說，我以為新近出土戰國中

---

64 《論語・顏淵 12・22》。

65 《論語・公冶長 5・26》。

66 《論語・顏淵 12・19》。

67 《論語・陽貨 17・6》。

68 《論語・公冶長 5・16》。

69 《論語・顏淵 12・9》。

70 《論語・堯曰 20・2》。

71 《論語・鄉黨 10・17》。

72 《論語・子路 13・16》。

73 《論語・李氏 16・1》。

74 《論語・子路 13・4》。

山王墓葬中青銅器銘文所載「籍斂中則庶民坿」[75]這句話，倒可以作為孔子所講「中庸」之道的真實內涵，實質上是要求在保存原始民主和人道的溫情脈脈的氏族體制下進行統治。

這一因素具有重要意義。它表明「仁」是與整個社會即氏族──部落──部落聯盟，亦即大夫（「家」）──諸侯（「國」）──天子（「天下」）的利害相關聯制約著，而成為衡量「仁」的重要準則。所以，儘管孔子對管仲在禮儀上的「僭越」、破壞極為不滿，幾度斥責他不知「禮」；然而，卻仍然許其「仁」。

……管仲知禮乎？曰：邦君樹塞門，管氏亦樹塞門；邦君為兩君之好，有反坫；管氏亦有反坫。管氏而知禮，孰不知禮？

子路曰，桓公殺公子糾，召忽死之，管仲不死。曰未仁乎。子曰，桓公九合諸侯，不以兵車，管仲之力也！如其仁，如其仁！[76]

子貢曰，管仲非仁者與？桓公殺公子糾，不能死，又相之。子曰：管仲相桓公，霸諸侯，一匡天下，民到如今受其賜。微管仲，吾其被髮左衽矣。豈若匹夫匹婦之為諒也，自經於溝瀆而莫

---

75 「夫古之聖王，務在得賢，其次得民，故辭禮敬則賢人至，寵愛深則賢人親，籍斂中則庶民坿」《文物》1979 年第 1 期，第 7 頁）。

76 《論語・八佾 3・22》，《論語・憲問 14・16》。有人釋「如其仁」為「不仁」，但從全文及下章觀之，此解難信。

之知也。[77]

這就是說，「仁」的這一要素對個體提出了社會性的義務和要求，它把人（其當時的具體內容是氏族貴族，下同）與人的社會關係和社會交往作為人性的本質和「仁」的重要標準。孟子所謂「無父無君是禽獸也」，也是強調區別於動物性的人性本質，存在於、體現於這種社會關係中，離開了父母兄弟、君臣上下的社會關係和社會義務，人將等於禽獸。這也就是後代（從六朝到韓愈）反佛、明清之際反宋儒（空談心性，不去「經世致用」）的儒學理論依據[78]。可見「仁」不只是血緣關係和心理原則，它們是基礎；「仁」的主體內容是這種社會性的交往要求和相互責任。

思想總有其生活的現實根基，孔子這種原始人道主義根基在先秦很難解釋為別的什麼東西，而只能是古代宗法氏族內部民主制的遺風殘跡。一直到西漢時代，儒家及其典籍仍然是這種原始民主遺風殘跡的重要保存者（如漢今文學家對所謂「禪讓」、「明堂」[79] 的講求等等）。

因之，把孔子這套一概斥之為「欺騙」「偽善」，便似乎太簡

---

77 《論語・憲問 14・17》。所謂「被髮左衽」，也就是「用夷變夏」。夷夏大防為孔門大義，實亦由原始遺風而來，即極端重視以部落聯盟為內外界限的敵我區分。

78 參看本書〈宋明理學片論〉。

79 所謂「明堂」一直糾纏不清，我認為，大概即新石器時代的「大房子」的傳統延續。它既是神廟，又是議政廳，二者在遠古本是同一的。

單了，很難解釋這些所謂「偽善」的言詞為何竟占據了《論語》的主要篇幅和表述為「仁」的主要規定。恩格斯說：「文明時代愈是向前進展，它就愈是不能不給它所產生的壞事披上愛的外衣，不得不粉飾它們，或者否認它們——一句話，是實行習慣性的偽善，這種偽善，無論在較早的那些社會形態下，還是在文明時代的第一階段都是沒有的」[80]。雖然孔子已不是文明時代的第一階段，雖然這些思想在後代確乎經常成為「偽善」工具；但在孔子那裡，仍然具有很大的忠誠性。偽善的東西不可能在當時和後世產生那麼大的影響。孔子畢竟處在文明社會的早期。

　　4. 與外在的人道主義相對應並與之緊相聯繫制約，「仁」在內在方面突出了個體人格的主動性和獨立性。

　　這一點也至為重要。在上述禮壞樂崩、周天子也無能為力、原有外在權威已喪失其力量和作用的時代，孔子用心理原則的「仁」來解說「禮」，實際就是把復興「周禮」的任務和要求直接交給了氏族貴族的個體成員（「君子」），要求他們自覺地、主動地、積極地去承擔這一「歷史重任」，把它作為個體存在的至高無上的目標和義務。孔子再三強調「為仁由己，而由人乎哉？」[81]「仁遠乎哉？我欲仁，斯仁至矣」[82]，「當仁不讓於師」[83]，「夫

80　《馬克思恩格斯選集》第 4 卷，第 174 頁。

81　《論語・顏淵 12・1》。

82　《論語・述而 7・30》。

83　《論語・衛靈公 15・36》。

仁者，己欲立而立人，己欲達而達人。能近取譬，可謂仁之方也已」[84]等等，表明「仁」既非常高遠又切近可行，既是歷史責任感又屬主體能動性，既是理想人格又為個體行為。而一切外在的人道主義、內在的心理原則以及血緣關係的基礎，都必須落實在這個個體人格的塑造之上：

「其身正，不令而行；其身不正，雖令不從」[85]；「苟子之不欲，雖賞之不竊」[86]……，儒家強調「修身」作為「齊家治國平天下」的根本，固然仍是要求保持氏族首領遺風[87]，同時卻又是把原來只屬於這種對首領的要求推而廣之及於每個氏族貴族。從而，也就使所謂「制禮作樂」不再具有神祕權威性質，「禮」不再是原始巫師和「大宰」（《周官》）等氏族寡頭、帝王宰史的專利，而成為個體成員均可承擔也應承擔的歷史責任或至上義務。這當然極大地高揚了個體人格，提高了它的主動性、獨立性和歷史責任性。「天生德於予，桓魋其如予何？」[88]「文王既歿，文不在茲

84　《論語・雍也 6・30》。

85　《論語・子路 13・6》。

86　《論語・顏淵 12・18》。

87　在遠古，氏族首領必須以身作則，智勇謙讓超出一般，才能被選，並且他還必須對氏族命運負責，遇有災難，他必須首先「檢討」，或者下臺。文獻中種種關於湯禱於桑林的傳說甚至後世皇帝下罪己詔之類，亦均可說乃此風之遺。

88　《論語・述而 7・23》。

乎？」[89]「天將以夫子為木鐸」[90]……，孔子以身作則式地實踐
了對這種具有歷史責任感的偉大人格的自覺追求。

正是由於對個體人格完善的追求，在認識論上便強調學習和
教育，以獲得各種現實的和歷史的知識。這使孔子提出了一系列
有科學價值，至今仍有意義的教育心理學的普遍規律。如「性相
近也，習相遠也」[91]，「學而不思則罔，思而不學則殆」[92]，「毋
意毋必毋固毋我」[93]……等等，從而某些涉及認識論的範疇（如
知、思、學等）第一次被充分突出。一方面是學習知識，另一面
則是強調意志的克制和鍛鍊，主動地嚴格約束自己、要求自己，
如「約之以禮」[94]，「克己復禮」[95]，「剛毅木訥近仁」[96]，「仁者
其言也訒」[97]……等等。追求知識、勤奮學習和講求控制、鍛鍊
意志成為人格修養相互補充的兩個方面。這種刻苦的自我修養和
偉大的歷史使命感，最終應使個體人格的「仁」達到一種最高點：

---

89 《論語・子罕 9・5》。
90 《論語・八佾 3・24》。
91 《論語・陽貨 17・2》。
92 《論語・為政 2・15》。
93 《論語・子罕 9・4》。
94 《論語・雍也 6・27》。
95 《論語・顏淵 12・1》。
96 《論語・子路 13・27》。
97 《論語・顏淵 12・3》。

即「志士仁人，無求生以害仁，有殺身以成仁」[98]；「君子無終日之間違仁，造次必如是，顛沛必如是」[99]；「求仁而得仁，又何怨」[100]；「仁者必有勇，勇者不必有仁」[101]；「仁者不憂」[102]……

以及：「三軍可奪帥也，匹夫不可奪志也」[103]；「歲寒，然後知松柏之後凋也」[104]……

以及：「可以托六尺之孤，可以寄百里之命，臨大節而不可奪也，君子人歟？君子人也」[105]；「士不可以不弘毅，任重而道遠。仁以為己任，不亦重乎，死而後已，不亦遠乎」[106]。

所有這些，都是為樹立和表彰作為個體偉大人格的「仁」。所以，「仁」不同於「聖」。「聖」是具有效果的客觀業績（「如有博施於民而能濟眾」）[107]；「仁」則仍停留在主觀的理想人格規範之內。實際上，「仁」在這裡最終歸宿為主體的世界觀、人生觀。孔子把本是宗教徒的素質和要求歸結為這種不須服從於神的「仁」

---

98 《論語・衛靈公 15・9》。

99 《論語・里仁 4・5》。

100 《論語・述而 7・15》。

101 《論語・憲問 14・4》。

102 《論語・子罕 9・29》。

103 《論語・子罕 9・26》。

104 《論語・子罕 9・28》。

105 《論語・泰伯 8・6》。

106 《論語・泰伯 8・7》。

107 《論語・雍也 6・30》。

的個體自覺。因之，不必需超凡入聖的佛菩薩或基督徒，卻同樣可以具有自我犧牲的獻身精神和拯救世界的道德理想，可以同樣孜孜不倦、臨事不懼、不計成敗利鈍、不問安危榮辱，「知其不可而為之」[108]、「不怨天，不尤人」[109]、「內省不疚，夫何憂何懼」[110]……，由孔子樹立的這種「仁」的個體人格（君子）[111]，替代了宗教聖徒的形象而又具有相同的力量和作用。

康德《純粹理性批判》說：「由於道德哲學具有比理性所有其他職能的優越性，古人應用『哲學家』一詞經常是特指道德家。就是在今天，我們由某種比喻稱能有理性指導下自我克制的人為哲學家，而不問其知識如何。」[112]對樹立這種人生觀並產生了長久歷史影響的孔子，他在中國哲學史上的重要地位，與名、墨、老、莊以及法家不同，似應從這個角度去估量。黑格爾哲學史把孔子哲學看成只是一堆處世格言式的道德教條，未免失之表面了。

5. 如前所說，作為結構，部分之和不等於整體。四因素機械之和不等於「仁」的有機整體。這個整體具有由四因素相互作用

---

108 《論語・憲問 14・38》。

109 《論語・憲問 14・35》。

110 《論語・顏淵 12・4》。

111 君子、小人本為階級（或階層）的對稱。君子本武士，即氏族貴族，亦即士階層。到孔子這裡，則成為道德人格範疇了，「君子去仁，惡乎成名」（《論語・里仁 4・5》），即不成其為君子也。

112 《純粹理性批判》A840=B868，參看藍公武譯本，三聯書店，1957 年，第 570 頁。

而產生、反過來支配它們的共同特性。這特性是一種我稱之為「實踐理論」或「實用理性」的傾向或態度。它構成儒學甚至中國整個文化心理的一個重要的民族特徵。

所謂「實踐（用）理性」，首先指的是一種理性精神或理性態度。與當時無神論、懷疑論思想興起[113]相一致，孔子對「禮」作出「仁」的解釋，在基本傾向上符合了這一思潮。不是用某種神祕的熱狂而是用冷靜的、現實的合理的態度來解說和對待事物和傳統；不是禁欲或縱欲式地扼殺或放任情感欲望，而是用理智來引導、滿足、節制情欲；不是對人對己的虛無主義或利己主義，而是在人道和人格的追求中取得某種均衡。對待傳統的宗教鬼神也如此，不需要外在的上帝的命令，不盲目服從非理性的權威，卻仍然可以拯救世界（人道主義）和自我完成（個體人格和使命感）；不厭棄人世，也不自我屈辱、「以德報怨」，一切都放在實用的理性天平上加以衡量和處理。所以，「子不語怪力亂神」[114]，「祭如在，祭神如神在。……吾不與祭，如不祭」[115]，「未能事人，焉能事鬼」[116]，「未知生，焉知死」[117]……。本來，在當時甚

---

113 見《左傳》中許多記載，如「天道遠，人道邇，非所及也」，「民，神之主也，是以聖王先成民而後致力於神」，「國將興，聽於民；將亡，聽於神」等等。

114 《論語・述而 7・21》。

115 《論語・八佾 3・12》。

116 同上。

117 同上。

至後世的條件下，肯定或否定鬼神都很難在理論上予以確證，肯定或否定實際上都只是一種信仰或信念，孔子處理這個問題於「存在不論」之列，是相當高明的迴避政策。墨子斥之為「以天為不明，以鬼為不神」[118]，實際正是作為仁學特徵的清醒理性精神。

　　這種理性具有極端重視現實實用的特點。即它不在理論上去探求討論、爭辯難以解決的哲學課題，並認為不必要去進行這種純思辨的抽象（這就是漢人所謂「食肉不食馬肝，不為不知味」[119]）。重要的是在現實生活中如何妥善地處理它。孔子說：「敬鬼神而遠之，可謂知矣」，這個「知」不是思辨理性的「知」，而正是實踐理性的「知」。與此相當，不是去追求來世拯救、三生業報或靈魂不朽，而是把「不朽」、「拯救」都放在此生的世間功業文章中。「用之則行，捨之則藏」[120]，進則建功立業，退則立說著書⋯⋯，而這一切都並不需要宗教的狂熱或神祕的教義，只要

---

118 《墨子·公孟》。

119 直到嚴復介紹斯賓塞、穆勒等人的不可知論，也仍是這種精神。「僕往常謂理至見極，必將不可思議。⋯⋯食肉不食馬肝，不為不知味，⋯⋯不必亟求其通也」（《穆勒名學·部甲按語》）。「迷信者，言其必如是，固差；不迷信者，言其必不如是，亦無證據。故哲學大師如赫胥黎、斯賓塞諸公皆於此事謂之 Unknowable（不可知），而自稱為 Agnostic（不可知論者），蓋人生智識至此而窮，不得不置其事於不議不論之列，而各行心之所安而已」（《嚴復家書》，見《嚴幾道先生遺著》，新加坡，1959 年）。

120 《論語·述而 7·11》。

用理性作為實踐的引導，來規範塑制情感、願欲和意志就行了。在這裡，重要的不是言論，不是思辨，而是行動本身；「君子欲訥於言，而敏於行」[121]，「聽其言而觀其行」[122]，「君子恥其言而過其行」[123]，「古者言之不出，恥躬之不逮也」[124]……。這裡也沒有古希臘那種日神精神和酒神精神的分裂對立[125]和充分發展（即更為發展的思辨理性和更為發展的神祕觀念），而是兩者統一溶合在實踐理性之中。

　　血緣、心理、人道、人格終於形成了這樣一個以實踐（用）理性為特徵的思想模式的有機整體。它之所以是有機整體，是由於它在這些因素的彼此牽制、作用中得到相互均衡、自我調節和自我發展，並具有某種封閉性，經常排斥外在的干擾或破壞。例如，在第二因素（心理原則：愛有差等）的抑制下，片面發展第三因素的傾向被制約住，使強調「兼愛」「非攻」的墨家學說的進攻終於失敗。例如，在第三因素制約下，片面發展第四因素的傾向，追求個人的功業、享樂或自我拯救也行不通，無論是先秦的楊朱學派或後世盛極一時的佛家各派同樣被吸收消失。……此外，如忠（對人）與恕（對己）、狂（「兼濟」）與狷（「獨善」）的對立而又互補，都有穩定這整個有機結構的作用和功能。總之，每個

---

121 《論語・里仁 4・24》。

122 《論語・公冶長 5・10》。

123 《論語・憲問 14・27》。

124 《論語・里仁 4・22》。

125 參看羅素《西方哲學史》對希臘哲學的評述。

因素都作用於其他因素，而影響整個系統，彼此脫離即無意義。

　　孔子仁學本產生在早期奴隸制崩潰、氏族統治體系徹底瓦解時期，它無疑帶著那個時代的（氏族貴族）深重烙印。然而，意識形態和思想傳統從來不是消極的力量。它一經製造或形成，就具有相對獨立的性格，成為巨大的傳統力量。自原始巫史文化（禮儀）崩毀之後，孔子是提出這種新的模式的第一人。儘管不一定自覺意識到，但建立在血緣基礎上，以「人情味」（社會性）的親子之愛為輻射核心，擴展為對外的人道主義和對內的理想人格，它確乎構成了一個具有實踐性格而不待外求的心理模式。孔子通過教誨學生，「刪定」《詩》《書》，使這個模式產生了社會影響，並日益滲透在廣大人們的生活、關係、習慣、風俗、行為方式和思維方式中，通過傳播、薰陶和教育，在時空中蔓延開來。對待人生、生活的積極進取精神，服從理性的清醒態度，重實用輕思辨，重人事輕鬼神，善於協調群體，在人事日用中保持情欲的滿足與平衡，避開反理性的熾熱迷狂和愚盲服從……，它終於成為漢民族的一種無意識的集體原型[126]現象，構成了一種民族性的文化──心理結構[127]。孔學所以幾乎成為中國文化（以漢民族為主體，下同）的代名詞，絕非偶然。恩格斯曾認為，「在一切實際事

---

126 此詞亦非用容格 (C. G. Jung) 原意，它不是超社會非歷史的神祕東西，而是一種積澱產物。

127 究竟什麼是所謂 「文化──心理結構」，當專文論述。暫可參考 Ruth Benedict, *Patterns of Culture*（《文化模式》），該書只談到文化有機體，與本文所講仍大有區別。

務中，……中國人遠勝過一切東方民族……」[128]，便也是這種實踐（「用」）理性的表現。

　　只有把握住這一文化——心理結構，也才能比較準確地理解中國哲學思想的某些特徵。例如，倫理學的探討壓倒了本體論或認識論的研究；例如中國古代哲學範疇（陰陽、五行、氣、道、神、理、心），無論是唯物論或唯心論，其特點大都是功能性的概念，而非實體性的概念，中國哲學重視的是事物的性質、功能、作用和關係，而不是事物構成的元素和實體。對物質世界的實體的興趣遠遜於事物對人間生活關係的興趣。中國的「金、木、水、火、土」五行不同於希臘、印度的「地、水、火、風」四元素，前者更著眼於其生活功能，所以有「金」。與此一致，中國古代辯證法，更重視的是矛盾對立之間的滲透、互補（陰陽）和自行調節以保持整個機體、結構的動態的平衡穩定，它強調的是孤陰不生、獨陽不長；陰中有陽、陽中有陰；中醫理論便突出表現了這一特徵，而不是如波斯哲學強調的光暗排斥、希臘哲學強調的鬥爭成毀……。這些特徵[129]當然源遠流長，甚至可以追溯到史前文化，孔子正是把握了這一歷史特徵，把它們概括在實踐理性這一仁學模式中，講求各個因素之間動態性的協調、均衡，強調「權」、「時」、「中」、「和而不同」、「過猶不及」等等，而為後世

---

128 《馬克思恩格斯全集》第 12 卷，人民出版社，1960 年，第 190 頁。

129 參看本書〈秦漢思想簡議〉。《易‧說卦》：「立天之道，曰陰與陽」，《黃帝內經‧素問‧天元紀大論》：「故陽中有陰，陰中有陽」。

所不斷繼承發展。儘管在當時政治事業中是失敗了，但在建立或塑造這樣一種民族的文化——心理結構上，孔子卻成功了。他的思想對中國民族起了其他任何思想學說所難以比擬匹敵的巨大作用。

　　孔子在中國歷史上的地位及其重要性，似乎就在這裡。

 弱點和長處

　　孔子而後，儒分而八，以後有更多的發展和變遷。由於對上述結構的某因素的偏重，便可以形成一些新的觀念體系或派生結構。但最終又被這個母結構所吸收，或作為母結構的補充而存在發展。例如曾子也許更著重血緣關係和等級制度，使他在《論語》中的形象極端保守而愚魯。顏淵則似乎更重視追求個體人格的完善，「一簞食，一瓢飲，人不堪其憂，回也不改其樂」，終於發展出道家莊周學派[130]。然而道家在整個中國古代社會中，始終是作為儒家的對立的補充物才有其強大的生命力的。荀子突出發揮「治國平天下」的外在方面，使「仁」從屬於「禮」（理），直到法家韓非把它片面發展到極致，從而走到反面，而又在漢代為這個仁

---

[130] 從郭沫若說，參看《十批判書‧莊子的批判》。

學母結構所吸收消化掉。子思孟子一派明顯地誇張心理原則，把「仁」「義」「禮」「智」作為先天的人的「本性」和施政理論，既重視血緣關係，又強調人道主義和個體人格，成為孔門仁學的正統。但所有這些派別，無論是孟、荀、莊、韓，又都共同對人生保持著一種清醒、冷靜的理智態度，就是說，它們都保存了孔學的實踐理性的基本精神。超脫人事的思辨興趣（如名家），或非理性的狂熱信仰（如墨家），由於在根本上不符合仁學模式，終於被排斥在中國文化主流之外。如前已指出，由孔子創立的這一套文化思想，在長久的中國社會中，已無孔不入地滲透在廣大人們的觀念、行為、習俗、信仰、思維方式、情感狀態……之中，自覺或不自覺地成為人們處理各種事務、關係和生活的指導原則和基本方針，亦即構成了這個民族的某種共同的心理狀態和性格特徵。值得重視的是，它由思想理論已積澱和轉化為一種文化──心理結構。不管你喜歡或不喜歡，這已經是一種歷史的和現實的存在。它經歷了階級、時代的種種變異，卻保有某種形式結構的穩定性。構成了某種民族文化和民族心理的特徵，它有其不完全不直接服從、依賴於經濟、政治變革的相對獨立性和自身發展的規律。一方面，它不是某種一成不變的非歷史的先驗結構，而是歷史地建築在和制約於農業社會小生產的經濟基礎之上，這一基礎雖歷經中國歷史的各個階段而並未遭重大破毀，宗法血緣關係及其相應的觀念體系也長久保持下來……，這正是使孔學這一文化──心理結構長久延續的主要原因。但另一方面，它既已成為一種比較穩定的心理形式和民族性格，就具有適應於各種不同階級內容的

相對獨立的功能和作用，否認這一點，便很難解釋一個民族的文
化、心理、思想、藝術的所具有的繼承性、共同性種種問題。階
級性並不能囊括歷史現象的全部。有些東西──特別是文化現象
（包括物質文明和精神文明，也包括語言等等），可以具有某種非
階級的性質。雖然沒有非歷史、超社會的性質，它們仍是一定社
會歷史的產物，但並非某個階級或某種階級鬥爭的產物。在文化
繼承問題上，階級性經常不是唯一的甚至也不是主要的決定因素。

　　只有充分注意到這種種複雜情況，才可能具體地分析研究五
光十色、異常繁雜的文化傳統和民族性格。無論從內容或形式說，
每個民族在這方面都有其優點和問題、精華和糟粕。孔子仁學結
構亦然。概括前面所說，孔學誕生在氏族統治體系徹底崩毀時期，
它所提出的具體的經濟、政治方案，是不合時宜的保守主張，但
其中所包含的氏族民主遺風、原始人道主義和氏族制崩毀期才可
能有的個體人格的追求，又是具有合理因素的精神遺產。後代人
們，由其現實的利益和要求出發，各取所需，或誇揚其保守的方
面，或強調其合理的因素，來重新解說、建造和評價它們，以服
務於當時階級的、時代的需要。於是，有董仲舒的孔子，有朱熹
的孔子，也有康有為的孔子。有「紬周王魯」「素王改制」的漢儒
公羊學的孔子，也有「人心唯危，道心唯微」的宋明理學的孔子。
孔子的面貌隨時代、階級不同而變異，離原型確乎大有差距或偏
離。孔子明明「述而不作」，卻居然被說成「托古改制」；孔子並
無禁欲思想，在宋儒手裡卻編成「存天理滅人欲」。但所有這些偏
離變異，又仍然沒有完全脫離那個仁學母體結構。以實踐（用）

理性為主要標誌的中國民族文化——心理狀態始終延續和保持下
來。並且使這個結構形式在長期封建社會中與封建主義的各種內
容混為一體緊密不分了。直到今天,孔子基本上仍然是宋儒塑造
的形象。這一點,顏元早就指出過。「五四」新文化運動所打倒的
孔子,就是這個孔子。有如李大釗所說:

「掊擊孔子,非掊擊孔子本身,乃掊擊孔子為歷代君主所雕
塑之偶像權威也,非掊擊孔子,乃掊擊專制政治之靈魂也」[131]。

正是這個君主專制主義、禁欲主義、等級主義的孔子,是封
建上層建築和意識形態的人格化的總符號,它當然是資產階級民
主革命的對象。直到今天,也仍然有不斷地、徹底地肅清這個封
建主義的孔子餘毒的重要而艱鉅的任務。並且,這個封建主義的
孔子與孔學原型中對血緣基礎宗法等級的維護、對各種傳統禮儀
的尊重,以及因循、保守,反對變革、更新……,又確乎是聯在
一起的;與這個原型產生在生產水平非常低下的古代條件下,又
不著重注意生產的發展生活的提高,而滿足於在某種平均的貧困
中,來保持、獲得或喚起精神上的勝利或人格上的完成……,也
是聯在一起的。所謂「安貧樂道」、「何必曰利」,以道德而不以物
質來作為價值尺度,要求某種平均化的經濟平等,滿足和維護農
業小生產的勞動生活和封閉體系,和建立在這基礎上的歷史悠久
的宗法制度……,如此等等,就不僅是封建和農業小生產社會的

---

131 《李大釗選集‧自然的倫理觀與孔子》,人民出版社,1959年,第
80頁。

產物，而且也確與孔子仁學原型有關，它始終是中國走向工業化、現代化的嚴重障礙。不清醒地看到這個結構所具有的社會歷史性的嚴重缺陷和弱點，不注意它給廣大人民（不止是某個階級）在心理上、觀念上、習慣上所帶來的深重印痕，將是一個巨大的錯誤[132]。魯迅的偉大功績之一，就是他尖銳提出了和長期堅持了對所謂中國「國民性」問題的批判和探究。他批判「阿 Q 精神」，揭露和斥責那種種麻木不仁、封閉自守、息事寧人、奴隸主義、滿足於貧困、因循、「道德」、「精神文明」之中……。這些都不只是某個統治階級的階級性，而是在特定社會條件和階級統治下，具有極大普遍性的民族性格和心理狀態的問題、缺點和弱點。其實也就正是這個孔子仁學的文化心理結構問題。雖然這些並不能完全和直接歸罪於孔子，但確乎與孔學結構有關。所以魯迅經常把矛頭指向孔老二。

就是仁學結構原型的實踐理性本身，也有其弱點和缺陷。它在一定程度和意義上有阻礙科學和藝術發展的作用。由於強調人世現實，過分偏重與實用結合，便相對地忽視、輕視甚至反對科學的抽象思辨，使中國古代科學長久停留並滿足在經驗論的水平（這是僅從認識論來說的，當然還有社會經濟和階級、時代的原因，下同），缺乏理論的深入發展和純思辨的興趣愛好。而沒有抽象思辨理論的發展，是不可能有現代科學的充分開拓的。這一點

---

[132] 關於孔學的這個方面，參看拙作《中國近代思想史論》，人民出版社，1979 年。

今天特別值得注意：必須用力量去克服這一民族性格在思維方式上的弱點和習慣。這一弱點與孔學有關。

　　同時，由於實踐理性對情感展露經常採取克制、引導、自我調節的方針，所謂以理節情，「發乎情止乎禮義」，這也就使生活中和藝術中的情感經常處在自我壓抑的狀態中，不能充分地痛快地傾洩表達出來。中國大街上固然較少酗酒的醉漢，似乎是民族性格的長處；但逆來順受、「張公百忍」等等，卻又正是一種奴隸性格。在藝術中，「意在言外」、高度含蓄固然是成功的美學風格，但「文以載道」、「怨而不怒」，要求藝術服從和服務於狹窄的現實統治和政治，卻又是有害於文藝發展的重大短處。只是由於老莊道家和楚騷傳統作為對立的補充，才使中國古代文藝保存了燦爛光輝。當然，仁學中的人道精神、理想人格對文藝內容又有良好的影響。

　　然而，所有這些又都只是一個方面，即這一文化──心理結構的弱點。另一方面，這個文化──心理結構又有其優點和強處。毋寧說，中國民族及其文化之所以具有如此頑強的生命力量，歷經數千年各種內憂外患而終於能保存、延續和發揚光大，在全世界獨此一份（古埃及、巴比倫、印度文明都早已中斷），與這個孔子仁學結構的長處也大有關係。那種來源於氏族民主制的人道精神和人格理想，那種重視現實、經世致用的理性態度，那種樂觀進取、捨我其誰的實踐精神……，都曾在漫長的中國歷史上感染、教育、薰陶了不少仁人志士。它是在中國悠久歷史上經常起著進步作用的傳統。即使在孔學已與封建統治體系溶為一體的後期封

建社會，像范仲淹的「先天下之憂而憂，後天下之樂而樂」，張載的「民吾同胞，物吾與也」，文天祥的「孔曰成仁，孟曰取義」，顧炎武的「天下興亡，匹夫有責」，王夫之的「六經責我開生面，七尺從天乞活埋」……，都閃爍著燦爛光華，是我們這個民族的基本觀念、情感、思想和態度，而它們又都可以溯源於仁學結構。魯迅說：「我們自古以來，就有埋頭苦幹的人，有拚命硬幹的人，有為民請命的人，有捨身求法的人，……雖是等於為帝王將相作家譜的所謂『正史』，也往往掩不住他們的光耀，這就是中國的脊樑」[133]。而這根脊樑與孔子為代表的文化——心理結構不能說毫無關係。

《禮記》說：「是故聖人作禮以教人，使人以有禮，知自別於禽獸」[134]。具有外在強制性和約束力的「禮」，曾經是使人區別於動物（動物也有群體生活）的社會性標誌之所在。孔子釋「禮」為「仁」，把這種外在的禮儀改造為文化——心理結構，使之成為人的族類自覺即自我意識，使人意識到他的個體的位置、價值和意義，就存在於與他人的一般交往之中即現實世間生活之中；在這種日常現實世間生活的人群關係之中，便可以達到社會理想的實現、個體人格的完成、心靈的滿足或慰安。這也就是「道」或「天道」，「道在倫常日用之中」。這樣，也就不需要捨棄現實世間、否定日常生活，而去另外追求靈魂的超度、精神的慰安和理

---

133 《且介亭雜文‧中國人失掉自信力了嗎？》。

134 《禮記‧曲禮》。

想的世界。正是這個方面，使中國在過去終於擺脫了宗教神學的統治，或許在將來也能使中國避免出現像美國「人民聖殿教」那種種反理性的神祕迷狂？因為這種迷狂與中國民族（特別是這個民族的知識階層）的心理結構和仁學思想是大相徑庭的。同時，由於在文化心理結構上已經把人的存在意義放置在「倫常日用之中」，人生理想滿足在社會性的人群關係和日常交往中，也許可能在將來不致發生所謂「真實的存在」（個體）像被拋置在均一化整體機器的異化世界中，而倍感孤獨和淒涼？或沈淪於同樣是均一化的動物性的抽象情欲中，而失去人的本質？這些都是目前物質文明高度發展、科技力量分外加強後資本主義社會的異化產物，而為存在主義所渲染為所謂「無名」性的恐懼。由於以血肉之軀為基礎的感性心理中積澱理性的因素，心理學與倫理學的交溶統一，仁學結構也許能夠在使人們愉快而和諧地生活在一個既有高度物質文明又有現實精神安息場所這方面，作出自己的貢獻？以親子血緣為核心紐帶和心理基礎的溫暖的人情風味，也許能使華人社會保存和享有自己傳統的心理快樂？

　　然而，所有這一切都只有當中國在物質上徹底擺脫貧困和落後，在制度上、心理上徹底肅清包括仁學結構所保存的小生產印痕和封建毒素（這是目前主要任務）之後，才也許有此可能。只有那時，以人類五分之一人口為巨大載體，仁學結構的優良傳統，才也許能成為對整個人類文明的一種重要貢獻。這大概最早也要到二十一世紀了。然而，今天可以高瞻遠矚，也應該站在廣闊遼遠的歷史視野上，站在中國民族真正跨入世界民族之林、中國文

明與全世界文明的交溶會合的前景上，來對中國文化傳統和仁學結構進行新的研究和探討。這樣，對孔子的再評價，才有其真正巨大的意義。

 **附論孟子**

1. 儘管孔子之後，「儒分而八」，但自韓愈、王安石高抬孟子，朱熹把《孟子》編入《四書》，從而《論》《孟》並行之後，孟子的「亞聖」地位沿襲了數百年。孔、孟在很多思想方面並不相同；但孔子以「仁」釋「禮」，將外在社會規範化為內在自覺意識這一主題，卻確乎由孟子發揚而推至極端。所以孔、孟相連，如不從整體歷史而純從思想史的角度來看，又有一定道理[135]。

與孔子以及春秋戰國時期的許多遊說之士一樣，孟子也首先是滿懷「治國平天下」的抱負和理想，周遊列國，上說國君，提出自己的政治、經濟主張的。與先秦各大學派大體一樣，孟子也是政治論社會哲學的體系，《孟子》七篇的主要內容和著眼

---

135 宋明理學和今日的「現代新儒家」正是純從這種思想聯繫來立論，所以排斥荀子，專崇孔孟。他們沒考慮思想在客觀歷史上的作用、意義和地位。參看本書〈荀易庸記要〉、〈經世觀念隨筆〉。

點仍然是政治經濟問題。其特點是某種「急進的」人道民主色彩，這其實只是古代氏族傳統在思想上最後的迴光反照。它的耀眼的亮光正好預告著它將成為千載絕響。而思維的辯證法也經常是：歷史愈前進，批評者們便愈是喜歡用美化過去的黃金空想來對照現實和反對現實。孔子只慨嘆「天下無道」，孟子則猛烈地抨擊它；孔子的典範人物是周公，孟子則口口聲聲不離堯、舜、文王；孔子只講「庶之」、「富之」、「教之」[136]，「近者悅，遠者來」[137]；孟子則設計了一套遠為完整也更為空想的「仁政王道」。之所以如此，現實原因在於氏族制度在戰國時期已徹底破壞，「禮」完全等同於「儀」而失其重要性，所以孟子已經不必要像孔子那樣以「仁」來解釋「禮」和維護「禮」，而是直截了當地提出了「仁政」說。

經濟上是恢復井田制。「夫仁政，必自正經界始」[138]，亦即「為民制產」：「仰足以事父母，俯足以畜妻子，樂歲終身飽，凶年免於死亡」[139]；「五畝之宅，樹之以桑，五十者可以衣帛矣。雞豚狗彘之畜，無失其時，七十者可以食肉矣……」[140]等等。

政治上是「尊賢」與「故國喬木」並舉。「尊賢使能，俊傑在

---

136 《論語・子路 13・9》。

137 《論語・子路 13・16》。

138 《孟子・滕文公上》。

139 《孟子・梁惠王上》。

140 同上。

位」[141]；「不得罪於巨室」[142]。而總目標則是「保民而王」[143]，一統天下。並激烈地抨擊當時：「庖有肥肉，廄有肥馬，民有飢色，野有餓莩，此率獸而食人也」[144]，「今之所謂良臣，古之所謂民賊也」[145]等等。

軍事上：「善戰者服上刑」[146]；「不嗜殺人者能一之」[147]；「可使制挺以撻秦楚之堅甲利兵」[148]。

社會結構上：「死徙無出鄉，鄉田同井。出入相友，守望相助，疾病相扶持……」[149]。

總而言之，「仁政王道」必須與廣大「民眾」的利害相連，憂樂相通：

> 民為貴，社稷次之，君為輕。[150]

> 樂民之樂者，民亦樂其樂；憂民之憂者，民亦憂其憂。樂以

---

141 《孟子・公孫丑上》。

142 《孟子・離婁上》。

143 《孟子・梁惠王上》。

144 同上。

145 《孟子・告子下》。

146 《孟子・離婁上》。

147 《孟子・梁惠王上》。

148 同上。

149 《孟子・滕文公上》。

150 《孟子・盡心下》。

天下，憂以天下，然而不王者，未之有也。[151]

　　桀紂之失天下也，失其民也；失其民者，失其心也。得天下有道：得其民，斯得天下矣；得其民有道：得其心，斯得民矣；得其心有道：所欲與之聚之，所惡勿施爾也。[152]

　　顯然，孟子的「仁政」以及這裡「得民心」，都與對人們的現實物質生活關心相聯繫，並以之作為主要的內容。它並不是純粹的道德觀念。

　　2. 但是，孟子的特徵在於，他在承繼孔子仁學的思想體系上有意識地把第二因素的心理原則作為整個理論結構的基礎和起點，其他幾個因素都直接由它推出。孟子把他的整個「仁政王道」的經濟政治綱領完全建立在心理的情感原則上。即是說，「仁政王道」之所以可能，並不在於任何外在條件，而只在於統治者的「一心」：

　　人皆有不忍人之心。先王有不忍人之心，斯有不忍人之政矣。以不忍人之心，行不忍人之政，治天下可運之掌上。[153]

　　「仁政王道」是「不忍人之政」。這個「不忍人之政」是建築

151 《孟子‧梁惠王下》。

152 《孟子‧離婁上》。

153 《孟子‧公孫丑上》。

在「不忍人之心」的基礎之上的。「不忍人之心」成了「仁政王道」的充分和必要條件。而這個「不忍人之心」又並不特殊和神祕，而是每個人都具有的。因之，任何國君、統治者只要能覺悟到、認識到自己這顆「不忍人之心」，從而行「不忍人之政」，便可以統一天下：

　　若寡人者，可以保民乎哉？曰：可。曰：何由知吾可也？曰：臣聞之胡齕曰，王坐於堂上，有牽牛而過堂下者，王見之，曰：牛何之？對曰：將以釁鐘。王曰：舍之！不忍其觳觫；若無罪而就死地。……是心足以王矣，……臣固知王之不忍也。[154]

因為看見牛將被宰而心有不忍，這種同情心只要推於百姓，就是「仁政王道」了：

　　老吾老，以及人之老；幼吾幼，以及人之幼。天下可運於掌。……言舉斯心加諸彼而已。故推恩足以保四海，不推恩無以保妻子。[155]

這裡，孟子把孔子的「推己及人」的所謂「忠恕之道」極大地擴展了，使它竟成了「治國平天下」的基礎。一切社會倫常秩

---

154 《孟子‧梁惠王上》。
155 同上。

序和幸福理想都建築在這個心理原則——「不忍人之心」的情感
原則上。這固然是由於氏族傳統崩毀，理想的「仁政王道」已完
全失去現實依據的歷史反映。但從理論上說，孟子又確是把儒學
關鍵抓住和突出了，使它與如墨子的兼愛、老子的無情、韓非的
利己等等有了更明確的基礎分界線。

　　孟子不但極大地突出了「不忍人之心」的情感心理，而且還
賦予它以形而上學的先驗性質。孟子解釋什麼是「不忍人之
心」說：

　　　所以謂人皆有不忍人之心者，今人乍見孺子將入於井，皆有
怵惕惻隱之心，非所以內交於孺子之父母也，非所以要譽於鄉黨
朋友也，非惡其聲而然也。由是觀之，無惻隱之心，非人也；無
羞惡之心，非人也；無辭讓之心，非人也；無是非之心，非人也。
惻隱之心，仁之端也；羞惡之心，義之端也；辭讓之心，禮之端
也；是非之心，智之端也。人之有是四端也，猶其有四體也。……
苟能充之，足以保四海；苟不充之，不足以事父母。[156]

　　這是著名的「四端」說。也即是孟子的性善論，即認為人之
所以區別於禽獸在於人先驗地具有「仁、義、禮、智」這種內在
的道德素質或品德（其中「仁」是最主要和最根本的）。人之所以
去援助要掉下井去的小孩，並不是為了討好別人，也不是為了任

---

156 《孟子・公孫丑上》。

何其他功利，而是無條件地服從於自己內在的「惻隱之心」，即「不忍人之心」。它是不假思索的直接的「良知」「良能」。可見，孟子把孔子由「女安之」來解釋「三年之喪」的心理——倫理原則發展成了這樣一種道德深層心理的「四端」論，並賦予先驗性質。這在中國哲學——倫理學上產生了巨大影響。

哲學倫理學的理論，古今中外向來有兩種類型或傾向，即倫理相對主義和倫理絕對主義。前者認為道德源於現實的條件、環境、利害、教育等等，沒有也不可能有普遍的道德原則或倫理標準。從而不是人性善，而是人性可善可惡或人性惡，即人性中並沒有先驗的道德性質。告子、荀子、董仲舒、法國唯物論、邊沁、威柏 (Max Weber) 以及今天本尼笛克特 (Ruth Benedict) 等人的文化類型說等等，均大體可劃入此類。另一類型則如孟子、宋明理學、康德、摩爾 (G. E. Moore)、基督教等等，認為道德獨立於人的利害、環境、教育種種，它是普遍的、客觀的、不可抗拒的律則，人只有絕對地遵循、服從於它。對前一類型來說，由於道德源於人世，說到底，其根源總與人的感性存在有關。對後一類型來說，相反，道德高於人世，所以其根源與感性無涉，它是主宰、支配感性的超驗的或先驗的命令。

但以孟子為代表的中國絕對倫理主義特點卻又在於，一方面它強調道德的先驗的普遍性、絕對性，所以要求無條件地履行倫理義務，在這裡頗有類於康德的「絕對命令」[157]；而另一方面，

---

[157] 參看本書〈宋明理學片論〉。

它又把這種「絕對命令」的先驗普遍性與經驗世界的人的情感（主要是所謂「惻隱之心」實即同情心）直接聯繫起來，並以它（心理情感）為基礎。從而人性善的先驗道德本體便是通過現實人世的心理情感被確認和證實的。超感性的先驗本體混同在感性心理之中。從而普遍的道德理性不離開感性而又超越於感性，它既是先驗本體，同時又是經驗現象。孟子說，「禮義之悅我心猶芻豢之悅我口」，「仁義禮智根於心。其生色也，睟然見於面，盎於背，施於四體，四體不言而喻」[158]。先驗道德本體竟然可以與感覺、生理、身體、生命相直接溝通聯繫，從而它似乎本身也是感性的或具有感性的成分、性質了。這便是中國哲學「體用不二」、「天人合一」特徵在倫理學上的早期表現。也正是從這裡，生發出宋明理學關於「性」「情」的一大套議論和爭辯。「性」（仁、道德、理性、本體）與「情」（惻隱之心、經驗、感性、現象）到底是什麼關係？是「性」由「情」顯、「情」以顯「性」，還是「性」本「情」生、「情」「性」難分？誰先誰後？誰支配誰？它們是一元還是二元？便有各種不同的回答。由於「情」作為心理事實與其他的心理、生理、社會現實相密切連結（例如與「七情六欲」的直接關聯）而不像作為純粹理性原則的「性」那麼超然獨立，從而強調「仁性愛情」、仁是「心之德愛之理」、反對「以覺訓仁」的朱熹與強調「性」「情」同一的陸王學派、與強調「血氣心知」反對釋「性」為「理」從而肯定情欲的戴震，雖都認為自己是孔

---

158 《孟子・盡心上》。

孟的真傳確解，便有許多根本的差異或對立。其實，在孟子本人那裡，是還沒有得到如此的展開和分別的。人作為道德本體的存在與作為社會心理的存在還是渾然一體，沒有分化的。孟子強調的只是這種先驗的善作為倫理心理的統一體，乃人區別於物之所在[159]。

3. 所以，孟子在強調先驗的「善」的同時，又強調經驗的「學」。孟子認為如果不加以後天的培育，先驗的「善」仍然會掩埋失去：

> 人之異於禽獸者幾希，庶民去之，君子存之。[160]

> 求則得之，舍則失之……，求在我者也。[161]

孟、荀都屬孔學儒門，都十分強調學習。荀子的「學」是為了改造人性（惡），孟子的「學」是為了擴展人性（善）。對孟子來說，一切後天的經驗和學習，都是為了去發現和發揚亦即自覺

---

159 孟子的「仁、義、禮、智、聖」（傳統作「信」）倒可以與心理原則（仁）、治平理想（義）、血緣基礎（禮）、個體人格（智）、實踐理性（聖）的孔子仁學結構完全對應。最後一項的「實踐理性」，也如朱熹注所云：「愚按四端之信（仁義禮智信），猶五行之土，無定位，無成名，無專氣，而水火金木，無不待是以生者，故土於四行無不友，於四時則寄王焉」。

160 《孟子·離婁下》。

161 《孟子·盡心上》。

意識和保存、擴充自己內在的先驗的善性，也就是所謂「存善」。孟子把孔子、曾子所提出的個體人格沿著「仁政→不忍人之心→四端→人格本體」這樣一條內向歸縮路線，賦予倫理心理以空前的哲學深度。與荀子認為人禽之分在於人有外在的「禮」的規範不同，孟子強調人禽之分在於人能具有和發揚內在的道德自覺。這種道德自覺既是人之不同於禽獸，也是「聖人」之不同於「凡眾」所在。但「舜何人也，予何人也，有為者亦若是」[162]，它又是任何個人都可以達到的人格，這也就是所謂「人皆可以為堯舜」的著名命題。這種道德人格的達到，有一個逐步完成的層次：「可欲之謂善，有諸己之謂信，充實之謂美，充實而有光輝之謂大，大而化之之謂聖，聖而不可知之之謂神」[163]。這裡的最高層次的「神」，其實也就是孔子講的「七十而從心所欲，不踰矩」，即合規律性與合目的性在道德本體中的交溶統一，從而似乎是不可捉摸不可推測的了，但它仍然並非某種人格神。

　　因之值得注意的是，孟子所描述的這些層次過程和所達到的倫理境界都具有某種鮮明的感性特徵，這與他講的「四端」的道德本性沒有離開人的感性心理一樣。孟子還說：

　　居天下之廣居，立天下之正位，行天下之大道；得志，與民由之，不得志，獨行其道。富貴不能淫，貧賤不能移，威武不能

162　《孟子·滕文公上》。

163　《孟子·盡心下》。

屈，此之謂大丈夫。[164]

故天將降大任於是人也，必先苦其心志，勞其筋骨，餓其體膚，空乏其身，行拂亂其所為，所以動心忍性，增益其所不能。[165]

待文王而後興者，凡民也。若夫豪傑之士，雖無文王猶興。[166]

這是兩千年來始終激勵人心、傳頌不絕的偉辭名句。它似乎是中華民族特別是知識分子的人格理想。很明顯，這種理想的道德人格並不是宗教性的精神，而是具有審美性灼灼光華的感性現實品格；它不是上帝的「忠誠的僕人」，而毋寧是道德意志的獨立自足的主體。孟子說：「仁之於父子也，義之於君臣也，禮之於賓主也，智之於賢者也，聖人之於天道也，命也，有性焉，君子不謂命也」[167]。這就是說，不能把「仁」「義」「禮」「智」「聖」這些道德品格當作服從外在的「命」，而應該當作內在的「性」。儘管孟子也講「天命」、「命也」，卻更著重於「立命」、「正命」，它表現了由神意天命的他律道德向「四端」、「良知」的自律道德的轉換。孟子由於強調道德自律，從而極大地突出了個體的人格價值及其所負的道德責任和歷史使命。孔子仁學結構的第四因素在

---

164 《孟子・滕文公下》。

165 《孟子・告子下》。

166 《孟子・盡心上》。

167 《孟子・盡心下》。

思想史上的這種形而上學化，正是孟子的最大貢獻。這也表現在
生死關頭的臨界選擇上：

　　生，亦我所欲也；義，亦我所欲也。二者不可得兼，舍生而
取義者也。生亦我所欲，所欲有甚於生者，故不為苟得也；死亦
我所惡，所惡有甚於死者，故患有所不辟也。[168]

　　這裡突出的也不是宗教獻身，而是主體的自我選擇。它不是
服從於外在權威的神，而是聽從自身內在的「所欲」，即無上的道
德命令。它是最高的本體和存在，世間的一切都低於它，也應從
屬於它。
　　孟子這種高揚道德人格主體性當然又仍然有其現實的根源。
孟子說：

　　有天爵者，有人爵者。仁義忠信，樂善不倦，此天爵也。公
卿大夫，此人爵也。古之人修其天爵，而人爵從之。今之人修其
天爵，以要人爵；既得人爵，而棄其天爵，則惑之甚者也……[169]

　　所謂「天爵」的道德品格是「人爵」的「公卿大夫」的來由，
這原是上古氏族制度傳統。如今這種制度已經崩毀，於是孟子在

---

168 《孟子‧告子上》。
169 同上。

斥責為了「公卿大夫」的「人爵」竟然否棄「仁義忠信」的道德「天爵」的世風外，便只有極大地強調這種道德「天爵」本身的超越的形上意義了。孟子講的這種以道德自律為最高標準的獨立個體人格，在孔子的時代還很難想像。孔子是「畏大人」[170]，「與上大夫言，誾誾如也」[171]，「君命召，不俟駕，行矣」[172]。孟子則「說大人則藐之，無視其巍巍然」[173]，「將大有為之君，必有所不召之臣」[174]，「天下有達尊三，爵一，齒一，德一；……惡得有其一以慢其二哉？」[175]……這實際正是當時社會已把自由民從各種傳統氏族禮制中解放出來而取得了獨立地位的客觀現實的反映[176]。任何思想都有其現實的社會來由，但孟子把這種現實現象提昇為個體偉大道德品格的樹立，便成為思想史上的一大創造，對後世影響很大。

　　4. 那麼，如何來達到這種獨立的個體人格呢？除上述的「學」外，孟子還有一個最為奇特的理論，這就是他的「養

170　《論語‧季氏 16‧8》。

171　《論語‧鄉黨 10‧2》。

172　《論語‧鄉黨 10‧20》。

173　《孟子‧盡心下》。

174　《孟子‧公孫丑下》。

175　同上。

176　所以同樣的思想也反映在別處。如「齊宣王見顏斶曰：斶前。斶亦曰：王前。……王忿然作色曰：王者貴乎？士貴乎？對曰：士貴耳，王者不貴」（《戰國策‧齊策》）。

氣」說：

> 夫志，氣之帥也；氣，體之充也。……持其志，無暴其
> 氣。……我善養吾浩然之氣……其為氣也，至大至剛，以直養而
> 無害，則塞於天地之間。其為氣也，配義與道；無是，餒也。是
> 集義所生者，非義襲而取之也。行有不慊於心，則餒矣。我故曰，
> 告子未嘗知義，以其外之也。[177]

　　這似乎相當神祕。兩千年來，對此也有種種解釋。我以為除
去其中可能涉及養生學說的生理理論外，它主要講的是倫理學中
理性凝聚的問題，即理性凝聚為意志，使感性行動成為一種由理
性支配、主宰的力量，所以感到自己是充實的。作為倫理實踐必
要條件的意志力量之所以不同於一般的感性，便正由於其中已凝
聚有理性，這就是所謂「集義」。它是自己有意識有目的地培育發
揚出來的，這就是「養氣」。

　　「集義」既作為「理性的凝聚」，這「凝聚」就並非僅是認
識，而必須通過行為、活動（「必有事焉」）才能培育。所以它包
括知、行二者在內。正由於人的意志力中有理性的凝聚，從而就
不是外在的「義」（告子）所能替代。至於這種由「集義」所生的
「氣」與「四端」如「不忍人之心」（「惻隱之心」）等等又有何關
係，是何種關係，孟子並沒交代清楚。但很明顯的是，孟子強調

---

177 《孟子·公孫丑上》。

的正是凝聚了理性的感性力量。人是憑著這種「集義而生」的感
性（「氣」）而與宇宙天地相交通。這也就是孟子所再三講的，「存
其心，養其性，所以事天也」[178]，「夫君子所過者化，所存者神，
上下與天地同流」[179]等等。它就是為孟子所首倡而後到《中庸》
再到宋明理學的儒學「內聖」之道。文天祥的〈正氣歌〉把孟子
講的「浩然之氣」可說作了實用倫理學上的充分發揮。它與由荀
子、《易傳》到董仲舒再到後世的「經世致用」的「外王」之道，
恰好成為儒學中的兩個並行的車輪和兩條不同的路線。有時它們
相互補充，交溶統一；有時又互相對峙，分頭發展。它們從不同
方面把孔子仁學結構不斷豐富化，而成為中國文化心理結構的主
體部分。其詳，參閱本書諸文。

（原載：《中國社會科學》1980 年第 2 期，「附論孟子」部分為編入本書時
增補）

---

178 《孟子・盡心上》。

179 同上。

二、墨家初探本

本文不擬涉及作為一個團體或派別的墨家，但所論又不止於墨子本人。本文認為墨子具有小生產勞動者思想代表的特徵。而在後代農民起義的意識形態以及某些著名儒家「異端」人物如顏元、章太炎的思想中，仍然延綿不斷地呈現出某些類似墨子的思想因素，這是一個很值得思索的重要現象。

　　本文不擬涉及作為一個團體或派別的墨家，但所論又不止於
墨子本人。本文認為墨子具有小生產勞動者思想代表的特徵。而
在後代農民起義的意識形態以及某些著名儒家「異端」人物如顏
元、章太炎的思想中，仍然延綿不斷地呈現出某些類似墨子的思
想因素，這是一個很值得思索的重要現象。

 # 小生產勞動者的思想典型

　　先秦氏族傳統逐漸崩毀所帶來的意識形態的空前解放，使代
表手工業的小生產勞動者思想的墨家一度顯赫非常，成為與儒家
並列而對抗的重要派別[1]。這大概與當時比較自由的特定政治、
思想條件，使作為社會生產力量的各種手工匠作失去原氏族結構
的嚴密控制的情況有關。他們之中產生了墨子。似乎可以說，中
國小生產者勞動階級的某些思想特徵，是空前絕後地以系統的理
論形態呈現在墨子此人或此書中的（不包括墨辯）。我認為，這就
是墨子最值得研究和注意的地方。
　　如果從這一角度出發，作為墨子思想的基礎和出發點，概括

1　「墨」原意乃使用繩墨之木匠。見求是〈經史雜考〉（《學習與思
　　考》1984.6）。

說來，似乎可說是強調勞動特別是物質生產的勞動在社會生活中的重要地位，亦即對所謂「力」、「強」的強調。墨子認為，人之不同於禽獸正在於人必需依靠自己勞動才能生存：

今人固與禽獸麋鹿蜚鳥貞蟲異者也。今之禽獸麋鹿蜚鳥貞蟲因其羽毛，以為衣裘；因為蹄蚤，以為絝屨；為其水草，以為飲食。……今人與此異者也，賴其力者生，不賴其力者不生。[2]

這是一個簡單的事實，卻是一個重要的真理。正是從這裡出發，墨子認為只有上上下下都努力勞動、工作，社會才能存在，而不致衰敗。「凡五穀者，民之所仰也，君之所以為養也。故民無仰則君無養，民無食則不可事。故食不可不務也，地不可不力也，用不可不節也……」[3]。「今也農夫之所以蚤出暮入，強乎耕稼樹藝，多聚叔粟而不敢怠倦者，何也？曰彼以為強必富，不強必貧；強必飽，不強必飢，故不敢怠倦。今也婦人之所以夙興夜寐，強乎紡績織紝，多治麻絲葛緒捆布縿而不敢怠倦者，何也？曰彼以為強必富，不強必貧；強必暖，不強必寒，而不敢怠倦」[4]。

如此等等。墨子的整個社會政治哲學就是建立在這個簡單素樸的道理之上。他所憂慮和關注的是「飢者不得食，寒者不得衣，

2　《墨子‧非樂上》。

3　《墨子‧七患》。

4　《墨子‧非命下》。

勞者不得息」。他所要求的是「飢者得食，寒者得衣」，勞動者有
一定的休息。如果毫無休息，終年累月為統治者服役，也就不可
能進行簡單的再生產。這樣極端重視作為社會存在基礎的生產勞
動活動，比較起孔子偏重「克己復禮」「文行忠信」而斥責問稼問
圃（「小人哉！樊須也」[5]）來，所代表的階級觀念的差異，應該
說是相當明顯的。

　　當然，墨子講的「強」或「力」，也包括氏族貴族統治者在
內。「王公大人之所以蚤起晏退，聽獄治政，終朝均分而不敢怠倦
者何也？曰彼以為強必治，不強必亂，強必寧，不強必危，故不
敢怠倦」[6]。「君子不強聽政即刑政亂，賤人不強從事即財用不
足」[7]。墨子並不反對階級差別和階級統治，如郭沫若所說，他
的確是為「王公大人」獻策和服務的。墨子並且認為，像他們這
些不事生產的遊說之士，如果能使「王公大人用吾言，國必治」，
當然功勞就要大於從事直接生產的農夫織婦，「……一農之耕分諸
天下，不能人得一升粟……其不能飽天下之飢者，既可睹矣」，
「不若誦先王之道，……上說王公大人」[8]。與孔孟一樣，墨子
並不反對「勞心」與「勞力」、統治與被統治的「分工」，而且還
特別強調要「尚賢使能」來治理天下，認為「尚賢」是「為政之

5　《論語・子路 13・4》。
6　《墨子・非命下》。
7　《墨子・非樂上》。
8　《墨子・魯問》。

本」。這裡與孔孟的區別是，第一，孔孟雖講舉賢，但基本是限制在和服從於尊尊親親的氏族血緣傳統範圍內，反映著上層貴族們的利益；墨子的「尚賢」則是要打破這種傳統，反對舉「骨肉之親，無故富貴面目姣好者」，而認為應該不管出身貴賤、血緣遠近，唯「賢」是尚，這反映著下層的利益。「古者聖王，甚尊尚賢，而任使能，不黨父兄，不偏富貴」[9]，「賞賢罰暴，勿有親戚兄弟之阿」[10]，「雖在農與工肆之人，有能則舉之」[11]。從而，第二，孔孟舉賢是為修禮樂行仁義，然後才天下太平，百姓富庶；墨子則首先和直接強調老百姓的食飽衣暖，「賢者之治邑也，蚤出暮入，耕稼樹藝聚菽粟多而民足乎食」[12]。因此，作為「為政之本」的「尚賢」，是直接服務於物質生產以滿足人民生存需要這個總目標的。至如其他的一切如禮樂等等，都是次要的，應直接從屬於這個根本目標而不應違反它。

　　所以，墨子反對違反這個總目標的氏族貴族統治者們的奢侈生活，強調「節用」：

　　不極五味之調，芬香之和，不致遠國珍怪異物。……古者聖王制為衣服之法，曰冬服紺緅之衣，輕且暖，夏服絺綌之衣，輕

---

9 《墨子・尚賢中》。
10 《墨子・兼愛下》。
11 《墨子・尚賢上》。
12 《墨子・尚賢中》。

且清，則止。諸加費不加於民利者，聖王弗為……。[13]

　　飲食、衣裳、舟車、房屋……，總之一切衣食住行，只求滿
足生存的基本需要，其他一切便屬鋪張浪費。

　　所以，墨子「非樂」：

　　仁者之為天下度也，非為其目之所美，耳之所樂，口之所甘，
身體之所安。以此虧民衣食之財，仁者弗為也。[14]

　　墨子不是不知道音樂以及麗色、美味、高樓、廣室能給人以
快樂，但因為它們「將必厚措斂於萬民」，既不能直接幫助生產，
又不能保衛國家，而且還妨害統治者的「蚤朝晏退，聽獄治政」，
妨害農夫織婦「蚤出暮入，耕稼樹藝」，「夙興夜寐，紡績織紝」，
因此應該統統取締。

　　墨子當然反對厚葬。因為厚葬「綴民之事，靡民之財」，「國
家必貧，人民必寡，刑政必亂」[15]。「衣食者，人之生利也，然且
猶尚有節。葬埋者，人之死利也，夫何獨無節於此乎？」[16]

　　總之，保證老百姓的吃飯穿衣要緊，其他一切消費都應盡量

---

13 《墨子・節用中》。
14 《墨子・非樂上》。
15 《墨子・節葬下》。
16 同上。

節約、盡量取締、盡量廢除。在物質財富還遠不充裕，廣大勞動者經常處於飢寒交迫的古代，墨子這種思想是完全可以理解的。它在揭露、抨擊貴族統治者們的各種驕奢生活，也是有其進步意義的。但問題是，社會在發展，生產在擴大，剩餘價值在增加，財富在不斷增多和集中，社會消費和社會需要（特別是在上層氏族貴族中）在迅速擴大，這是一種不可遏止的歷史潮流。生產與消費是互為因果和互相影響的。因之墨子企圖極大地限制甚至取締人們除基本生存需要之外的一切消費，實際上就違反了社會發展的客觀規律，是行不通和不會有什麼結果的。而這，就正是小生產勞動者的狹隘眼界的悲劇。作為勞動者，他們知道稼穡之艱難、生產之不易，反對一切鋪張浪費、奢侈享受；但作為小生產者，他們又嚴重局限於親聞目見的狹小環境裡，而不知道由於勞心與勞力、統治與被統治的分化，使社會上層的消費生活方式變得日益富裕闊綽和奢侈，消費要求會日益提高，不會滿足於僅僅食飽衣暖，要主觀地加以人為的限制，便只能是空想。

　　墨子許多其他基本思想也都建立在這樣一種雙重性的基礎之上。例如，墨子是堅決反「命」的：

　　今用執有命者之言，則上不聽治，下不從事。上不聽治則刑政亂，下不從事則財用不足。[17]

---

17 《墨子·非命上》。

必使飢者得食，寒者得衣，亂者得治，遂得光譽令問於天下，夫豈可以為命哉，故以為其力也。[18]

雖上世之聖王豈能使五穀常收而旱水不至哉？然而無凍餓之民者，何也？其力時急而自養儉也。[19]

總之，把「命」與「力」「強」對立起來，認為飽飢、暖寒、治亂、榮辱、貴賤、安危……，一切繫之於人的努力（生產），而不在於命運。連社會道德和道德標準也以此為轉移：

故時年歲善，則民仁且良；時年歲凶，則民吝且惡。[20]

好攻伐之君不知此為不仁不義也，其鄰國之君不知此為不仁不義也，是以攻伐世世而不已者，此吾所謂大物則不知也，所謂小物則知之者，何若？今有人於此，入人之場園，取人之桃李瓜果者，上得且罰之，眾聞者非之，是何也？曰不與其勞，獲其食，以非其有所取之故……。[21]

民「性」的良惡由於收成的善凶；而收成的善凶主要依靠於

---

18 《墨子・非命下》。
19 《墨子・七患》。
20 同上。
21 《墨子・天志下》。

人為的努力而並非命定，所以應該「非命」。所謂「仁義」道德也應該建立在尊重勞動果實的所有權利之上。當時戰亂頻繁，相互攻打掠奪，在墨子看來，原因就在於不明白這個基本道理。這些都表明，墨子是以小生產勞動者立場來衡量、判斷、肯定或否定一切社會生活現象的。正如他之主張節用、節葬、非樂，是因為從小生產勞動者立場看，任何財富的創造和積累均大不易，必需力加節省愛護；他之主張非命、主強、重力也如此。墨子據以出發這個非常素樸的道理，往往是上層階級的思想家們所自覺或不自覺地予以忽視或抹殺的。他們沒有直接生產的經驗，便較難有「重力」「非命」的深切體驗；他們有較多的財富和較高的生活享受，也就很難真正嚴格地注意節儉省約。從而他們的治國方略和社會理想，便很難強調以物質生產為根本，而多半迴旋於人性、制度等上層建築和意識形態的設計中。儒家便是如此。

　　墨子把道德要求、倫理規範放在與物質生活的直接聯繫中[22]，也就是把它們建築在現實生活的功利基礎之上。墨子最著名的兼愛說便是以現實功利為根基的，即所謂「兼相愛，交相利」：

　　……即欲人之愛利其親也，然即吾惡先從事，即得此。若我先從事乎愛利人之親，然後人報我愛利吾親乎……，投我以桃，報之以李，即此言愛人者必見愛也，而惡人者必見惡也。[23]

---

22 墨子反對儒家三年之喪，也是認為這樣會「敗男女之交」而影響人口的增長。

23 《墨子·兼愛下》。

　　這正是小生產勞動者的交換關係觀念的擴大化。「雖有賢君，不愛無功之臣，雖有慈父，不愛無益之子」[24]。所以，最值得注意的是，同樣講「愛」，它與儒家把「愛」建立在親子血緣關係的心理基礎上有根本的不同。這種不同，具有許多重要的後果。第一，儒家的「愛」是無條件的、超功利的；墨家的「愛」是有條件而以現實的物質功利為根基的。它不是出自內在心理的「仁」，而是來於外在互利的「義」。基於「利」的「義」是小生產勞動者的準則尺度。而這，卻又為後來法家斥仁愛為虛偽，一切以現實利害計較為根本提供了基礎。在這意義上，郭沫若講墨、法兩家在秦國合流是有所見的。第二，由於儒家從親子血緣和心理原則出發，於是強調「愛有差等」，由近及遠；墨子的「兼愛」是以「交相利」出發，所以不主張甚至反對愛有差等。但前者由於具有現實的氏族血緣的宗法基礎，獲得了強有力的現實支柱；後者要求無分親疏的兼相愛以免於戰亂的大功利[25]，反而成為脫離實際的空想。

　　企圖以「普遍的愛」來停止戰亂取得太平，是小生產勞動者的一種常見的烏托邦意識。由於在小生產勞動過程的狹小範圍內可以獲得這種相互合作而互利的實際經驗，使他們的代言人、思

---

24 《墨子‧親士》。

25 「……亂何自起？起不相愛。……盜愛其室，不愛其異室，故竊異室以利其室；賊愛其身不愛人，故賊入以利其身，……大夫各愛其家不愛異家，故亂異家以利其家；諸侯各愛其國不愛異國，故攻異國以利其國。天下之亂物，具此而已矣」（〈兼愛上〉）。

想家容易把它昇華擴展為一種「政治」和「救世」的理論。在後世以及其他民族思想史上，都可以看到類似現象。當然，墨子兼愛還有其淵源。《淮南子・要略訓》說墨子「背周道而用夏政」，墨子也說「夫兼相愛交相利，此自先聖六王者親行之」[26]，其他一些典籍也常說墨子繼承夏禹。這表明，墨子思想有其遠古的歷史來由。這大概是因為，在遠古夏禹時代，氏族宗族制度還沒有完善建立，無階級無等差的原始體制還在很大程度上延續著。這種遺風餘韻殘存在人們的記憶和懷念中，便是產生墨子兼愛的思想來由。所以，人們經常認為被儒家納入《禮記》中的〈禮運・大同〉篇實際是墨家的思想：「禹湯文武成王周公」之前的「大同」世界所展現的「人不獨親其親，不獨子其子，使老有所終，壯有所用，幼有所長，矜寡孤獨廢疾者皆有所養。……貨惡其棄於地也，不必藏於己；力惡其不出於身也，不必為己」的圖景，是在根本上超越了儒家「小康」理想而為孔子所喟嘆「丘未之逮也」，它卻在一定程度上保存和呈現在墨子思想中。「兼愛」正是突出的一項，如「視人之國若視其國，視人之家若視其家，視人之身若視其身」[27]；「強者不劫弱，貴者不傲賤，多詐者不欺愚」[28]，「老而無妻子者有所侍養，以終其壽；幼弱孤童之無父母者有所放依，以長其身」[29]等等，不是都與上述大同理想有非常

26　《墨子・兼愛下》。

27　《墨子・兼愛下》。

28　《墨子・兼愛中》。

29　《墨子・兼愛下》。

近似的地方麼？這是一個無掠奪、無剝削、無壓迫的勞動者們相互幫助、友愛、互利的樂園空想。

這裡重要的是，一方面是兼愛主張和大同空想，另方面它又並沒有儒家倡導的那種溫情脈脈的人道面紗和情感心理。而是把包括「為賢」「助人」「分財」這些道德空想都建築在現實功利（富貴）之上：「今也天下之士君子，皆欲富貴而惡貧賤，曰然。女何為而得富貴而辟貧賤？莫若為賢。為賢之道奈何？曰有力者疾以助人，有財者免以分人，有道者勸以教人」[30]。

這似乎是矛盾的，然而是事實，是小生產勞動者本身的矛盾性格之典型反映：既要以物質現實的功利為根本基礎，同時又強調要互助兼愛，甚至可以為此而犧牲自己。

與前述重利、兼愛鼎足而立以構成墨子思想體系的第三根支柱的，便是「天志」「明鬼」。

看來奇怪，從經驗和功利出發、似乎非常務實而清醒的思想理論，為什麼需要一個活靈活現的上帝人格神？為什麼強調「強力」反對宿命的墨子，卻要以能行賞善罰惡的「天」「鬼」來統治人世？

這仍然只能以小生產勞動者的特徵才能真正解釋：他們需要一種信仰力量，來作為超出自己狹隘經驗範圍的精神支撐。因為從小生產勞動者的日常經驗的狹窄眼界中，歸納不出、當然更演繹推論不出一個真正有博大視野、比較科學的整體世界觀，墨子

---

30 《墨子·尚賢下》。

便不可能有荀子〈天論〉以及《易傳》那樣的思想。傳統宗教意識也更容易存留在這些見聞有限、閉塞落後的小生產者的心理和觀念中而不被觸動，經常成為傳統習慣勢力的頑強的保存者、衛護者。從社會存在方面（小生產者的散漫狹窄的生產生活環境和地位）和社會意識方面（宗教傳統的殘存），小生產者都易於產生一個擁有絕對權威的人格神來作為最高主宰的幻想。「兼相愛交相利」、「賴其力者生」等等社會原則和政治理想，必須依存於建立這樣一個絕對服從和信仰的基石、動力和標準，才有可能得到實行。

　　所以，儘管以現實功利為基礎，墨子的社會政治原則並不建立在近代個人之間的平等契約論的原理之上，而是建立在每個人都必須服從人格神主宰的基礎之上。也就是說，世間法度不是由人協商而確立的，它來自上天，從而必須服從。這即是「天志」「天意」。

　　……順天之意，謂之善刑信，反天之意，謂之不善刑政，故置此以為法，立此以為儀，將以量度天下之王公大人卿大夫之仁與不仁。……天之意，不可不順也，順天之意者，義之法也。[31]

　　天子有善，天能賞之；天子有過，天能罰之；天子賞罰不當，聽獄不中，天下疾病禍福，霜落不時，天子必且……禱祠祈福於天……是故義者，不自愚且賤者出，必自貴且知者出，曰誰為知？

---

31 《墨子・天志中》。

天為知。[32]

　　軌範、規程、原則、法度如兼愛、非攻、仁義、節用等等，都不是「愚且賤者」的下層人民即老百姓所能規定，它來自比天子還更「貴且知者」──作為人格神的「天」。小生產勞動者總是把自己的意願欲望折射到天上，希望有一個公平正直的主宰來統治世界和制約貴族，自己也好匍匐在這個構造出來的主宰面前而獻出一切。墨子的「強力」、「兼愛」引不出近代的個人主義，反而要由一個宗教人格神來頒布執行，相當鮮明地體現了這一特徵。

　　因此，儘管如何強調自力、非命，卻仍然不能由人掌握自己的命運，確定和監督自己的法度、刑政、制度以及善惡等，而必須委托和依賴「貴且知」的上帝鬼神：「今若使天下之人，偕若鬼神之能賞賢而罰暴也，則夫天下豈亂哉？」「故古聖王治天下也，故必先鬼神而後人」[33]。「鬼神之明，智於聖人，猶聰耳明目之於聾瞽」[34]，要求「……一天下之和，總四海之內為，率天下之百姓以農，臣事上帝山川鬼神」[35]。這比起儒家「子不語怪力亂神」，「未能事人焉能事鬼」，強調人本身的獨立價值和優先地位，顯然就落後多了。這種落後又正是小生產勞動者與擁有文化成果

32　《墨子‧天志下》。

33　《墨子‧明鬼下》。

34　《墨子‧耕柱》。

35　《墨子‧非攻下》。

的統治者之間的差異所造成的。

墨子在政治上的「尚同」也如此。「尚同」是要求統一意志，統一觀念，統一行動。統一於誰？統一於「上」，即統一於「卿長」、「國君」、「天子」和「天」。「卿長之所是，必皆是之；卿長之所非，必皆非之」；「國君之所是，必皆是之；國君之所非，必皆非之」；「天子之所是，必皆是之；天子之所非，必皆非之」[36]。總之，一卿一國和天下都必須統一於一個最高統治者。這樣，「治天下之國，如治一家；使天下之民，如使一夫」[37]。可見，正如要求宗教上的人格神來統治精神一樣，在政治上所要求的便相應是絕對專制的統治者。

總之，一方面要求舉賢任能，另方面強調尚同服從；一方面追求兼愛、平均，另方面主張專制統治；一方面強調「強力」、「非命」，另方面尊尚鬼神、「天志」——這看來似乎有些矛盾，卻相當典型地表現了作為分散、脆弱的小生產勞動者的雙重性格。因之，所謂「千里萬里，一家一人」，既可以是社會理想上的博愛烏托邦，也可以是政治主張上的現實專制制度；既可以是在生活經驗基礎上的清醒的積極態度，也可以是沈溺在宗教觀念中的醉醺醺的狂熱精神。實際上，是兩者兼而有之。

「非命」「節用」（重視生產），「交利」「兼愛」（樂園空想）和「天志」「尚同」（宗教專制），就這樣構成墨子思想體系三大支

---

36 《墨子‧尚同上》。

37 《墨子‧尚同下》。

柱。這三大支柱是相互滲透、很難分割的。它有著剝削階級所缺乏的重視勞動和講求互愛的光輝觀點；但從整體說，卻並不符合社會發展的客觀趨向，歷史的二律背反的進程使它陷入了尷尬的可悲境地。小生產勞動者在漫長的歷史時期始終處於被剝削被統治的地位，其思想體系的代表墨家也逐漸泯滅。墨子思想的主體沒有取得當時和後世思想家們的呼應，相反，得到的是不斷的譏評：

> ……墨子兼愛，是無父也，無君無父，是禽獸也。[38]

> 其生也勤，其死也薄，其道大觳。使人憂，使人悲，其行難為也。恐其不可以為聖人之道，反天下之心，天下不堪……其去王也遠矣。[39]

> 墨子蔽於用而不知文。[40]

> 墨子有見於齊，無見於畸……有齊而無畸，則政令不施。[41]

> 墨子大有天下，小有一國，將蹙然衣粗食惡，憂戚而非樂，若是則瘠，瘠則不足欲，不足欲則賞不行……。[42]

---

38 《孟子‧滕文公上》。
39 《莊子‧天下》。
40 《荀子‧解蔽》。
41 《荀子‧天論》。
42 《荀子‧富國》。

墨者儉而難遵……使天下法若此，則尊卑無別也。夫世異時移，事業不必同。[43]

其中特別是荀子，站在正開拓著自己的經濟政治事業、有著擴大生產的廣闊眼界的統治階級立場，指出只要「善治」，糧食、水果、蔬菜、肉食……都可以足夠吃的，衣亦然。「財貨渾渾如泉源，滂滂如河海……夫天下何患乎不足也」，「夫有餘不足非天下之公患也，特墨子之私憂過計也」[44]。因之統治者就應該用盛樂、美色、甘食等等來享受、裝飾和威嚴自己，「知夫為人主上者不美不飾之不足以一民也，不富不厚之不足以管下也，不威不強之不足以禁暴除悍也。故必將撞大鐘、擊鳴鼓、吹笙竽、彈琴瑟以塞其耳，必將雕琢刻鏤黼黻文章以塞其目，必將芻豢稻粱、五味芬芳以塞其口……」[45]也就是說，統治者與被統治者、富貴與貧賤，必須有享受上和衣食住行上的差別，而不能像墨子所主張的均等消費、拉平齊一[46]，節儉倒退，那樣就反而會使天下「貧且亂」，「尚儉而彌貧，非鬥而日爭」[47]，這鮮明地顯示了處於上升階段

---

43 《史記‧太史公自序》。

44 《荀子‧富國》。

45 同上。

46 儘管墨子也承認並也以「富貴爵祿」來引誘人，如說「爵位不高則民不敬也，蓄祿不厚則民不信也」（〈尚賢中〉）等等，但這不構成墨子的思想主體。

47 《荀子‧富國》。

的統治階級有增進生產提高生活遠為開闊的眼界和氣概；無論在
理論上或實際上，它都更符合歷史的需要。

 ## 墨家思想並未消失

　　秦漢以來，墨家作為思想體系和學派逐漸消失無聞，並且此
後再也沒有出現過類似的獨立學說、思潮或派別。這大概是由於，
儘管作為小生產勞動者的手工匠作和農民仍大量地長期地存在，
但已經沒有像氏族結構徹底瓦解的春秋戰國時代那種自由的社會
環境和自由的意識氣氛。特別在獨尊儒術以及後來佛教東來之後，
小生產勞動者文化落後，見聞閉塞，經年累月束縛在自己的狹小
天地內，一般便受著社會統治意識的控制和支配，很難從自身中
再產生像墨子這樣的思想家或思潮、學派。

　　因之，只有在社會發生大分裂，即階級對抗非常激烈、要求
明確區分階級界限的鬥爭時刻，那些力圖表現本階級獨特利益、
要求和理想的意識、思想、綱領、口號，才可能被突現出來和提
上日程。這個時刻主要就是農民起義和農民戰爭。農民起義總是
裹捲了各種手工匠作於其中，並且由於後者具有某種程度上的紀
律、組織（如師徒、行業等）訓練，使他們經常成為起義隊伍的
各方面的骨幹或領袖。

　　中國歷史上有頻繁和巨大的農民起義和農民戰爭。雖然有關文獻大都無存，已無法考察、了解它們的意識形態，而且由於大都是「鋌而走險」、「官逼民反」，不一定能有條件和時間作真正的自覺思考或理論準備，然而，就在極不完全的掛一漏萬的殘存材料中，也仍然可以看出其中好些基本思想倒是與上述墨子思想有一脈相通之處的[48]。

　　最早的例子是陳勝的「帝王將相寧有種乎」的著名傳說。它不一定有何深意可言，但與墨子所講「官無常貴而民無終賤」，在思想特徵上似乎是可以相通的。只是一個是在和平時期講「尚賢」，認為從「賤人」中也可以舉拔賢能；一個是在起義時期認為「賤人」也可以作將相以至帝王。它們在反對等級不能逾越和「富貴在天」的命定思想上，是同一種語言。又如，保存在《太平經》裡的少數片斷字句，像強調「大生人幸使其人人自有筋力，可以自衣食者」[49]，一再反對「或多智反欺不足者，或力強反欺弱者，或後生反欺老者，皆為逆，故天不久佑之」[50]等等思想，也可以

48　「我認為，中國農民戰爭的口號應溯源於戰國末年墨俠一派下層宗教團體所提出的一條公法，即《呂氏春秋》所載，殺人者死，傷人者刑，墨者之法也……這一點似乎不大為從前的學者們所注意」（侯外廬：〈我對中國社會史的研究〉，《歷史研究》1984 年第 3 期）。但侯卻把它解釋為「要求人身權的旗幟」，這似乎是近代化的誇張而忽略了墨的本質特徵。

49　〈六罪十治訣〉，見《太平經合校》，中華書局，1960 年，第 242 頁。

50　〈太平經鈔辛部〉，見《太平經合校》，第 695 頁。

與墨子主張「強力」「兼愛」聯繫起來[51]。儘管《太平經》早已成為統治階級「懲惡揚善」、修道求仙的正統典籍,但這部道家匯集中的某些東西又確曾與農民起義(如張角)有關。

　　從歷代農民起義、農民戰爭某些意識形態的共同特徵看,例如幾乎都以某種超自然的人格神(即「天意」)作為主宰、命令來支撐和證明起義的合理性和合法性,來組織隊伍,統一意志,嚴格紀律。農民起義也常常是反貪官而擁戴「好官家」、「好皇帝」,以及一面講求博愛、平等、共患難,另方面又承認甚至強調等級、上下的差別,與墨子的矛盾兩面都有相通或相同之處。儘管農民起義大多打著道教、佛教的旗幟,並不理睬墨子,但這是因為他們並不知道墨子,而墨子本人也非神或佛。當然,在農民起義和農民戰爭中,某些基本觀念比墨子思想要遠為激進和徹底。例如進行大規模的殺戮,便不能講「非攻」。例如提出平均土地或財富,也遠非墨子思想所具有。漢代以來作為統治階級意識的儒家也反對過分的貧富不均,也講仁愛,也講天命甚至製造讖緯「符命」來作為政權的「天授」依據,甚至也滲入農民起義中;但農民起義中的宗教信仰和博愛精神主要是當作統一意志、發動群眾的行動綱領和組織力量,並直接地具體地落實在集團的戰鬥行動

---

51 卿希泰:「《太平經》 的這些思想, 乃是先秦墨家有關思想的繼承和發展。⋯⋯墨家學說乃是道教的思想淵源之一」(《中國道教思想史綱》第1卷,四川人民出版社,1980年,第129∼131頁),並參看王明《道家和道教思想研究》,社科出版社,1984年。

之中，與儒家講的仍不相同，而毋寧說與墨家的特色相接近。

這種特色以最突出和最完備的形態出現在近代太平天國運動中。他們引進一位西方基督教的人格神作為主宰人間事物的最高權威；以「千年王國」作為建立世上天國的太平理想；正式提出「務使天下共享天父上主皇上帝大福，有田同耕，有飯同食，有衣同穿，有錢同使，無處不均勻，無人不飽暖」[52]的政治綱領；強調「天下多男子，盡是兄弟之輩；天下多女子，盡是姊妹之群」[53]的倫常博愛原則。總之，在同一個上帝面前，人們應該相愛而平均，共同勞動，各享所得，衣暖食飽，天下太平。這與墨子所說「天必欲人之相愛相利，而不欲人之相惡相賊也……今天下無大小國，皆天之邑也，人無幼長貴賤，皆天下之臣也」[54]，基本精神不仍然相通麼？當然，兩千多年後的太平天國的思想、綱領和體系，比墨家遠為急進、具體和完整；特別是在戰爭中，農民軍隊所要求的共患難的兼愛原則，要求強調鬥爭的非命思想，都極大地突出了。但是，曾經使得敵人也驚嘆的「以人眾為技，以敢死為技，以能耐勞苦忍飢渴為技……死者自死，渡者自渡，登者自登」[55]，不又仍然可以與「墨子服役者百八十人，皆可使赴火蹈刃，死不還踵」[56]，「以自苦為極」，「雖枯槁不舍」，相比

52　《天朝田畝制度》。

53　《原道醒世訓》。

54　《墨子·法儀》。

55　《賊情彙纂》。

56　《淮南子·泰族訓》。

擬麼？應該說，這種比擬的意義不在於任意選擇外表現象的偶然
相類，而在於它們共同體現著勞動者所具備的普遍階級品格，而
為上層社會所難能。另一方面，平等、博愛只是烏托邦，嚴格的
等級制卻是現實；太平天國特別在定都南京後的種種等級規定、
專制統治、禁欲主義、禁商空想、迷信上帝……，也不無與墨子
的天志、明鬼、節用、尚同等思想有類似之處。這種類似也不是
偶然的外在現象。所以，儘管洪秀全的思想並不直接來自墨子，
除了接受基督教傳教士的宣傳品外，他與儒家的關係更深，但重
要的是精神實質。洪秀全和農民起義的思想並不直接來自墨子，
卻與墨家相通，更說明這種思想所具有的現實根基的深厚。這精
神實質恰恰在於作為廣大下層勞動群眾在意識形態中所顯現出來
的特色，它的優點與缺點、強處與軟弱。

　　墨家不存在了，大規模的農民起義和農民戰爭也並不常有，
但小生產勞動者卻長期存在。這種社會基礎使墨家的某些觀念、
行為以至組織形態，不但在一定程度和意義上表現在始終不斷的
下層祕密社會中，如講義氣，重然諾，行兼愛，「赴湯蹈火」，以
及《水滸》上梁山英雄們那種遭壓迫而共患難、稱兄弟，排坐次
則又講身分、崇官職……，等等；而且還可以通過其他各種改變
了的狀態和途徑，比較間接地展現出來。因之關於墨子思想的繼
承、影響問題便十分複雜。

　　簡單看來，也至少有兩種情況。一種是被社會統治意識的主
流所吸收消化。墨家的好些思想如功利、重力等，已經以不同方
式滲入或溶合在法家和儒家思想中。特別由於儒墨兩家原都以古

代氏族傳統為背景，他們對氏族制度這一社會體制和秩序都是基本肯定的，對人生世事、政治經濟也都採取積極作為的態度，都講父慈子孝、兄友弟恭，都講任賢使能。只是一個從氏族貴族立場出發，所以強調等級差別，重視禮樂文化和個體價值，強調維護「周制」；一個從下層生產者出發，反對奢侈生活，抨擊、排斥任何非生產性的消費，強調集體互助，幻想博愛世界，主張「行夏政」。但它們同道家徹底否定氏族制度，要求回到最古的動物式的世界裡去，從而否定任何文明、秩序，對人生世事採取虛無消極的態度，則大不相同。也與以後單純代表統治階級利益的法家，以傳播某些科技文化或販賣政治策略為特色的、飄浮在上層而沒有自己切實的現實根基的名家、陰陽家、縱橫家等等，很不相同。誠如汪中所說，墨子「其在九流之中，惟儒足與之相抗，自餘諸子，皆非其比」[57]。既然有上述這些共同基礎和特徵，儒家也用不著花多大氣力，便不留痕跡地吸收了所可以容納的墨子中的許多思想和觀念。韓愈說：

　　儒譏墨，以尚同兼愛尚賢明鬼。而孔子畏大人，居是邦不非其大夫；春秋譏專臣，不尚同哉？孔子泛愛親仁以博施濟眾為聖，不兼愛哉？孔子賢賢，以四科進褒弟子，疾沒世而名不稱，不尚賢哉？孔子祭如在，譏祭如不祭者，不明鬼哉？儒墨同是堯舜，同非桀紂，同修身正心以治天下國家，奚不相悅如是哉……。孔

---

[57] 汪中：《述學・墨子序》。

子必用墨子，墨子必用孔子。[58]

　　韓愈是以「衛道者」即捍衛儒家孔孟之道、力排佛教異端而著稱的，卻居然這樣對待墨子，不奇怪嗎？當然韓愈是大大地誇張了孔墨的共同處，並且也不敢提及墨子的非樂、節葬等直接與儒家相衝突的東西。但由於孔墨畢竟有某些共同的現實基礎，所以如「尚賢」、「節用」、「非攻」以及「兼愛」、「尚同」等，就都比較容易地與儒家學說相溝通，就是「天志」、「明鬼」與儒家（例如董仲舒）也可以找到共同處。因為這些是農業小生產國家中無論上下層都大體可以接受的東西。只是由於階級的差異，這種吸收接近又仍有一定的限度。韓愈的「博愛之謂仁」仍不等於墨子的兼愛，不過是在儒家親親尊尊、愛有差等的基礎上的某種擴大而已。至於墨家那些「侵差等」、「有見於齊」、「欲使君臣上下同勞苦」的平均思想和反文化的苦行思想，則為社會上層代表的儒家所當然拒絕。

　　比較起來，更有意思的倒是，墨家中某些越出正統儒家接受限度或為正統儒家所排斥、拒絕的東西，卻又有時在儒學「異端」人物身上出現。也正因為這些人物、思想顯現出這些非正統儒學所能容納的東西，它們也就構成了「異端」，從而這「異端」的意義也正在於它們曲折地反映了小生產勞動者們的觀點、思想、情緒或傾向。這就是本文所認為更值得注意的另一種情況。

---

58 《韓昌黎集・讀墨子》。

顏元是一個例子。顏元號習齋，他最強調的就是一個「習」字。這個「習」不是正統儒學所重視的文化學習，而更多是指向實際操作等體力活動和技藝訓練。「習齋之學，其本在忍嗜欲，苦筋力，以勤家而養親，而以其餘習六藝，講世務……」[59] 顏元自己便是參加農業勞動而有親身體驗的：「吾用力農事，不遑食寢，邪忘之念，亦不自起」。他要用這種體力勞動（包括各種需要體力活動的技藝訓練）來改造儒宗理學。他處處強調，任何事都要「親自下手一番」，「吾輩只向習行上做工夫，不可向言語文字上著力」[60]；「讀書愈多愈惑，審事機愈無識，辦經濟愈無力」[61]；「讀書人便愚，多讀更愚」，「以多讀為學，聖人之學所以亡也」[62]。顏元這種強調實際操作的經驗論，的確很容易令人想起墨子。墨子就也講過「士雖有學而行為本焉」[63]，「言必信，行必果，使言行之合，猶合符節也，無言而不行也」[64] 等等。無怪乎一些哲學史家認為，「顏元的實徵的知識論，在表面上看來好像是儒學，而實際上則是墨子學術的復活」[65]。

---

59 方苞：《方望溪集·李剛主墓誌銘》。

60 《顏習齋先生言行錄·卷下·王次亭第 12》。

61 顏元：《朱子語類評》。顏的讀書愚蠢論有一定道理，特別是他本是針對宋明理學的巨大弊病而言。

62 顏元：《四書正誤》卷 2。

63 《墨子·修身》。

64 《墨子·兼愛下》可對照儒家「言必信，行必果，硜硜然，小人哉」（《論語·子路》）。

65 侯外廬：《中國思想通史》第 5 卷，人民出版社，1980 年，第 374 頁。

　　在社會思想上，顏元堅決反對重義輕利，認為「以義為利，聖賢平正道理也。……義中之利，君子所貴也。後儒乃云正其誼不謀其利，過矣」[66]，「世有耕種而不謀收獲者乎？世有荷網持鉤而不計得魚者乎？」[67] 這也正是從生產活動的物質實際出發，與墨子把仁義、兼愛等倫理原則、道德規範放在現實功利生活的基礎之上，又是很相似的。

　　顏元特別強調禮儀，使它具有神聖的準宗教性質。顏元平均土地的思想，如「豈不思天地間田，宜天地間人共享之，……為父母者，使一子富而諸子貧，可乎」[68] 等等，也與墨子的宗教信仰和兼愛空想有相通處。所以顏元的主習主動、強調實用、主張復古、提倡均約、激烈抨擊空談性理的宋明理學，使他在十七、八世紀中國民族民主思潮中另具一種風貌殊色。他既不是王夫之、顧炎武等帶有總結性的正統理學儒宗，也不是黃宗羲、唐甄、戴震等人帶有近代氣息的啟蒙思想，而是有點泥古不化、眼光狹窄、執著於直接經驗和實用價值卻又勤勞苦作、孳孳不息的具有小生產勞動者特徵的理論意識。他的理論、實踐和學派也和墨子一樣，並沒流行多久就告結束。「顏李之力行派陳義甚高，然未免如莊子評墨子所云其道大觳，恐天下不堪」；「元道太刻苦，類墨氏，傳者卒稀，非久遂中絕」[69]。

---

66 顏元：《四書正誤》卷1。

67 《顏習齋先生言行錄・卷下・教及門第 14》。

68 《存治編・井田》。

69 梁啟超：《清代學術概論》。

　　時間又過去了一、二百年，墨子在近代中國再一次被重新發現。《民報》第 1 期撇開孔孟老莊，把墨子捧為「平等博愛」的中國宗師，刊登了臆想的墨子畫像。連梁啟超在《新民叢報》上也呼喊「楊學（指楊朱為己）遂亡中國，今欲救亡，厥惟學墨」[70]。當時及以後，從各種不同角度治墨家墨學和服膺墨子者盛極一時，從清末附會聲光電化來解墨學到孫詒讓的力作《墨子閑詁》，直到中國共產黨的「墨者杜老」[71]（杜守素），近代許多重要學者都有關於墨子的論述；而頒發給墨子的「偉大的平民思想家」，「勞動階級的哲學代表」之類的美稱也絡繹不絕，以至有人稱之為「墨學之復興」[72]。幾乎在同一時期，顏元也被推崇了起來。顏李學的復興當然不可能有墨學的聲勢，然而自章太炎《訄書》中尊顏，顏元被推到繼荀子而後的大師的空前地位後，北洋軍閥時期徐世昌也大崇顏李學。杜威來華，許多人又把顏元捧比為實用主義。近幾十年的眾多研究論著，也都大讚顏為唯物主義哲學家，等等。但很少有論著著重評論顏元思想中上述那種二重性特色的，特別是很少注意顏元思想的落後面。杜維明的文章提出了顏元地居僻鄉，無史地時事知識（不及顧、黃、王遠甚），將禮儀宗教化，因之其傾向並非革命和科學的，而毋寧說是保守的等論點，比好些

---

70 《子墨子學說》。

71 見郭沫若《十批判書》後記。

72 方授楚：《墨學源流》。

論著更如實地描述了顏的本來面目[73]。但杜文也仍然沒有指出所有這些思想特徵何所由來，沒有揭示它的現實根基，即中國小生產勞動者的歷史特色。我以為指出這一根基和特色是重要的，所以特地在本文中把他與墨子聯繫起來，把它們看作是中國思想史上一種重要的傾向或線索。儘管顏元是以孔子真傳自命的理學家。

之所以要由墨子而談及這些，乃因為墨學以及顏元在近代突然興起，非常吃香，是一種頗具深意的現象。當然，崇墨捧顏中有各種不同的背景、內容和意義。例如把墨學誤解為近代的平等博愛主義等等。但其中最值得注意的卻是，它與近代民粹主義有否思想血緣關係的問題。在中國近代以至今日，我以為，始終有一股以農民小生產者為現實基礎的民粹主義思潮的暗流在活躍著。由於世界歷史條件的差異（例如馬克思主義在俄國戰勝民粹主義等等），中國的民粹主義思潮不能像俄國那樣由於經歷獨立的發展過程從而具有完整的系統理論、明確的政治綱領、具體的團體組織和實際的社會行動，例如不像俄國民粹主義曾掀起「到民間去」的知識分子下鄉運動；但這種思潮仍然是或明或暗地、強有力地滲入和影響著中國近代政治和思想舞臺，特別是在與農村有較深關係的知識分子或具有農民氣質的思想家政治家身上自覺或不自覺地表現出來，甚至也可以滲入馬克思主義的革命家們的

---

73 Tu Wei-ming, "Yen Yuan: From Inner Experience to Lived Concreteness"，見杜著 *Humanity and Self-Cultivation*, Asian Humanities Press, Berkeley, 1979, pp. 186～215。

思想深處。

　　我在《中國近代思想史論》一書的一些論文中曾經強調指出過這一點，並特別提出了章太炎，作為比較典型的例證。按照列寧的著名提法，民粹主義的最大特徵在於反映了宗法農民反對和要求避免資本主義的前途。他們站在根基深厚但注定沒有前途的小生產者立場來反對和抨擊資本主義。他們反對剝削、壓迫，反對資本主義的經濟、政治、思想、文化、生活享受和奢侈風習，而經常把小生產者的勞動、道德、宗教作為抵制和對抗它們、作為唾棄和取締「腐敗」的現代文明的武器。他們的社會理想經常是平均主義的烏托邦，他們的認識論經常是狹隘的實用經驗論：強調親知、「踐履」、力行、吃苦，而輕視甚至反對間接知識、抽象思辨、讀書、理論……[74]。章太炎憎惡資本主義而寧願保持舊時代的「原始的圓滿」，主張「用宗教發起信心，增進國民的道德」，反對現代化的經濟發展，反對資產階級代議政治，提出虛無主義的解脫空想……，便具有代表性。儘管從墨子到顏元到章太炎，在外表上缺少聯繫，例如章太炎就並不一定喜歡墨子（見《菿漢微言》），但重要的是它們所可能具有的內在深刻關係。而且，遠不只是章太炎，還有其他好些人，從偉大的革命家（毛）到著名的保守派（如梁漱溟，雖然梁也反墨），在思想中都可以在不同程度和不同意義上具有這一特色（儘管其具體內容、作用、性質可以大不一樣）。其實，這也正是中國這個以悠久而龐大的小生產

---

74 「文化大革命」的好些理論和實踐把這一方面推到了極端。

勞動者為基礎，和以農民革命為特徵的國度所必然要出現的思想現象，並不足奇怪。

中國近代這種站在小生產者立場上反對現代文明的思想或思潮，經常以不同方式或表現或爆發，具有強烈的力量，得到廣泛的響應，在好些人頭腦中引起共鳴，這一點卻是不容忽視的。它對中國走向現代化並非有利，並經常成為近代啟蒙的阻力或對抗。當代農民和手工業者已在突破小生產者在經濟上的局限，在走向現代生活和生產，在改變著自己；如何在思想上相應地自覺分析和對待這一有重要傳統根基的意識形態以至思維模式（如墨子三支柱構成的社會觀念），分辨它的優缺點，例如既不因墨子信鬼神主專制就無視其作為勞動者優點的一面（郭沫若），也不因具有這一面而無視其作為小生產者的嚴重弱點的一面（許多論著），清醒地意識到它的兩重性和這兩個方面，而加以科學的探討，便仍然是富有現實意義的思想史課題。從而，把古代墨子當作某種思想典型，放在歷史的長河和現實基地中作為一個問題提出來，該不會被看作是牽強附會的任意胡謅吧。不知讀者們以為如何？

（原載：《學習與思考》1984 年第 5 期，原題〈墨子論稿〉）

三、孫老韓合說

傳言十年前毛澤東說過，《老子》是一部兵書。前人也有此議論。唐代王真說，「五千之言……未嘗有一章不屬意於兵也」。蘇轍說，「……此幾於用智也，與管仲、孫武何異？」王夫之說，「言兵者師之」，「持機械變詐以徼幸之祖也」。章太炎說它「約《金版》《六韜》之旨」。我的看法是，《老子》本身並不一定就是講兵的書，但它與兵家有密切關係。

　　傳言十年前毛澤東說過，《老子》[1] 是一部兵書。前人也有此
議論。 唐代王真說，「五千之言……未嘗有一章不屬意於兵
也」[2]。蘇轍說，「……此幾於用智也，與管仲、孫武何異？」[3]
王夫之說，「言兵者師之」，「持機械變詐以徼幸之祖也」[4]。章太
炎說它「約《金版》《六韜》之旨」[5]。我的看法是，《老子》本
身並不一定就是講兵的書，但它與兵家有密切關係。這關係主要
又不在後世善兵者如何經常運用它，而在它的思想來源可能與兵
家有關。《老子》是由兵家的現實經驗加上對歷史的觀察、領悟概
括而為政治——哲學理論的。其後更直接衍化為政治統治的權謀
策略（韓非）。這是中國古代思想中一條重要線索。之所以重要，
一方面在於它對中國專制政治起了長遠影響；同時也由於，貫串
在這條線索中對待人生世事的那種極端 「清醒冷靜的理智態
度」[6]，給中國民族留有不可磨滅的痕跡，是中國文化心理結構

1　本文所談均指《老子》一書。此書著者及成書年代，本文不討論，暫採
　　春秋末年說。

2　《道德真經論兵要義述・敘表》，此書迂腐不堪，實無足觀者。

3　《老子解》卷 2，蘇轍因為要搞儒老合一，擠老子為「聖人」，所以又
　　說，「聖人之於世俗，其跡因具相似者也，聖人乘理而世俗用智」（同
　　上書）。

4　《宋論・神宗》。

5　《訄書・儒道》。

6　拙作〈孔子再評價〉，其中說「無論孟、荀、莊、韓」而未提老，因老與
　　孔學大抵無關，而以自己的獨特方式表現了這一態度。

中的一種重要的組成因素。

 **兵家辯證法特色**

在《美的歷程》中，我曾認為，中國自新石器時代中期以來，充滿了極為頻繁、巨大、複雜的戰爭。「自剝林木而來，何日而無戰？大昊之難，七十戰而後濟；黃帝之難，五十二戰而後濟；少昊之難，四十八戰而後濟；昆吾之戰，五十戰而後濟」[7]。為史籍所承認的黃炎之戰、黃帝蚩尤之戰，不過是其中規模最大具有決定性意義的幾次而已。中國兵書那麼早就如此成熟和發達，幾千年後仍有借鑒價值，正由於它們是以這種長期的、繁複的、劇烈的戰爭的現實經驗為基礎。談《孫子兵法》的論著已經有不少了，本文注意的只是表現在兵家思想裡的理性態度。

什麼是這種特定的理性態度呢？

第一，是一切以現實利害為依據，反對用任何情感上的喜怒愛憎和任何觀念上的鬼神「天意」，來替代或影響理智的判斷和謀劃：

---

7 羅泌：《路史・前紀》卷5。

主不可以怒而興師，將不可以慍而致戰；合於利而動，不合於利而止；怒可以復喜，慍可以復悅，亡國不可以復存，死者不可以復生。故明君慎之，良將警之……。[8]

明君賢將，所以動而勝人，成功出於眾者，先知也。先知者不可取於鬼神，不可象於事（指作類比推測），不可驗於度（指證驗於天象），必取於人，知敵之情者也。[9]

只有在戰爭中，只有在謀劃戰爭、制定戰略、判斷戰局、選擇戰機、採用戰術中，才能把人的這種高度清醒、冷靜的理智態度發揮到充分的程度，才能把它的巨大價值最鮮明地表現出來。因為任何情感（喜怒）的干預，任何迷信的觀念，任何非理性東西的主宰，都可以立竿見影，頃刻覆滅，造成不可挽回的生死存亡的嚴重後果。必須「先計而後戰」，如果憑感情辦事，聽神靈指揮，可以導致亡國滅族，這是極端危險的。所以《孫子兵法》一開頭就說，「兵者，國之大事，死生之地，存亡之道，不可不察也」[10]。這一特點在一般日常生活和任何其他領域中是沒有或比較少見的。

第二，必須非常具體地觀察、了解和分析各種現實現象，重視經驗。作戰要考慮人事、天時、地利。天時包括季節、氣候、

---

8 《孫子兵法・火攻》。

9 《孫子兵法・用間》。

10 《孫子兵法・計》。

畫夜、冷暖變化……等等；地利包括高下、遠近、險易、廣狹……
等等；人事包括將領、法令、士兵、技械、軍需……等等。並且，
不但要「知己」，而且要「知彼」，「知吾卒之可以擊，而不知敵之
不可擊，勝之半也；知敵之可擊，而不知吾卒之不可擊，勝之半
也；知敵之可擊，知吾卒之可以擊，而不知地形之不可以戰，勝
之半也」[11]。「兵無常勢，水無常形，能因敵變化而取勝者，謂之
神」[12]。總之，全面地具體地了解實際情況，重視現實形勢，在
戰爭中有極重要的意義。紙上談兵為兵家大忌。在戰爭中不容許
搞空中樓閣的思辨遐想和不解決問題的空洞議論。思維的具體現
實性和實用性的重要，在這裡比任何其他地方都更為突出。

　　第三，在這種對現實經驗和具體情況的觀察、了解、分析中，
要迅速地從紛繁複雜的錯綜現象中發現和抓住與戰爭有關的本質
或關鍵。其中包括要善於鑒別假象，不為外在的表面現象所迷惑：

　　敵近而靜者，持其險也。遠而挑戰者，欲人之進也。……[13]

　　眾樹動者，來也。眾草多障者，疑也。鳥起者，伏也。獸駭
者，覆也。……[14]

---

11 《孫子兵法‧地形》。
12 《孫子兵法‧虛實》。
13 《孫子兵法‧行軍》。
14 同上。

　　這是由某種經驗現象而看出有關交戰利害的關鍵,所以它重
視的不是現象的羅列,而是抓住某些現象,迅速推斷到有關本質。

　　兵者,詭道也。故能而示之不能,用而示之不用。近而示之
遠,遠而示之近。……[15]

　　辭卑而益備者,進也;辭強而進驅者,退也。……無約而請
和者,謀也;奔走而陳兵車者,期也。半進半退者,誘也。[16]

　　這就是注意現象與本質之間的差異與矛盾。這種情況在日常
生活和一般經驗中也都存在,但認識它們的極端重要性和嚴重意
義卻只有在戰爭中才突出。否則,略不經心便可鑄成大錯,而毫
釐之差便有千里之失。

　　也正因為此,古兵家在戰爭中所採取的思維方式就不只是單
純經驗的歸納或單純觀念的演繹,而是以明確的主體活動和利害
為目的,要求在周密具體、不動情感的觀察、了解現實的基礎上,
盡快捨棄許多次要的東西,避開繁瑣的細部規定,突出而集中、
迅速而明確地發現和抓住事物的要害所在;從而在具體注意繁雜
眾多現象的同時,卻要求以一種概括性的二分法即抓住矛盾的思
維方式來明確、迅速、直截了當地去分別事物、把握整體,以便
作出抉擇。所謂概括性的二分法的思維方式,就是用對立項的矛

15 《孫子兵法・計》。
16 《孫子兵法・行軍》。

盾形式概括出事物的特徵，便於迅速掌握住事物的本質。這就是
《孫子兵法》中所提出的那許許多多相反而又相成的矛盾對立項，
即敵我、和戰、勝負、生死、利害、進退、強弱、攻守、動靜、
虛實、勞佚、飢飽、眾寡、勇怯……等等。把任何一種形勢、情
況和事物分成這樣的對立項而突出地把握住它們，用以指導和謀
劃主體的活動（即決定作戰方案如或進或退、或攻或守等等）。這
是一種非歸納非演繹所能替代的直觀把握方式，是一種簡化了的
卻非常有效的思維方式。在一般經驗中，這種方式大都處在不自
覺或隱蔽的狀態中（如列維・斯特勞斯所分析的人類各民族神話
所普遍具有的二分結構）。因為在日常生活中並不需要到處都自覺
採用這種思維方式，不必要把任何對象都加以二分法的認識或
處理。

　　正因為這種矛盾思維方式是來源於、產生於軍事經驗中，而
不是來源或產生於論辯、語言中所發現的概念矛盾，所以它們本
身也就與世俗生活一直保持著具體內容的現實聯繫，具有極大的
經驗豐富性。像《孫子兵法》裡舉出的那許多矛盾的對立項，就
是非常具體的和多樣化的。與生活經驗緊密相連，它們是生活鬥
爭的經驗性的概括，而不是語言辯論的思辨性的抽象。

　　第四，兵家的這種辯證思維既是主體在有關自己生死存亡、
切身利害的戰鬥實踐中所獲得和所要求的認識方式，上述一切觀
察、了解、分析、估量、考慮、決策便都是在主體（己方軍隊）
的行為中來進行的。即使自然現象如「地形」也是從戰爭利害
（「地利」）角度來著眼的。因之，客體在這裡作為認識對象不是

靜觀的而是與主體休戚相共的,是從主體的功利實用目的去把握
的,客體不是作為與主體利害、行動相分離的恆常穩定的對象來
作觀察處理的。從而,它不但重視對立項矛盾雙方的依存、滲透,
而且更重視它們之間的消長轉化和如何主動運用它們:「亂生於
治,怯生於勇,弱生於強」[17]。「⋯⋯實而備之,強而避之,怒而
撓之,卑而驕之,佚而勞之,親而離之,攻其無備,出其不
意⋯⋯」[18]。總之,不只是描述、發現、了解、思索諸矛盾而已,
而是在活動中去利用、展開矛盾,隨具體的條件、情況而靈活的
決定和變化主體的活動,不局限、拘泥、束縛於既定的或原有的
認識框架。「五行無常勝,四時無常位」,只要能最後打敗敵人,
保存自己,便可以「塗有所不由,軍有所不擊,城有所不取,地
有所不爭,君命有所不受」。後世兵家也常說,「運用之妙,存乎
一心」。所有這些,都不同於從對大自然的靜觀或從抽象思辨中所
獲得的矛盾觀念和思維方式。

　　總起來說,我以為要真正了解中國古代辯證法,要了解為什
麼中國古代的辯證觀念具有自己特定的形態,應該追溯到先秦兵
家。兵家把原始社會的模糊、簡單而神祕的對立項觀念如晝夜、
日月、男女即後世的陰陽觀念多樣化和世俗化了。它既擺脫了巫
術宗教的神祕衣裝,又不成為對自然、人事的純客觀記錄,而形
成一種在主客體「誰吃掉誰」迅速變化著的行動中簡化了的思維

---

17 《孫子兵法・勢》。

18 《孫子兵法・計》。

方式。它所具有的把握整體而具體實用，能動活動而冷靜理智的根本特徵，正是中國辯證思維的獨特靈魂，使它不同於希臘的辯證法論辯術，而構成中國實用理性的一個重要方面。

在《孫子兵法》中，已經可以看到，它由軍事講到了、涉及了政治。軍事本來就是政治鬥爭的一種特殊手段。《孫子兵法》相當明確地指出政治應該統帥軍事。它在多處雖然是講軍事，實際已經超越了軍事。例如那些非常著名的話：

> 是故百戰百勝，非善之善者也；不戰而屈人之兵，善之善者也。故上兵伐謀，其次伐交，其次伐兵，其下攻城……。故善用兵者，屈人之兵，而非戰也；拔人之城，而非攻也。……[19]

重籌劃更重於作戰本身，重政治更重於軍事，重智謀更重於拼力量，重人事更重於天地鬼神，……以《孫子兵法》為代表的這種兵家思想已成為後世中國的思想傳統。它在《老子》那裡，便上升為哲學系統。這不是說《老子》一定是直接從孫子或兵家而來（有人還考證《孫子兵法》產生在戰國，可能在《老子》之後）[20]，只是說《老子》哲學的基本觀念可能與先秦的兵家思潮有關係。

---

19 《孫子兵法・謀攻》。
20 如齊思和《中國史探研・孫子兵法著作時代考》，中華書局，1981 年。

（二）《老子》三層

　　《老子》是一本非常複雜、異義極多的書。如何細緻鑒別其中的種種不同內容和方面及它們之間的繁複關係，將是一個艱難而重要的研究要點，遠非本文所能論及。這裡只從上述中國辯證思維特徵這一角度提點初步看法。

　　《老子》確有多處直接講兵。有些話好像就是《孫子兵法》的直接延伸：

　　將欲弱之，必固強之；將欲廢之，必固興之；將欲奪之，必固與之。[21]

　　故善為士者不武。善戰者不怒。善勝敵者不與……。[22]

　　用兵有言曰：吾不敢為主而為客，不敢進寸而退尺……。[23]

　　於是，有學者認為，「下篇〈德經〉是直接論述軍事戰略戰術

21　《老子‧第 36 章》。
22　《老子‧第 68 章》。
23　《老子‧第 69 章》。

並通過總結戰爭規律而引申出社會歷史觀和人生觀的。其上篇〈道經〉則是對其兵略兵法思想給予理論上的概括並提高到宇宙觀和世界觀上給予論證」[24]。這說法略嫌過頭。《漢書‧藝文志》說，「道家者流，蓋出於史官，歷記成敗、存亡、禍福、古今之道，然後知秉要執本，清虛自守，卑弱以自持，此君人南面之術也」。所以，似乎只能說，《老子》辯證法保存、吸取和發展了兵家的許多觀念；而不能說，《老子》書的全部內容或主要論點就是講軍事鬥爭的。應如上述〈藝文志〉所指出，作為道家代表的《老子》與記錄、思索、總結歷史上的「成敗、存亡、禍福、古今之道」相關。這個「道」不僅是軍事，而更是政治。《老子》一書是對當時紛紛擾擾的軍事政治鬥爭，和在這些頻繁鬥爭中大量氏族邦國滅亡傾覆的歷史經驗的思考和概括。

　　思考的結果，軍事辯證法變成了政治辯證法。孫子說，「凡戰者，以正合，以奇勝」[25]，《老子》說，「以正治國，以奇用兵」[26]。但《老子》實際上是把用兵的「奇」化為治國的「正」，把軍事辯證法提昇為「君人南面之術」──統治、管理國家的根本原則和方略。

　　由於這一提昇，《老子》對兵家的辯證法就有保存，有變化，

24 唐堯：〈老子兵略概述〉，《中國哲學史文集》，吉林人民出版社，1980年，第 32 頁。

25 《孫子兵法‧勢》。

26 《老子‧第 57 章》。

有發展。它基本上保存了上述兵家辯證法的那些特徵，即它仍然是在主體活動和具體運用中的二分法直觀思維方式。人們經常強調《老子》的消極無為，其實，《老子》一再講「聖人」、「侯王」，是一種「以無事取天下」的積極的政治理論。所以它的辯證法在實質上並沒有失去主體積極活動性的特徵。只是它不是在瞬息萬變的軍事活動中，而毋寧是在較為久遠的歷史把握中獲得和應用，從而具有靜觀的外在特徵，好像是冷眼旁觀似的。

　　《老子》把《孫子兵法》中所列舉的軍事活動中的那許多對立項（矛盾）進一步擴展到了自然現象和人事經驗，諸如明昧、高下、長短、先後、直曲、美惡、寵辱、成缺、損益、巧拙、辯訥……等等[27]，使矛盾成為貫串事事物物的普遍性的共同原理。由於觀察總結歷史經驗，由於它的似乎是冷眼旁觀的靜觀氣質，使兵家的冷靜理智不動情感的特色在這裡更為突出，而終於提昇為「天地不仁，以萬物為芻狗；聖人不仁，以百姓為芻狗」，「失德而後仁」的基本哲學原理。朱熹說「老子心最毒」[28]，韓非說「仁者，謂其中心欣然愛人也，……生心之所不能己也」[29]當然在擯斥之列。正是在這要害處，《老子》道家與以仁學為基礎的孔學儒家區別開來：同樣講人的活動，兵家、道家重客觀實際而不

---

27 注意事物的對立項也是當時大變革社會中的一種思潮，《左傳》《國語》多有這類記載。如晏嬰曾說：「……清濁、大小、長短、疾徐、哀樂、剛柔、遲速、高下、出入、周疏，以相濟也」《左傳·昭公20年》等等。

28 《朱子語類》卷137。

29 《韓非子·解老》。

講情感；儒家則以人的情感心理作為某種重要依據。章太炎說，
「吾謂儒道之辨，當先其陰鷙，⋯⋯行一不義，殺一不辜，雖得
國可恥，儒道之辨，其揚搉在此耳。故周公弒齊國之政，而仲尼
不稱伊呂，抑有由也」[30]。在《老子》看來，天地的運行變化是
沒有也不需要情感的；「聖人」的統治，亦然。重要的只在於遵循
客觀的法則規律——「德」、「道」。

那麼，什麼是「德」、「道」？

「德」的原始涵義究竟是什麼，是一個迄今並不清楚而很值
得研究的問題。「它的原義顯然並非道德，而可能是各氏族的習慣
法規。」（〈孔子再評價〉）最近也有人論證「德」原指拘執、捆縛
奴隸以及征伐掠奪、占有財富，以後演化為等級秩序和天命倫
理[31]。「德」在殷商卜辭及《尚書‧盤庚》中雖多見，但作為一個
主要觀念和中心思想，是在姬周。周初再三強調「敬德」、「明
德」，金文中多有「德」字。「帝」（殷商）在意識形態中的地位在
周初已被結合天意與人事的「德」所取代[32]。「德」字在甲骨文中
從直從行，與「循」字近（容庚說），「示行而視之之意」（聞一多
說），《莊子‧大宗師》有「以德為循」[33]。我以為，「德」正是由
此「循行」「遵循」的功能、規範義轉而為實體性能義，最終變為

---

30 《訄書‧儒道》。章太炎也強調了道家與兵家（陰謀、「詭道」）有關。
31 溫少峰：〈殷周奴隸主階級德的觀念〉，《中國哲學》第 8 輯。
32 參看張光直《中國青銅器時代》，三聯書店，1983 年，第 307 頁。
33 求是：〈經史雜考〉，《學習與思考》1984 年第 5 期。

心性要求義的。「德」在周初被提到極高位置，恐怕也與周公當時全面建立規範化的氏族制度有關。「德」逐漸由必需「循行」的習慣法規轉義為品格要求。與此並行，「天」（卜辭中似少見）襲取了殷商的「帝」的位置，沖淡了人格神的嚴重主宰義。這都是殷周之際思想意識上的巨大變革，也是周公重大功績所在而為孔子所稱道不已的。可惜至今對此研究得還極為不足。

「德」似乎首先是一套行為，但不是一般的行為，主要是與以氏族部落首領為表率的祭祀、出征等重大政治行為。它與傳統氏族部落的祖先祭祀活動的巫術禮儀緊密結合在一起，逐漸演變而成為維繫氏族部落生存發展的一整套的社會規範、秩序、要求、習慣等非成文法規。周初突出「敬德」。「敬」，是要求恪守、服從，其中包含有謹慎、崇拜義，就因為這個「德」本與原始的巫術禮儀傳統有關，與對神祕的祖先崇拜、與對「天意」、「天道」的信仰和觀念有關。

周公以「制禮作樂」馳名後世，載入史冊。王國維《殷周制度論》中曾強調周公建立嫡長制、分封制、祭祀制的巨大歷史意義。這意義就是將尚在混亂中的「殷禮」作了重大的完備化、系統化、條理化、規範化，這也就是使這種「德」獲有一整套的「禮」的形式儀範，樹立和確定了以血緣宗族為紐帶的「祭祀——社會——政治」的組織體制。這就是存「德」於「禮」。《禮記》：「聖立而將之以敬曰禮，禮之體長幼曰德」[34]。《大戴禮》：「明堂

---

34 《禮記·鄉飲酒義》。

者，天法也。禮度者，德法也」[35]。直至春秋，「禮」、「德」、「敬」還經常交錯使用，連在一起。與對「德」一樣，對「禮」也強調要「敬」。「敬，禮之與也，不敬則禮不行」[36]。

從以上或者可以略窺「德」的本源。「德」被了解為統治者的方術、品德以至被了解為道德，是遠為後來的事情。但在《老子》中，「德」已主要是以後一種涵義（特別是統治方術這層涵義）被應用和討論了，只是《老子》把這種統治方術提昇到哲學的空前高度，正如它把前述兵家辯證法提到這個高度一樣。

「上德不德」。「上德無為而無不為」。《老子》辯證法與兵家的重大不同和發展之處，便是提出了「無為」。「無為」也就是「上德」。就是說，連那些遠古習慣規範之類的「德」也不必去刻意講求和念念不忘。只有任社會、生活、人事、統治自自然然地存在，這才是「無為」、「上德」，也就是「道」。「上德」、「無為」、「道」、「無」、「一」、「樸」，是老子哲學的核心範疇。

它們有好幾個層次的意思。首先是它的政治層涵義。

先秦各派哲學基本上都是社會論的政治哲學。道家老學亦然。《老子》把兵家的軍事鬥爭學上升為政治層次的「君人南面術」，以為統治者的侯王「聖人」服務，這便是它的基礎涵義。所謂「無為」乃是一種「君道」[37]：君主必須「無為」才能「無不為」，表

---

35 《大戴禮記‧盛德》。

36 《左傳‧僖公 33 年》。

37 Herrlee G. Creel 曾統計《老子》書中共 12 次講「無為」，其中 6 次（即

面不管，實際卻無所不管。否則，如果不是「無為」，而是「有以為」，統治者不是處「無」，而是占「有」，那就被局限，就不可能總覽全局了。因為任何「有」，儘管如何廣大，總是有限定的、能窮盡的和暫時的，它只能是局部。只有「無」、「虛」、「道」，表面上似乎只是某種空洞的邏輯否定或渾沌整體，實際上卻恰恰優勝於、超越於任何「有」、「實」、「器」。因為它才是全體、根源、真理、存在。而這就正是君主所應處的無上位置，所應有的優越態度，所應採的統治方略。正如《韓非子‧解老》所闡釋：「凡德者，以無為集，以無欲成，以不思安，以不用固。為之欲之，則德無舍，德無舍則不全」。並且，與《孫子兵法》中的「能而示之不能，用而示之不用」的兵家「詭道」一脈相承，《老子》大講的「大成若缺」，「大盈若沖」，「大直若屈，大巧若拙，大辯若訥」等等，其中的「若」便也可釋作「好像」。所以有人認為「實質便不外一個裝字」[38]，「以為後世陰謀者法」[39]。後代各個層次的統治者、政治家，甚至普通人都從這裡學到了不少處世的學問：從「韜晦」、「裝蒜」到「以退為進」、「以守為攻」等等。《老子》把軍事鬥爭中的對立項抽象化和普遍化了，但又未失去其具體的可

占一半）　是有關統治的。 (*What Is Taoism*, Chicago and London, 1970, p. 54.) Creel 分道家和靜觀的 (Contemplative Taoism)、懷抱目的的即講統治、治理方略的 (Purposive Taoism) 和求仙的 (Hsien Taoism) 三種，頗有見地，但關於《老子》時代甚晚、法道關係等論點則有誤。

38 張舜徽：《周秦道論發微》，中華書局，1982 年，第 12 頁。

39 章太炎：《訄書‧儒道》。

應用性。而且，它在社會生活的實用性和適應範圍是空前地被擴大了。

　　《老子》辯證法中另一突出特點是，在對立項的列舉中，特別重視「柔」、「弱」、「賤」的一方。這就是著名的「守柔曰強」的思想。《老子》再三強調：「弱也者，道之用也」；「侯王無以貴高，將恐蹶」；「兵強則滅，木強則折」；「故必貴而以賤為本，必高而以下為基」；「天下之至柔，馳騁於天下之至堅」等等。這除了教導統治者要謙虛謹慎、重視基礎（「聖人無心，以百姓之心為心」）之外，主要是要人們注意到只有處於「柔」、「弱」的一方，才永遠不會被戰勝。這就是說，不但不要過分地暴露了自己的才能、力量和優勢，要善於隱藏優勢或強大，而且不要去競賽或爭奪那種強大。要「守雌」、「貴柔」、「知足」，這樣就能保持住自己，就能持久而有韌性，就能戰勝對方而不會被轉化掉。這一觀念在總結世事經驗，開啟人生智慧上曾起過作用。從「老子不為天下先」、「先讓一步然後還手」到「哀兵必勝」、「寧受胯下之辱」、「君子報仇十年不晚」等等，在忍讓和委屈中以求得生存的可能和積蓄力量，用以奪取最後的勝利。這也屬於中國的智慧。它仍然承續了不動情感、清醒冷靜的理智態度和不失主體活動的特徵，以服務於家族、邦國和個體的生存。它不是明晰思辨的概念辯證法，而是維護生存的生活辯證法。但是，《老子》這種保持生存、避免轉化的政治辯證法和生活藝術，又有其深刻的社會根基。

　　《老子》似乎滿懷恐懼和慨嘆在總結著歷史上的「成敗、存

亡、禍福、古今之道」：「長治久安」的氏族社會的遠古傳統正在
迅速崩毀，許多邦國在劇烈爭奪，許多在爭奪之中變得強大，然
後又很快地失敗和覆滅了。「金玉滿堂，莫之能守」。那麼，應該
怎麼辦？正如儒墨各家均道堯舜，企圖以美好的古代回想作為救
治當世的良方一樣，《老子》所追求、稱道、幻想的理想社會，則
是比孔、墨理想更為古遠的「小國寡民」的原始時期[40]：「……有
舟車，無所乘之；有甲兵，無所陳之；使民復結繩而用之」，「絕
聖棄智，民利百倍。絕仁棄義，民復孝慈。絕巧棄利，盜賊無
有」。在這種社會裡，一切任其「自然」，人像動物式地生存和生
活，渾渾噩噩，無知無欲，沒有任何追求嚮往。「罪莫大於可欲」，
「禍莫大於不知足」。一切人為的進步，從文字技藝到各種文明都
在廢棄之列。這正是處於危亡階段的氏族貴族把往古回憶作為理
想畫圖來救命的表現。在那個遠古社會裡，一切確乎是相對地平
靜、安寧、緩慢和柔弱的。「鄰國相望」，而並不相侵，也不相交
通，「民至老死不相往來」。大家都不發展得「過分」，相安無事，
沒有拼死的爭奪和不斷的毀滅……。

　　《老子》的「無為」思想有這樣一層社會論的涵義在。這方
面，過去哲學史著作中講得很多，不再重複。近年有些論著則似
乎完全否認這一方面，或強調《老子》只是「君人南面術」，或強
調「無為」為「無違」，從而在社會論上是積極的，這都太簡單化

---

40 這可能與傳說中老子來自南方（原始氏族比中原延續保持得遠為長久）
　有關。

了。在《老子》那裡，「無為」、「守雌」是積極的政治哲學，即君主統治方術。但這種積極的政治層涵義又恰恰是以其消極的社會層涵義為基礎和根源的。我們很難承認大開歷史倒車、主張連文字和任何技術都完全取消的社會理想還能是「積極的和進步的」。莊子繼承發揮了這種社會理想，但莊子已不是社會論政治哲學。韓非等法家以及漢初道家繼承發揮的則主要是作為「君人南面術」的「無為」政治哲學，並改變了《老子》原有的社會層涵義，在一個時期內服務於新興的統治階級，那倒的確曾經是積極的和進步的了。

　　問題是複雜的。要注意《老子》中政治論和社會論不同層次的差異、區分和矛盾以及它們之間的聯繫與滲透。

　　然而，《老子》的特點畢竟在於，它把社會論和政治論提昇為具有形而上性質的思辨哲學[41]。這主要表現在「道」這個範疇上。如果說，「德」──「無為」是《老子》的政治社會理論；那麼「道」──「無名」則是《老子》的哲學本體。本來，有關「天道」的觀念在中國古代由來久遠，但在《老子》這裡終於得到了一種哲學性質的淨化或純粹化。而這正是《老子》之所以為《老子》。今本改「德」「道」次序為「道德」，也以此故。「道可道，非常道……」，那是多麼「玄妙」的哲理啊。鄙視東方文化的黑格

---

41 也有人認為，《老子》是掛在老聃名下的道家思潮的某種合集 (D. C. Lau, *Lao Tzu: Tao Te Ching*, "Introduction", Penguin Classics, 1963)，所以有多種內容。

爾也得承認它屬於哲學。

「反者道之動」。這句話大概最簡要地概括了《老子》的「道」的主要内容：即在運動中相反相成的對立項相互轉化。這個兵家本就有之的辯證法觀念在這裡淨化為這個「道」的總規律了。「道」是總規律，是最高的真理，也是最真實的存在。這三者（規律、真理、存在）在《老子》中是混為一體，不可區分的。正因為這樣，便不可能用任何有限的概念、語言來界定「道」、表達「道」和說明「道」。一落言筌，便成有限，便不是那個無限整體和絕對真理了。所以說「吾不知其名，字之曰道，強為之名曰大」。《老子》強調的是不能用有限的語言、見聞、經驗去限定、界說和規範「道」，而不是強調「道」是超感知超認識的實體。說「道」是「一」、是「樸」、是「惟恍惟惚」等等，也是這個意思。在古代思想家那裡，經常可以看到規律、功能與實體、存在兩個方面尚未明確分開的現象，這兩者（功能與實體，規律與存在）對他們來說，乃是一種統一整體的直觀把握。正因為實體與功能、存在與規律混為一體，於是就顯出種種泛神論、物活論等超經驗超感性的神祕色彩。今日關於《老子》是唯物主義唯心主義的多餘爭論，原因之一，恐怕是對古代哲學這一特徵注意不夠。

同時，《老子》的「道」並不像時下哲學史所認為的那樣，是對自然現象的觀察、概括。《老子》中「飄風不終朝，驟雨不終日」，「天地尚不能久」等等，不過是借自然以明人事而已，並非對自然知識的真正研究或總結。所謂「有物混成，先天地生」，「惚兮恍兮，其中有象；恍兮惚兮，其中有物」等等，也只是強

調「道」對「象」、「物」、「天地」的優先地位。而這種所謂優先，並不一定是時間性的，《老子》並未有意於講宇宙發生論（這正是先秦《老子》與漢代《淮南子》的差別所在）。如果把《老子》辯證法看作似乎是對自然、宇宙規律的探討和概括，我以為便恰恰忽視了作為它的真正立足點和根源地的社會鬥爭和人事經驗。正是這種根源地和立足點，使先秦哲學不同於希臘哲學。希臘的「辯證法」一詞本就與論辯直接有關，而希臘各派哲學對自然的探究也是非常突出的。在哲學的起源上，中西恐即有其差異。一般人常說西方的哲學在「愛智」，中國的哲學是「聞道」，也有一定道理。中國的辯證法以至宇宙論總不離開人的活動，「常無欲以觀其妙，常有欲以觀其噭」，也可以說是「排除目的性以認識道的本身」，「保持目的性以觀察道的作用」，而這兩者卻實際是同一的，不過暫時的名稱有異而已。這把這種辯證法的體用一源、不離人事的特徵概括得很清楚。儘管表面看來，《老子》的「道」是與人無干的客觀律則，其實只是與人的情感無關，而並非與人的活動無關。《老子》哲學層的辯證法，正只是它的政治層社會層的軍事、政治、歷史、社會思想的提昇罷了。

如前所說，中國辯證法的對立項是具體經驗的，即使到《老子》這樣高度抽象的哲學裡，也仍然保留著這一特徵。《老子》儘管把矛盾轉化的普遍性提揚為「視之不見，聽之不聞，搏之不得」的「道」，卻仍然強調只有「守雌」、「貴柔」、「致虛極，守靜篤」才能得「道」，即在對立項矛盾雙方中仍然非常經驗具體地執著和肯定一方。這就是說，矛盾始終沒有完全脫開它們的具體經驗性

質，不是純邏輯的形式抽象。《易傳》也是這樣，只是它所執著、肯定的是另一方，即剛、陽、「自強不息」罷了[42]。它們的共同點都恰恰在於把辯證法與特定的社會生活、秩序、規範、要求密切聯繫結合起來，以作為治國平天下即進行政治統治的普遍性規律。可見，從總體看，辯證法在這裡的重要性仍然是在主體的具體人事活動和經驗運用中。後世人們從《老子》辯證法裡獲得的，也並非對自然的認識，或思維的精確，或神意的會通，而主要仍然是生活的智慧。只是在這種生活智慧的領悟中，由於它本身具有的多義性、不確定性和極為寬泛的概括性和包容性，似乎又能感受到某種超越的哲理而得到精神的極大滿足。

　　由於強調任何有限的、可以感知的事物都非真實的存在，加上那些關於「道」的「恍兮惚兮」的形象描述，並且在《老子》中可能已有而後來為莊子所大大發展了的養身保生學說，如《老子》中的「谷神不死，是謂玄牝；玄牝之門，是謂天地根」，「專氣致柔，能嬰兒乎」之類的奇異提法，便使《老子》的「道」有某種原始巫術神話的存留感，以致後世可以發展為奉老子為教主的道教。但如果從全書整體或就其主要部分和特徵來看，「道」的這種不可捉摸的神祕感，並沒有歸結為宗教神學的理論邏輯的必然性。因為這種神祕感主要來源於「道」的不可確定性，而「道」的這種不可確定性的實際來源之一，又主要是具體運用中的多樣

---

42 參看余敦康　〈論易傳和老子辯證法的異同〉，《哲學研究》 1983 年
　　第 7 期。

性和靈活性所造成的。在毫無神祕感、非常實際而具體的《孫子兵法》中，就有「微乎微乎，至於無形，神乎神乎，至於無聲，故能為敵之司命」[43]。這種對軍事辯證法的形容描述，它所強調的正是對辯證法掌握運用由於多樣性靈活性而帶來的不可確定性。後來通由莊子，在後世藝術創作領域中，這一「無法之法」的不可確定性便更為明確突出了。所以儘管《老子》的「道」已經是某種客體的存在規律，但它之所以具有上述神祕色彩，主觀運用中的靈活性倒仍然是重要來由之一。從而，「象帝之先」和「獨立而不改，周行而不殆」就並非一定是宗教的神（宗教神學）或永恆的自然界（唯物主義）或絕對不變的理念（唯心主義），而只是強調主觀掌握的總規律具有實體式的客觀存在；「迎之不見其首，隨之不見其後」，「禍兮福之所倚，福兮禍之所伏，孰知其極？其無正。正復為奇，善復為妖」之類，主要是在著重描述這種規律的變易性、靈活性和不可確定性。只是因為把它客體化，就使這種不可確定性具有了神祕的特徵。而這種神祕的特色與其來源於兵家的「詭道」不無關係。其實司馬談說得很好：「道家無為，又曰無不為，其實易行，其辭難知。其術以虛無為本，以因循為用。無成執，無常形，故能窮萬物之情；不為物先，不為物後，故能為萬物主」[44]等等，已經把「道」的哲學層與政治層的聯繫和關係表達得相當清楚了。

---

43 《孫子兵法・虛實》。

44 《史記・太史公自序》。

　　由《老子》所突出提煉和淨化了的矛盾普遍觀念，以及「貴柔」、「守雌」、「不為天下先」等對待矛盾的具體態度，都在形成和確定中國思維的歷史河床中具有里程碑的意義。荀子、《易傳》固然承接、吸收了《老子》，就是同時或略早的 A 而非 Aʹ（即限定 A，不使之過分發展到 Aʹ）的中庸辯證形式，亦即是「度」的注意，以保持、維護整體生命的和諧穩定，避免矛盾的激化而導致對立項的易位，也與《老子》的「貴柔」、「守雌」有共同或相似處[45]。儘管今日論者們可以斥責「貴柔」（老）和「中庸之道」（孔）為消極、保守、落後甚至反動，但這只是從矛盾鬥爭的近代抽象形式來評論本來具有具體經驗內容的中國古代辯證法，因之它並不一定是準確的。在現實生活特別是古代農業社會中，除軍事鬥爭的特殊情況外，並非任何矛盾都必須激化或轉化。特別是從一些生命有機體來看，以維持機體系統的和諧穩定為目的，強調對立項的依存滲透，中和互補，避免激劇的動盪、否定、毀滅、轉化，在許多對象和許多情況下，有其重要的合理性。正由於中國辯證法主要源出於和應用於社會秩序、政治統治和人事經驗，它之所以具有這種特性，便有其不可忽視的現實根源和生活依據。我們不能以某種一般形式標準來抽象地否定它。對《老子》

---

45 如著名的季札觀周樂後的讚頌：「至矣哉！直而不倨，曲而不屈，邇而不逼，遠而不攜，遷而不淫，復而不厭，哀而不愁，樂而不荒，用而不匱，廣而不宣，施而不費，取而不貪，處而不底，行而不流……」等等（《左傳·襄公 29 年》），說明這種思維方式已是當時（春秋）重要的理論成果，而它又正是從人事經驗而非從自然觀察上升為普遍意識的。

哲學層的辯證法，亦然。

 所謂「益人神智」

　　由韓非承接《老子》，似乎順理成章[46]。

　　這不只是因為韓非有〈解老〉、〈喻老〉之作，而是由於在戰國秦漢之際，以「黃老之學」著名的「道法家」[47]在相當長的時期內逐步取得了統治地位，韓非正是這個過程中的大人物。無論從思想的邏輯過程和社會的發展過程，由兵家到道家到法家再到道法家，是一根很有意思的思想線索。其間的複雜關係還待仔細探究，但由「道生法」（《馬王堆帛書》）的提法和〈解老〉〈喻老〉等篇章可以看出，從總體講，法家是接過了《老子》政治層的「無為」涵義上的人君南面術，把它改造為進行赤裸裸統治壓迫的政

---

46 Creel 著重研究了重「術」講「道」的申不害，認為申講的「道」非整體乃治術，並認為申的「無為」來自孔子講的「無為而治者其舜也歟？夫何為哉，恭己正南面而已矣」（《論語・衛靈公》），所謂法家的「法」非法律，乃方法即統治術；申的刑名即循名責實，亦與儒家有關，以及申、韓不同等等，均值得作進一步探討。

47 參看裘錫圭 〈馬王堆老子甲乙本卷前後佚書與道家〉，《中國哲學》第2輯。

治理論的。

　　如果說,《老子》是把兵家辯證法提揚為哲學學說,加上對歷史經驗的思索,「觀往者得失之變」[48]使這種哲理反思儘管具有某種詩意朦朧,也夾雜著現實憤慨,但其冷眼旁觀不動聲色的理智態度仍然異常突出的話（例如對比《易傳》）;那麼,韓非就不但繼承了這一態度,而且把它極端地發展了。關於韓非,當然也可以說許多,本文所能談到的,只是這種對《老子》思維特點的發展方面,這大致分為三點。

　　第一,是由冷眼旁觀的非情感態度發展到極端冷酷無情的利己主義。韓非把一切都浸入冷冰冰的利害關係的計量中,把社會的一切秩序、價值、關係,人們的一切行為、思想、觀念以至情感本身,都還原為歸結為冷酷的個人利害。它成了衡量、考察、估計一切的尺度標準。這方面韓非有許多非常出名的論證:

　　……父母之於子也,產男則相賀,產女則殺之。此俱出於父母之懷衽,然男子受賀,女子殺之者,慮其後便、計之長利也。故父母之於子也,猶用計算之心以相待也,而況無父母之澤乎![49]

　　故輿人成輿則欲人之富貴,匠人成棺則欲人之夭死也,非輿人仁而匠人賊也,人不貴則輿不售,人不死則棺不買,情非憎人

48　《史記·老子韓非列傳》。

49　《韓非子·六反》。

也，利在人之死也。[50]

　　夫賣庸而播耕者，主人費家而美食，調布而求易錢者，非愛
庸客也；曰：如是，則耕者且深耨者熟耘也。庸客致力而疾耕耘
者，盡巧而正畦陌畦畤者，非愛主人也；曰：如是，羹且美，錢
布且易云也。[51]

　　多麼犀利、冷靜和「清醒」，然而又都是不可辯駁的事實。這
真可說是撕破了人間世事中的一切溫情美好的面紗，還事物以殘
酷面目：人都是為生存而互相計較著、交易著、爭奪著和吞噬著。
一切都只是利害關係，都是冷靜計算的結果，並沒有別的什麼。
它充分地反映了戰國末期原始氏族傳統及其觀念的徹底崩潰，本
來在神聖莊嚴而溫情脈脈的情感形態中的君臣、父子、夫婦等社
會關係和社會秩序統統失去了原有的依據。充滿著的只是「臣弒
君」、「子弒父」種種激烈爭奪、殘酷吞併的生活事實和歷史事實。
已經沒有別的準繩尺度，神聖的原始禮儀失去了它的莊嚴可信，
溫情脈脈的孔孟人道說教只能是毫無實效的迂腐空談。神沒有了，
情感靠不住，只有冷靜理智的利害計算，才能了解一切，戰勝一
切，以維持和保護統治者的生存和安全。統治秩序只能建立在冷
靜理智所分析的利害關係上，在這關係上樹立起君主專制的絕對
權威：

50　《韓非子‧備內》。
51　《韓非子‧外儲說左上》。

主利在有能而任官，臣利在無能而得事；主利在有勞而爵祿，臣利在無功而富貴；主利在豪傑使能，臣利在朋黨用私。[52]

聖人之治國也，固有使人不得不愛我之道，而不恃人之以愛為我也。恃人之以愛為我者，危矣。恃吾不可不為者，安矣。……明主知之，故設利害之道以示天下而已矣。[53]

這說得毫無掩飾，確乎使人耳目一新。儒家的迂腐仁義、墨家的矯情兼愛、以及人世間各種漂亮的言詞、可愛的情感、浪漫的理想……，在這種理智的冷酷檢驗下，似乎都不過是可笑的扯淡和可惡的偽裝。軍事是政治的繼續，在這裡，可以說是倒過來了：政治是軍事的繼續。人事關係就好像一場無情的戰爭，各人為著一己之利害而拼命爭奪，人生就是戰場。從而孫子、老子那一套兵書也完全可以適用在政治領域和生活領域中。這正是韓非在思想史上的巨大業績。韓非這一套在政治鬥爭中，如同《孫子兵法》在軍事鬥爭中一樣，具有極大的實用性、可行性。在兩千年後的文化大革命中，不是仍然有「政治鬥爭無誠實可言」之類的行為和理論嗎？這一切在韓非那裡早已有了淋漓盡致的說明。在後代社會的日常經驗和人情世事中，為什麼讀韓非的書可以「益

---

52 《韓非子・孤憤》。可對比孟子：「為人臣者懷利以事其君，為人子者懷利以事其父，為人弟者懷利以事其兄，是君臣父子兄弟終去仁義，懷利以相接，然而不亡者，未之有也」《孟子・告子下》）。

53 《韓非子・奸劫弒臣》。

人神智」(傳劉備臨終告其子語),大抵也在於它可以幫助人們去冷靜地揭穿、看透那包裹著層層漂亮外衣下的冷酷事實和「世人的真面目」吧?

　　第二,是這種冷靜計算空前地細密化。在理論上,如許多哲學史著作所指出,韓非提供了「理」的哲學範疇,用「理」來說明「道」:

　　道者,萬物之所然也,萬理之所稽也。理者,成物之文也……。道,理之者也。物有理,不可以相薄。物有理,不可以相薄,故理之為物之制,萬物各異理。萬物各異理而道盡。稽萬物之理,故不得不化;不得不化,故無常操……。[54]

　　凡理者,方圓、短長、粗靡、堅脆之分也。故理定而後可得道也。[55]

　　韓非通過萬事萬物的「理」(具體矛盾)的掌握來達到「道」,這就使「道」得以具體區分從而周密化了。

　　「理」是客觀事物的具體規律,特別是對立項雙方即矛盾的對立和衝突。韓非承繼道家傳統,「虛以靜後,未嘗用己」,「去喜去惡,虛心以為道舍」[56]。總之要求極端冷靜;只有冷靜,才能

54 《韓非子・解老》。

55 同上。

56 《韓非子・揚權》。

心「虛」，才能客觀地去認識對象；主觀的喜怒情感便容易使人產生成見和偏見。韓非並提出「參驗」的方法：「偶參伍之驗，以責陳言之實」[57]，「無參驗而必之者，愚也」[58]，要求收集、了解多方面的情況，加以排比、參照、驗證。《韓非子》一書本身就援引了宣講了那麼多的具體的歷史故事、人情世俗，來詳盡地論證他的觀點主張。其中重要的是，韓非很強調要用實踐行動來檢驗：「夫視鍛錫而察青黃，區冶不能以必劍；水擊鵠雁，陸斷駒馬，則臧獲不疑鈍利。……觀容服，聽辭言，仲尼不能以必士；試之官職，課其功伐，則庸人不疑於愚智」[59]。「道」的哲理在這裡失去了詩意的朦朧，卻獲有了現實的周密。「清醒冷靜的理智態度」在韓非手裡發展為對人情世故、社會關係、政治活動多方面多角度和多層次的細密探索，對是非、毀譽、善惡、成敗的多變性、複雜性，對人情世態中種種微妙細膩處，例如對為爭權奪利而相傾軋、嫉妒、勾結、欺詐、讒毀、誣陷……種種現象和事實，都作了充分的分辨和剖析。其思維的周詳細密，犀利銳敏，確乎空前絕後，不能不給人以深刻印象。在這方面，它不但大大超過了孫子的軍事辯證法，而且也超過了老子的形而上學。

第三，這一切冷靜態度和周密思慮具有異常明確的功利目的，這一點前面已經講得不少，這也是孫、老、韓的共同特徵。但韓

---

57 《韓非子·備內》。

58 《韓非子·顯學》。

59 同上。

非把它發揮到自覺的極致。韓非說：

> 夫言行者，以功用為之的彀者也。夫砥礪殺矢而以妄發，其端未嘗不中秋毫也，然而不可謂之善射者，無常儀的也。……今聽言觀行，不以功用為之的彀，言雖至察，行雖至堅，則妄發之說也。[60]

這正是韓非這種思維方式區別於譬如公孫龍、惠施等邏輯學家（名家）的地方。韓強調和感興趣的不是無實際用途的抽象的辯論，而是具體有用於生活的思維。所以這種思維所注意的周詳細密，不是去研究去探討各種邏輯的可能性或概念中的辯證法（儘管著名的思維中的矛盾悖論恰恰由韓非提出，但其目的還是為了論證生活，並不是揭示概念），而是去考察各種現實的可能性和生活中的「悖論」。甚至明是非、辨真假、定對錯本身也還是次要的，更重要的是如何運用和處理實際問題。因為同一是非在不同實際情況和條件下，便可以具有根本不同的實際意義和處理辦法。因之，所謂「真理」，是依存於實際應用、人間關係、利害目的等其他條件的，而並不在其自身。例如：

> 宋有富人，天雨牆壞，其子曰不築必將有盜。其鄰子之父亦云。暮而果大亡其財，其家甚智其子而疑鄰人之父，……非知之

---

60 《韓非子・問辯》。

難也，處知則難也。[61]

可見，「難」並不在於道理難明、知識難得或講不清楚，總之不是純粹認識的問題，難在於如何處理知識、運用知識，在於如何估計它的實際後果將如何：

凡說之難，非吾知之有以說之之難也……在知所說之心，可以吾說當之。所說出於為名高者也，而說之以厚利，則見下節而遇卑賤，必棄遠矣。所說出於厚利者也，而說之以名高，則見無心而遠事情，必不收矣。所說陰為厚利而顯為名高者也，而說之以名高，則陽收其身而實疏之；說之以厚利，則陰用其言而顯棄其身矣……

……與之論大人則以為閑己矣；與之論細人則以為賣重；論其所愛，則以為藉資；論其所憎，則以為嘗己也……[62]

周詳細密，實際具體。韓文素以謹嚴犀利著稱，也即是說它具有推理清晰無懈可擊的邏輯力量。很明顯，這種所謂邏輯力量與其說在於邏輯形式的嚴格，而勿寧說更在於它的那種無情感地論斷一切。例如，在這篇專門探討論說的文章中，就根本沒去研究、討論什麼形式邏輯或論辯方法之類的問題，也不是探討思維

61　《韓非子‧說難》。

62　《韓非子‧說難》。

經驗中的對錯、真假、是非等問題，而主要是討論如何對待、處理和應用知識於具體不同的人事關係中，討論研究的是人情世故的複雜性、變異性。這種「知識」在韓非看來比知識本身重要得多，也就是後人講的「世事洞明皆學問，人情練達即文章」。這也是中國的傳統，是好的傳統，更是壞的傳統。

由於服務於新興的大一統專制政權的君主統治，韓非不同於《老子》的小國寡民的社會理想，他一反「貴柔」、「守雌」、「不爭」，強調對立項的衝突鬥爭，「不並容」，「不兩立」，重強、重兵、重力，「力多則人朝，力寡則朝於人」[63]，絕對地排除仁義而峻法嚴刑，「明主之道，一法而不求智，固術而不慕信」[64]，「吾以此知勢位之足恃，而賢智之不足慕也」[65]。由《老子》來的道法家之所以講究勢、術，正因為所謂「無為」的「君人南面術」，其前提在於必須據有至高無上的地位權勢，亦即握有生殺予奪的絕對權力。不是個人的道德才智而是客觀的權勢地位，在政治中才起決定作用。《老子》說，「國之利器不可以假人」，韓非說「堯為匹夫不能治三人，而桀為天子能亂天下」[66]，都是這個意思。而「術」則是專制君主「藏之於胸中，以偶眾端而潛御群臣者也」[67]，即專制君主必須用難見不測的權術來進行統治，所以不

63　《韓非子·顯學》。

64　《韓非子·五蠹》。

65　《韓非子·難勢》。

66　《韓非子·難勢》。

67　《韓非子·難三》。

但不排斥而且正是要運用各種陰謀詭計殘忍狠毒的手段，才能保持自己的勢位權力。利己主義在這裡終於達到了頂峰，並不斷在後世的宮廷鬥爭中得到了最充分的實現。韓非的這一套，與儒家強調從個體道德品質出發的內聖外王的政治理論，當然就截然不同了。

＊　　　　　＊　　　　　＊

　　在〈孔子再評價〉中，我曾援引恩格斯的一句話：「在一切實際事務中，……中國人遠勝過一切東方民族」，用以說明作為儒學精神的實用理性。《老子》、韓非從另一角度即具體經驗的辯證法方面補充和增強了這種實用理性。中國人在各種實務中，無論是政治、商業、經驗科學、人事關係等方面都慣於深思熟慮，不動聲色，冷靜慎重，周詳細密地計算估量，注意實際的可行性和現實的邏輯（可能性、必要性、秩序性等等），不衝動，不狂熱，重功能，重效果。這有好的方面。然而也就在同時，束縛、限制和壓抑了浪漫想像的自由開展、邏輯形式的純粹提煉，和抽象思辨的充分發展，在理性形式和思維能力上處處套上了不離日常生活經驗的框架，阻礙了它的新的開拓。所以在真正的邏輯思辨中，中國的這套思維方式卻又並不周密細緻，而毋寧是粗糙、含混、糢糊、籠統的。它缺乏嚴格規範的普遍推論形式，缺乏精確明晰的概念規定，忽視抽象思辨的重要價值，……這些也是孫老韓這種軍事——政治——生活的辯證法智慧和智力結構形式，結合儒家思想，給中國文化心理和思維模式所留下的壞的影響和痕跡。

　　《史記》說，申韓「慘礉少恩，皆原於道德之意」，又說法家

「專決於名而失人情」。《老子》、韓非以及某些道法家與以人情心理為原則的孔門仁學相鬥爭的最終結果，由於社會基礎的根本原因，在政治上形成了「陽儒陰法」，「雜王霸而用之」的專制政治傳統。而在文化——心理上，《老子》的「貴柔守雌」、韓非的利己主義和極端功利主義則終於被捨棄，溫情脈脈的人道、仁義和以群體為重的道德倫理終於占了上風。因為任何社會都不可能建立在韓非那種極端利己主義的基礎之上，更何況行之於以血緣宗法為紐帶的小農業家庭生產的社會？正是這個社會給以心理情感和倫理義務為原則的儒家思想提供了延續和保存的強大根基，孫、老、韓那種生活智慧和細緻思維的特點，則因與儒家的實用理性精神相符合，在不失儒家上述原則的基礎上被吸收同化，並應用在政治以及生活中了。《老子》對人生真理的思索尋覓，後來與《莊子》結合後，成為對儒家思想的補充；《老子》對矛盾的多面揭示則直接被吸收在《易傳》中，而成為儒家的世界觀。韓非的三綱專制主義在漢代董仲舒等儒家體系中得到了肯定。他們那「冷靜的理智態度」更是與儒家實用理性一道，構成了中國智慧的本質特徵。總之，它們是被溶化吸收在儒家中了。

（原載：《哲學研究》1984 年第 4 期）

四、荀易庸記要

（一）人的族類特徵

　　荀子或被視為法家，或曰儒法過渡人物，或「很明顯地可以看得出百家的影響」[1]。然而按傳統說法他是儒家，比較起來，仍然更為準確。但因為傳統的說法是儒家自己的，便經常突出他與孔孟正統特別是孟子的歧異和對立。其實，荀與孔孟的共同點，其一脈相承處是更為基本和主要的。荀子可說上承孔孟，下接《易》《庸》，旁收諸子，開啟漢儒，是中國思想史從先秦到漢代的一個關鍵。

　　荀子與孔、孟一樣，是所謂「彼其人者，生乎今之世而志乎古之道」[2]的。在政治、經濟、文化、思想各方面，荀子實際都大體遵循了孔、孟的路線。例如：

　　「行一不義，殺一無罪，而得天下，仁者不為也」[3]。「賢齊則其親者先貴；能齊則其故者先官」[4]。雖然加了一定的前提條件（「賢齊」、「能齊」），但仍然主張「親親」、「尊尊」。而「行一

1　郭沫若：《十批判書·荀子的批判》，人民出版社，1954 年，第 185 頁。
2　《荀子·君道》。
3　《荀子·王霸》。
4　《荀子·富國》。

不義」等語不也見諸孟子麼？

「田野什一，關市譏而不征。山林澤梁，以時禁發而不稅」[5]。「輕田野之稅，平關市之征，省商賈之數，罕興力役，無奪農時」[6]。以及「故家五畝宅百畝田」[7]等等，也完全可以與孟子「關市譏而不征」、「五畝之宅，樹之以桑」，「無奪農時」相對照（特別是〈大略〉等篇似乎滲入了不少孟子的思想）。

「天之生民，非為君也；天之立君，以為民也」[8]，「從道不從君」[9]等等也可與孟子著名的「民為貴」，「天與賢則與賢」等相比擬[10]。

所有這些（還有許多）與孟子同樣保持了孔門傳統。這個傳統就是我已在許多文章中所指出的氏族民主和人道遺風，根源則是遠古氏族社會的世襲貴族統治體系。

所以，這些經濟政治主張的共同處有一個中心點，這就是「一

---

5 《荀子·王制》。

6 《荀子·富國》。

7 《荀子·大略》。

8 同上。

9 《荀子·臣道》。

10 孟、荀一致處，郭沫若曾一再指出：「但這見解（指荀子的義榮勢榮，義辱勢辱）又分明是從孟子的天爵人爵之說演變出來的」（《十批判書》，第205頁），「和孟子一樣，在原則上是重視王道的」（同上書，第206頁），「和孟子天與賢則與賢，天與子則與子，可以說是異曲同工」（同上書，第214頁）等。但郭未指出孔孟荀一致的社會根源。

是以修身為本」。由「修身」而「齊家」而「治國」而「平天下」，這正是原始氏族制度所要求於統治者們的必經程序。由自身作起，才可能在本氏族內取得威信，然後才可能去當部落和部落聯盟的有威望的首領。所謂「人皆可以為堯舜」（孟），「塗之人皆可以為禹」（荀）等道德原則，其實卻曾經是綿延過數千年之久的歷史的真實。儘管在春秋戰國，這個遠古制度早已崩毀無餘，但它留給人們思想的印痕、觀念和傳統卻並未磨滅，而由「信而好古」的孔門儒學保存下來，把本是現實社會政治體制變而成意識形態中的倫常道德精神。我以為這正是儒家思想學說的主要特徵之一，它對後世的中國文化影響極大，孔孟荀在這方面也是一脈相承的。

但是，時代畢竟大不同了。戰國末期，氏族政經制度早已徹底瓦解，地域性的國家體制已經確立。因此，荀子在遵循孔門傳統中，也就作了許多變通。例如孔孟只講「仁義」，不大講兵（打仗），「軍旅之事，未之學也」[11]；荀子卻大議其兵。而議兵中又仍不離仁義：「彼仁者愛人，愛人故惡人之害之也。……彼兵者，所以禁暴除害也，非爭奪也」[12]。孔孟以「仁義」釋「禮」，不重「刑政」，荀則大講「刑政」，並稱「禮」、「法」，成為荀學區別於孔孟的基本特色。但是這特色又仍然從屬於上述儒家軌道，仍然是「有亂君，無亂國；有治人，無治法」[13]。「故械數者，治之流

---

11 《論語・衛靈公 15・1》。

12 《荀子・議兵》。

13 《荀子・君道》。

也，非治之原也，君子者，治之原也」[14]。即仍然歸結到「得人」、「君子」，也就是說仍然歸結到從「修身」出發：「請問為國，曰聞修身，未嘗聞為國也」[15]。荀子是在新時代條件下的儒家，他不是法家，也不再是像孔孟那樣的儒家。這種「不像」，也正表現為荀學中的原始民主和人道遺風畢竟大大削減，從而更為明白地呈展出它的階級統治面目。近代人讀《荀子》不如讀《孟子》那麼使人心神旺暢，其根本原因恐怕也在這裡[16]。荀子的理論是更為條理化，更有邏輯，更具有唯物主義的精神；然而卻更少那種打動人的原始人道情感和吸引人的原始民主力量。

　　之所以如此，理論本身的原因則在於，同樣是所謂「修身」，與孟子大講「仁義」偏重內在心理的發掘不同，荀子重新強調了外在規範的約束。「禮」本來就是一種外在的規定、約束和要求，孔子以「仁」釋「禮」，企圖為這種古老的外在規範尋求某種心理依據；孟子發展這一線索而成為內在論的人性哲學，而頗不重視禮樂本有的外在的社會強制性的規範功能。荀子批評孟子「略法先王而不知其統」，也即指此而言；即是說，孟子不知道古代的「禮」對社會人群從而也對個體修身所必需具有的客觀的綱紀統領作用。在這裡，孔孟荀的共同處是，充分注意了作為群體的人

---

14 同上。

15 同上。

16 郭沫若：「我本來是不太喜歡荀子的人，……我之比較推崇孔子和孟軻，是因為他們的思想在各家中是比較富於人民本位的色彩。荀子已經漸從這種中心思想脫離」（《十批判書》，第 423～424 頁）。

類社會的秩序規範（外）與作為個體人性的主觀心理結構（內）相互適應這個重大問題，也即是所謂人性論問題。他們的差異處是，孔子只提出仁學的文化心理結構，孟子發展了這個結構中的心理和個體人格價值的方面（仁學結構的第二、第四因素[17]），它由內而外。荀子則強調發揮了治國平天下的群體秩序規範的方面（第三因素[18]），亦即強調闡解「禮」作為準繩尺度的方面，它由外而內。

人所公認，「禮」是荀學的核心觀念。「禮」是什麼？其來何自？在當時已不是很清楚了：「凡禮：事生，飾歡也；送死，飾哀也；祭祀，飾敬也；師旅，飾威也。是百王之所同，古今之所一也，未有知其所由來者也」[19]。但是，對這種來源於巫術圖騰活動而在當時已淪為裝飾的禮儀文飾，荀子卻作了自己的理性主義的解釋：

「禮起於何也？曰人生而有欲，欲而不得，則不能無求，求而無度量分界，則不能不爭。爭則亂，亂則窮。先王惡其亂也，故制禮義以分之，以養人之欲，給人之求。使欲必不窮於物，物必不屈於欲，兩者相持而長，是禮之所起也」[20]。「人之生不能無群，群而無分則爭，爭則亂」[21]。「故先王案為之制禮

---

17 參看本書〈孔子再評價〉。

18 同上。

19 《荀子‧禮論》。

20 同上。

21 《荀子‧富國》。

義以分之，使有貴賤之等，長幼之差，知愚、能不能之分，皆使人載其事而各得其宜，然後使愨祿多少厚薄之稱，是夫群居和一之道也」[22]。在這裡，「禮」不再是僵硬規定的形式儀容，也不再是無可解釋的傳統觀念，而被認為是清醒理智的歷史產物。即把作為社會等級秩序、統治法規的「禮」，溯源和歸結為人群維持生存所必需。在荀子看來，「禮」起於人群之間的分享（首要當然是食物的分享），只有這樣才能免於無秩序的爭奪。可見，第一，人必須生存在群體之中。第二，既然如此，如果沒有一定的規矩尺度來確定各種等差制度，這個群體也就無法維持，而這就是「禮」。有意思的是，現代古人類學家也指出，人性起源於分享食物[23]。二千年前荀子以對「禮」的理性主義的「群」、「分」來解釋人禽區別，應該說是一種非常了不起的見解：「今夫狌狌形笑亦二足而毛也，然而君子啜其羹，食其胾。故人之所以為人者，非特以其二足而無毛也，以其有辨也。夫禽獸有父子而無父子之親，有牝牡而無男女之別，故人道莫不有辨。辨莫大於分，分莫大於禮」[24]。「水火有氣而無生，草木有生而無知，禽獸有知而無義；人有氣有生有知亦且有義，故最為天下貴也。力不若牛，走不若馬，而牛馬為用，何也？曰人能群，彼不能群也。人何以能群？曰分。分何以能行？

---

22 《荀子・榮辱》。

23 R. E. Leaker, *Origins*, London, 1977, pp. 66～67.

24 《荀子・非相》。

曰義」[25]。

　　總之，「禮」到荀子這裡，作為社會法度、規範、秩序，對其源起已經有了高度理智的歷史的理解。「禮」這個「貴賤有等，長幼有差，貧富輕重皆有稱者」[26]的「度量分界」，被視作是「百王之所積」，亦即是久遠歷史的成果，而並非只是「聖人」獨創的意思。

　　正因為從人類生存這一現實性的根本點出發，荀子把「類」看得比「禮」和「法」更高一層，即所謂「禮者，法之大分，類之綱紀也」。〈儒效〉篇裡說「雅儒」、「大儒」之別在於，前者「其言行已有大法矣，然而明不能齊法教之所不及、聞見之所未至，則知不能類也」；後者則是「……以古持今，以一持萬，苟仁義之類也，雖在鳥獸之中若別白黑；倚物怪變，所未嘗聞也，所未嘗見也，卒然起一方，則舉統類而應之」。所謂「類」，就是指生物族類而特別是指人類而言的秩序規則：「先祖者，類之本也」[27]。「類」（統類）是「禮」「法」之所以能為「萬世則」的根本理由。所以荀子講「群」、講「分」、講「禮」「法」，其最高層次是「若夫總方略，齊言行，一統類」。就是說，一切社會秩序和規則（「禮」）乃是人作為特殊族類存在所必需的，從而它們就不是根

---

25 《荀子・王制》。嚴復：「（斯賓塞）大闡人倫治化之事，號其學曰群學。
　　群學者何？猶荀卿子言，人之貴於禽獸者，以其能群也」（〈原強〉）。
26 《荀子・禮論》。
27 同上。類、族，古同義，血緣群體也。

源於先驗的心理或本能的道德，如孟子講的那樣。荀子的「類」具有一種現實性的社會內容。從而荀子的「人道」便不同於孟子的「人道」，它不是先驗的內在的道德心理，而是區別人禽族類的外在的社會規範；不是個體自發的善良本性，而是對個體具有強制性質的群體要求。在荀子看來，內在的仁義道德必須通由這種外在的規範才有可能存在。所以，「禮」才是「仁義」的「經緯蹊徑」和「人道」準則，「故繩者，直之至；衡者，平之至；規矩者，方圓之至；禮者，人道之極也」[28]。

　　總之，荀子對氏族血緣傳統的「禮」賦予了歷史的解釋，「禮」的傳統舊瓶裝上了時代新酒。所謂「舊瓶」，是說荀子依然如孔子那樣，突出「禮」的基礎地位，仍然重視個人的修身、齊家等等。所謂「新酒」，是說這一切都具有了新的內容和涵義，它實際已不是從氏族貴族或首領們的個體修養立場出發，而是從進行社會規範的整體統治立場出發。正因為此，它才不再僅僅著眼於個體的仁義孝悌，而是更強調整體的禮法綱紀，並認為前者是服從於後者的，「入孝出悌，人之小行也。上順下篤，人之中行也。從道不從君，從義不從父，人之大行也。若夫志以禮安，言以類使，則儒道畢矣。雖舜不能加毫末於是矣」[29]。從而，也就很自然地要「法後王，一制度」、「隆君權」、主一尊[30]。荀子失去

---

28 同上。

29 《荀子‧子道》。

30 《荀子‧致士》：「君者，國之隆也；父者，家之隆也。隆一而治，二而

了氏族傳統的民主、人道氣息，卻贏得了對君主統治的現實論證，實際上是開創了後世以嚴格等差級別為統治秩序的專制國家的思想基礎。所以譚嗣同要說，「二千年來之學，荀學也」。這種從社會統治整體著眼的理智——歷史理論，比起孔孟仍依循氏族傳統的情感——心理——道德理論，在當時具有更現實的進步意義。而這，很可能與荀子在齊國吸收了管仲思想（也開始從地域性國家的統治著眼）有關。

也正因為從現實的群體規範秩序出發，荀子才有性惡論。孟子講「性善」，是指人先驗地具有善的道德理性。荀子說「性惡」，是說人必須自覺地用現實社會的秩序規範來努力改造自己，所以說「其善者，偽也」[31]，是控制、節制、改變自己內在自然性（動物性）的結果。可見「性善」「性惡」之爭，來源於對社會秩序規範的根源的不同理解：孟子歸結於心理的先驗，荀子歸結於現實的歷史；從而前者著重於主觀意識的內省修養，後者著重客觀現實的人為改造。而荀子的這個客觀現實既包括外在的自然，也包括內在的「人性」。所以，同樣一個所謂「修身」，孟荀便完全分道揚鑣了。

從這裡，便邏輯地引向荀學的第二大關鍵：「天人之分」。荀子認為，人要與自然相奮鬥，才能生存。因之荀子也就強調刻苦努力，強調人必須「學」。孔子《論語》以〈學而〉為第一章，荀子也是以〈勸學〉為首篇。但儘管荀子也以「始乎誦經，終乎讀禮」

亂；自古及今，未有二隆爭重而能長久者」。

31 《荀子・性惡》。

作為「學」的內容和全程，「學」在荀子的解釋裡，由於上述思想背景，卻具有更為廣闊的意義。他論證說「為之，人也；舍之，禽獸也」[32]，「可學而能、可事而成之在人者，謂之偽」[33]，荀子把「學」與「為」連結了起來，使「勸學」與「性偽」有了內在的聯繫。這個「學」實質上便已不限於「修身」，而是與整個人類生存的特徵——善於利用外物、製造事物以達到自己的目的——有了聯繫：「陶人埏埴而為器，然則器生於工人之偽，非故生於人之性也」[34]，「假輿馬者，非利足也，而致千里；假舟楫者，非能水也，而絕江河。君子生非異也，善假於物也」[35]。這不但把孔子「工欲善其事，必先利其器」這一經驗之談提到極為重要的理論高度，而且它也成為荀子的整個理論的脊梁骨架，使荀子的「禮論」、「性偽」、「勸學」和「天人之分」由之而構成一個嚴整的體系。這個嚴整體系的邏輯基礎正是這樣：人類（社會）維持自己的生存發展必須組合在一起（「群」）而與自然相奮鬥（對付外在的自然），這就產生了「禮」；「禮」是為了「分享」「止爭」，使群體能夠存在和延續而建立起的規範秩序；這秩序正在於克制、改造、約束、節度人的自然欲求（改造內在的人性）；因此要維繫這種社會秩序（外）和節度自然欲求（內），就必須「學」，必須「為」，必須「偽」；可

---

32 《荀子・勸學》。

33 《荀子・性惡》。

34 同上。

35 《荀子・勸學》。

見「學」「為」對於人便有關係存在的根本意義。這樣,「學」「為」在荀子這裡也達到了本體高度。孟子的「學」是「收放心」,回到超越的善的心性本體;荀子的「學」則從「木受繩則直」的外在規範,而可達到「天見其明,地見其光」的宇宙本體。

正是在這基礎上,出現了「天人之分」的觀念:

君子敬其在己者,而不慕其在天者,是以日進也;小人錯在己者,而慕其在天者,是以日退也……[36]

大天而思之,孰與物畜而制之;從天而頌之,孰與制天命而用之;望時而待之,孰與應時而使之;因物而多之,孰與騁能而化之……[37]

這已成為人生的頌歌、偉大的名句。它充分表現了人類以自己的力量來贏得生存和發展,從而區別於眾多物種之所在。如果說,孟子在中國思想史上最先樹立了偉大的個體人格觀念;那麼,荀子便在中國思想史上最先樹立了偉大的人的族類的整體氣概。荀子把這種氣概提到了與「天地參」的世界觀的最高度:

天有其時,地有其財,人有其治,夫是之謂能參。[38]

---

36 《荀子・天論》。

37 同上。

38 同上。

天地者，生之始也；禮義者，治之始也；君子者，禮義之始也。為之，貫之，積重之，致好之者，君子之始也。故天地生君子，君子理天地。君子者，天地之參也……。[39]

雖然這裡講的是統治者必須努力學習，積極治理，使社會的等級秩序與天地「同理」，但它在理論層次上突出了人能主宰萬物而與天地並立，無需任何神意干預的奮鬥理想。荀子說，「良農不為水旱不耕，良賈不為折閱不市，士君子不為貧窮怠乎道」[40]，這正是儒家積極精神的極大發揚。如果說，孟子對孔學的發揚主要在「內聖」，那麼荀子則主要是「外王」[41]。「外王」比「內聖」具有更為充分的現實實踐品格，也是更為基礎的方面。人類的心理、道德是在外在實踐活動基礎之上，才能形成並逐漸內化、凝聚和積澱的。所以，荀子強調的方面，實際是更為根本的一面。「騏驥一躍，不能十步；駑馬十駕，功在不舍。鍥而舍之，朽木不折；鍥而不舍，金石可鏤」[42]。這種勤勞堅韌、孜孜不倦、愚公移山式的實踐行動精神不正是中國民族的重要的現實品德嗎？

關於荀子的論著已經非常多了，本文以為，在荀子所有的思想觀念中，最重要最突出的便是上述這點：即追溯「禮」的起源

---

39 《荀子・王制》。

40 《荀子・修身》。

41 說「主要」，是因為孟也有「外王」的一面，而荀也有「內聖」方面。

42 《荀子・勸學》。

及其服務於人群秩序的需要，從而認為人必須努力學習，自覺地
用社會的規範法度來約束和改造自己，利用和支配自然。

這裡一個要注意的問題是，人們經常沒有足夠重視在荀子「制
天命而用之」（「天人之分」）思想中，仍然有著「順天」的重要內
容。在荀子那裡，「天」已不是有人格有意志的神，而是無預於人
事的自然。「天」既不能主宰人的命運，人也不能依賴天或抱怨
「天」。人只有靠自己的努力去順應和利用「天」的規律而生存發
展。所以，一方面荀子說「強本而節用，則天不能貧；善備而動
時，則天不能病；修道而不二，則天不能禍；故水旱不能使之飢，
寒暑不能使之疾，祅怪不能使之凶……」[43]；但另方面荀子又認
為「聖人清其天君，正其天官，備其天養，順其天政，善其天情，
以全其天功」[44]。一方面「唯聖人為不求知天」[45]；另一方面，
「其行曲治，其養曲適，其生不傷，夫是之謂知天」[46]。即是說，
一方面，事在人為，命運非由「天」定（這裡實際上已經吸收了
墨家許多思想，包括「重力」、「非命」、「彊本」在內），「天」不
能主宰人事（這又和墨家不同），所以不必去深究「天」的奧祕，
只需弄明人的規律就夠了。另方面，人本身及其環境又是自然存
在物，有其「天」（自然）的方面，從而如何處理好這個方面，即

---

43 《荀子・天論》。

44 同上。

45 同上。

46 同上。

人如何遵循客觀自然規律，使「天地官而萬物役」，也就是「知天」，這恰恰又是荀子所非常重視的。

可見，荀子講的「天人之分」「制天命而用之」，並不排斥而是包含著對自然（「天」）與人事如何相適應相符合的重視和了解。荀子不求了解和重視與人事無關的自然，而要求了解和重視與人事相關或能用人事控制和改造的自然。而在這相關和改造中，當然就有順應自然規律的問題。因為如果只講人為，便會陷入盲動而達不到所期望的目的和效果，所以必須強調遵循客觀規律的必要性。因之，與表面現象相反，荀子雖然提出「天人之分」，卻又仍然有著「天人合一」的思想，只是這種思想不像孟子那樣充滿了神祕意志或目的主宰等內容罷了。荀子說：

……春耕夏耘秋收冬藏，四者不失時，故五穀不絕而百姓有餘食也。污池淵沼川澤，謹其時禁，故魚鱉優多而百姓有餘用也；斬伐養長不失其時，故山林不童而百姓有餘材也。聖王之用也：上察於天，下錯於地，塞備天地之間，加施萬物之上。[47]

這裡強調三個「不失其時」，也就是要依據客觀世界的規律來種植耕作，足見「天人之分」也必須「順天」。「順天」（「天人合一」）在這裡倒無寧是更為具體和更為現實的。

當然，這就難免帶來一些矛盾。特別是關於人性惡的問題。

---

47 《荀子‧王制》。

一方面，「性者，天之就也，……不可學不可事而在天者，謂之性」[48]；另方面，人必須「化性而起偽」，使「性偽合」。那麼，「性出於天」的「天」（自然）到底是善呢還是惡？第二，荀子說：「性者，本始材樸也。偽者，文理隆盛也。無性則偽之無所加，無偽則性不能自美。性偽合，然後成聖人之名，一天下之功於是就也」[49]。人為的改造活動（「偽」）必須有對象（「性」），這沒有問題。問題在於，這種改造（「偽」）又是如何可能的呢？即是說，惡的自然（「性」）又如何可能接受改造呢？王國維曾問：「荀子云人之性惡，其善者偽也，然使之能偽者，又何也？」[50] 荀子認為這是由於人有心知，再積以學的緣故，是由於「心」「知」禮義，才能節制情欲。那麼，「心」又如何可能知「禮義」呢？荀子似乎沒有非常明確的回答。在荀子看來，這固然是由感性到理性的唯物主義學習過程；但另一方面，荀子又強調作為理性作用的「心」具有某種先驗性：「凡以知，人之性也」[51]。因之，人之所以能改造自己、學得「禮義」，就仍有賴於本有的「心知」。荀子說，「禮以順人心為本」[52]。這樣，「天」「性」的二重

---

48 《荀子‧性惡》。

49 《荀子‧禮論》。

50 《靜庵文集‧論性》。

51 《荀子‧解蔽》。

52 《荀子‧大略》。陳登原說，「……曰感動善心，又曰心術如水，又曰凡順人心者皆禮。凡此所言，又與孟子所謂羞惡之心是非之心，毫無二致」（《國史舊聞》第 1 分冊，中華書局，1958 年，第 281 頁）。其實不然，

性便出現了：一方面是需要加以抗爭、反對、改造、克制的自然性（「天」），如有害於人群生活的水旱（外在的）、情欲（内在的）；另方面又是必須依據、遵循、認識、順應的自然性（「天」），如四時順序（外在的）、心知神明（内在的）[53]。在大量的具體論證中，後一方面在荀子那裡倒常常是更為重要的方面。例如荀子講究「虛一而靜」，以達到「心」的「大清明」而認識對象，使人在認識上從而在行為中符合和遵循客觀的規律法則（「道」）。可見，總起來，「天人之分」是指某種主觀清醒態度和奮鬥精神；要有實效，仍必須「天人合一」，即要求以遵循自然規律性為基礎。中國「天人合一」思想根源於歷史悠久的農業小生產，這使得即使強調「天人之分」的荀子也在根本上不能脫出這個基礎。並且，如果說，《老子》的辯證法可能與兵家有關[54]；那麼可否說，荀子這種既強調與天奮爭又強調順天的思想，與古希臘（航海）、近代（工業）不同，是與當時正迅速發展、成熟著的農業相關呢？荀子是極端重視農業生產的，比起許多其他思想家，他更多地談及了具體農事。農業生產確乎一方面要講究工具、積極耕作，並與「天」（自然）相奮爭；另方面，而且是主要方面，又要求注意遵

孟子的「心」主要是具有先驗道德的「情感心」，荀子的「心」主要是包括先驗和經驗的「認知心」，並不包括情感內容。

53 荀子的「心」因為被強調有「君形」作用，似乎也具有某種神祕性；但總起來看，它是指不為各種主觀情欲干擾的「心」對外在規律性的認識和把握，仍大不同於孟子，而毋寧吸取了老、墨。

54 參看〈孫老韓合說〉。

循「天」（自然）的客觀規律辦事。先秦農家面目已不復可知，如果參看後世農家著作，強調「力能勝貧」，「田者不強，囷倉不盈」[55]，「欲善其事，先利其器……，需調習器械，務令快利」[56]，「觀其地勢，乾濕得所」，「仰著土塊，並待孟春」[57]等等，應該說，這些觀念與荀子許多思想倒是頗為接近和類似的。

荀子在駁斥墨子限制奢侈消費時，也正是從強調人可以創造出足夠消費的農產品出發的：

今是土之生五穀也，人善治之，則畝數盈，一歲而再獲之，然後瓜桃棗李，一本數以盆鼓，然後葷菜百疏以澤量，然後六畜禽獸一而剸車……可以相食養者，不可勝數也。[58]

這種一方面強調工具、勞作以利用自然而「養生」，同時又十分注意遵循自然規律、重視天時地利的長久農業實踐活動，也許就是荀子思想的真正根源？它使荀子在世界觀上一方面是唯物論，另方面又仍是循環論（「始則終，終則始，若環之無端」[59]）；在認識論，一方面強調「虛一而靜」，要求排除主觀成見、情感的干擾，客觀冷靜地去認識世界；另方面又仍然排斥一切所謂不切實

---

55 《齊民要術‧序》。

56 《齊民要術‧雜說》。

57 同上。

58 《荀子‧富國》。

59 《荀子‧王制》。

際的抽象思辨[60]，強調認識的經驗性和實用性。在前一方面（冷靜理智），荀與老、韓有共同處。其不同在於，老、韓是一種旁觀式的歷史智慧，它是無情的。荀子儘管少講先驗道德和心理情感，卻仍然突出了孔門「積善而不忘」的樂觀奮鬥精神。他斥責「老子有見於詘不見於信」，堅決肯定人類主體的實踐力量，強調「與天地參」的人生理想，它是冷靜理智而又樂觀積極的。也正是這種對待自然的積極改造的思想，使傳統的「天人合一」觀念中原來具有的宗教神祕性質的情感因素，獲得了真正現實的物質實踐基石，而為後世許多獻身現實改革的仁人志士所承繼。這便是荀子的偉大貢獻所在。儘管它在哲學理論上還沒有得到充分的發展。

從宋明理學到「現代新儒家」，都一貫抨擊荀子，表彰孟子，並以朱熹王陽明直接孟子，認為這才是值得繼承發揚的中國思想史的主流正宗。而三十年來國內的研究則又大都只讚揚表彰荀的唯物論，或則抨擊他的尊君尚禮的法家傾向。這些似乎都沒抓住荀的要害。孟子固然有其光輝的一面，但如果完全遵循孟子的路線發展下去，儒家很可能早已走進神祕主義和宗教裡去了。正是荀子強調人為，並以改造自然的性惡論與孟子追求先驗的性善論鮮明對立，才克服和沖淡了這種神祕方向；同時由於盡量吸取了

---

60 荀子堅決反對名家，非常鮮明地表露了他的實用理性，如「夫堅白、同異、有厚無厚之察，非不察也，然而君子不辯，止之也」（〈修身〉），「殺盜非殺人也，此惑於用名，以亂名者也」（〈正名〉），「言無用而辯，辯不惠而察，治之大殃也」（〈非十二子〉）等等。

墨家、道家、法家中冷靜理智和重實際經驗的歷史因素，使儒學
的重人為、重社會的傳統得到了很大的充實，從而把儒家積極樂
觀的人生理想提高到「與天地參」的世界觀的崇高地位。不是神
祕、主宰的「天」，也不是先驗道德的人，而是現實生活活動中的
人，由於「積學」而成為萬物之長，宇宙之光。正是這一觀念，
為儒家由孔孟的道德論過渡到《易》《庸》的世界觀再到漢儒的宇
宙論，提供了一個不可或缺的中間環節。荀子說，「凡禮，始乎
梲，成乎文……天地以合，日月以明，四時以序，星辰以行，江
河以流，萬物以昌，好惡以節，喜怒以當……，禮豈不至矣
哉」[61]，這實際則已在為秦漢的天人感應的系統圖式作準備。可
以說，沒有荀子，就沒有漢儒；沒有漢儒，就很難想像中國文化
會是什麼樣子。所以連痛斥荀子的譚嗣同也說：「荀子生孟子後，
倡法後王而尊君統，務反孟子民主之說，嗣同嘗斥之為鄉愿矣。
然荀子究天人之際，多發前人所未發，上可補孟子之闕，下則行
於王仲任之一派，此其可非乎？」[62]這段話正好指出了兩點，一
是「究天人之際」「多發前人所未發」，這就是本文所講的給傳統
的「天人合一」思想以客觀實踐的性格，並提到了世界觀的高度；
二是它充分地展現了清醒冷靜的理性批判態度，這正是張衡、王
充（王仲任）、劉禹錫、柳宗元一直到戴震、章太炎之所本；這兩
點彼此滲透交溶。荀學通過這種具體方式，發展了孔子仁學的實

61　《荀子・禮論》。

62　〈致唐佛塵〉，《中國哲學》第 4 輯，人民出版社，1980 年，第 424 頁。

用理性。這種理性仍然不在對自然作思辨的科學探究，而是站在對自然採取常識的經驗立場上，反對一切超經驗的迷信和虛妄。從荀子的「天行有常，不為堯存，不為桀亡」，「天不為人之惡寒也輟冬，地不為人之惡遼遠也輟廣」[63]，到王充「何以知其自然也，以天無口目也……今無口目之欲，於物無所求索，夫何為乎」，「天動不欲以生物而物自生，此則自然也」[64]，正是一脈相承的線索。這條線索在中國哲學邁向意志論、目的論或神祕主義時，經常起著重要的抗衡作用。例如，從思孟到董仲舒到漢代讖緯，從魏晉到隋唐，荀子、王充、范縝、劉禹錫、柳宗元等人便分別起了重要的理性清醒劑的解毒抗衡作用。這在中國哲學和中國文化心理結構的形成上具有不容低估的地位。

 儒家世界觀的建立

關於《易傳》時代、來由、各部分的先後關係等等，本文不擬討論。當然更不擬討論在來源和實質上與《易傳》不同的《易經》。本文採《易傳》與荀學有關說[65]。這種有關也主要是從理論

---

63 《荀子・天論》。

64 《論衡・自然》。

65 郭沫若：「兩者（指《荀子・大略篇》與〈象下傳〉）之相類似是很明顯

體系的發展史程來看的。《易傳》的最大特點，我以為，便是沿襲了荀學中剛健奮鬥的基本精神，捨棄了「天人之分」、「制天命而用之」的具體提法或具體命題，把它們改造為「天行健（或作「天行，乾」），君子以自強不息」，賦予自然以人的品德色彩，提到「一陰一陽之謂道」的形而上學的明確高度，創造性地建構了一個完整的世界觀。《易傳》終於成為整個儒家最基本和最高的哲學典籍。

　　《易傳》明顯具有綜合儒學各派和《老子》、法家學說的特色，同時與陰陽家大概也有重要關係。它講的「天」，多指外在自然，與荀子同。但荀子作為外在自然的「天」是與人無關、自身無價值和意義、與人相分的「天」。《易傳》則賦予外在自然的「天」以肯定性的價值和意義，並類比於人事，亦即是具有道德甚至情感內容的「天」。如前所述，不同於工業社會，以農業生產為基礎的人們，長期習慣於「順天」，特別是合規律性的四時季候、晝夜寒暑、風調雨順對生產和生活的巨大作用在人們觀念中留有深刻的印痕，使人們對天地自然懷有和產生感激和親近的情感和觀念。《易傳》把這種有深厚根基的「天人合一」的傳統觀念和情感，在荀學的基礎上，構造成一種系統，其中最重要的精神

的。……《易傳》顯明地是把荀子的話更展開了。它把他的見解由君臣父子的人倫問題擴展到了天地萬物的宇宙觀上去了」，「〈繫辭傳〉至少其中的一部分也明明受了荀子的影響，從思想系統上可以見到它們的關係」（《青銅時代‧周易之制作時代》，群益出版社，1946年，第78頁）。

正是：

> 天地之大德曰生。[66]

這已不是荀子外在自然的「天」，但也不是孟子內在主宰的「天」。它是外在的，卻又具有道德品格和感情色彩。因為這樣，它似乎接近於孟子。但它又並不是如孟子那樣從個體的內在心性先驗道德論出發，而是以荀子那種廣闊的人類外在活動與自然史程出發的。《易傳》講了許多人類歷史和宇宙事物的起源、演變和發展；從整體說，它更近於荀而不近於孟：

> 古者庖犧氏之王天下也，仰則觀象於天，俯則觀法於地，觀鳥獸之文與地之宜，近取諸身，遠取諸物，於是始作八卦以通神明之德，以類萬物之情⋯⋯[67]

它敘說了所謂庖犧、神農、黃帝、堯舜以來的人類歷史的演化，把它們統統與「八卦」聯繫起來。作為《易經》的八卦，本是用於占卜的概括性的符號，其中包含有遠古先民對自然現象和歷史經歷的經驗描述和理解；《易傳》卻對它們作了哲理性的提昇

---

66 《易・繫辭下》，參看荀子：「天地者，生之本也」（《荀子・禮論》），「天地者，生之始也」（《荀子・王制》）。

67 《易・繫辭下》。

闡釋，把人類歷史與整個自然的歷史相貫串聯繫起來，予以系統化，這就是《易傳》的基本主題：

> 昔者聖人之作易也，幽贊於神明而生著，參天兩地而倚數，觀變於陰陽而立卦，發揮於剛柔而生爻，和順於道德而理於義，窮理盡性以至於命。

> 昔者聖人之作易也，將以順性命之理。是以立天之道曰陰與陽，立地之道曰柔與剛，立人之道曰仁與義……[68]

> 有天地然後有萬物，有萬物然後有男女，有男女然後有夫婦，有夫婦然後有父子，有父子然後有君臣，有君臣然後有上下，有上下然後禮義有所錯。[69]

從天地到萬物到男女夫婦到倫常禮義，「易」以貫之。原來以往事（《易經》中充滿了許多歷史故事）來解說未來的巫術占卦，終於在儒家仁學精神洗禮和道家法家的冷靜理智力量的從旁刺激下，變成了這樣一種既理性又情感的哲理世界觀。它是世界觀、歷史觀，同時也是人生觀。世界觀與人生觀合而為一正是中國哲學的特徵之一。

它是歷史的理性。它客觀地記敘了歷史的變遷和人道的來由，

---

68 《易‧說卦》。

69 《易‧序卦》。

從男女交配到父子家族，再到君臣禮義，其中還有造舟楫、服牛馬、制弓矢、建宮室、立文字等等，都幾乎描述為一種自然的史程，其中包括把鬼神、生死、吉凶也都納入這個圖式，成為可理解可解說的一個部分。從而強調宇宙自然與人類存在構成為一個和諧的整體，它本身高於一切。從而也就不再需要別有創造主了[70]：「先天而天弗違……天且弗違，而況於人乎？而況於鬼神乎？」[71] 儘管《易傳》中仍然夾雜著大量的巫術、迷信等不可以理智解釋的說明、提法和論斷（很可能這與傳統流行的以天文星曆占卜人事等有關），而就總體實質言，卻與荀子無神論思想接近。《易傳》說「觀天之神道而四時不忒，聖人以神道設教，而天下服矣」[72]，與荀子神道設想的思想便完全一致。

它是情感的。因為它把「人道」與「天道」、「人生」與「世界」、「歷史」與「自然」合在一起，賦予後者以活躍的生命性質，使本是自然的「天」具有了不斷生長的、向前發展的積極樂觀的主調，即所謂「日新之謂盛德，生生之謂易」[73]。這樣，就使樂觀的人生意識滲入了自然觀，終於構成了世界觀與人生觀相統一的自然——歷史哲學。

它之所以是哲學，在於它把「天道」、「地道」、「人道」一統

---

[70] Joseph Needham、Dert Bodde 均強調中國哲學無創造主觀念是根本特色。這一特色在《易傳》世界觀中相當明顯。參看本書〈試談中國的智慧〉。

[71] 《易·乾·文言》。

[72] 《易·觀·彖》。

[73] 《易·繫辭上》。

於「乾坤」、「陰陽」、「剛柔」的交感作用，即兩種矛盾而又互補著的力量的滲透、推移和運動。以它來解釋「八卦」，從而解釋一切事物：宇宙始源、萬物發生、人事規律；既知過去，又卜未來；萬物、時空和人事在《易》中似乎具有一種相互牽制而影響著的密切關係。《易傳》正是要用這種宇宙普遍秩序（「天道」）與現有社會秩序（「人道」）的推演一致和相互肯定，企圖包羅萬象，一統事物，「範圍天地之化而不過，曲成萬物而不遺」[74]。以對自然和歷史有某種合規律性的觀念，來建構秩序圖式。《易傳》這一特色，正是吸取道、法，走向秦漢新時代的儒家所追求建立的統一整體的宇宙論的開始：

> 天尊地卑，乾坤定矣。卑高以陳，貴賤位矣[75]。夫易，聖人所以崇德而廣業也，知崇禮卑。崇效天，卑法地，天地設位而易行乎其中矣。成性存存，道義之門[76]。是故法象莫大乎天地，變通莫大乎四時，懸象著明莫大乎日月，崇高莫大乎富貴，備物致用，立成器以為天下利，莫大乎聖人……。[77]

比起《老子》來，《易傳》的辯證法有了自覺的系統，即有了

---

74 同上。

75 同上，這裡明顯有對法家思想（如「勢」的觀念）的吸取。

76 同上。

77 同上。

一定的順序次列，不再是分散零碎的了。它是變中的不變。而這種序列圖式又是非常明瞭簡捷的。所以「變易」（萬物和人世的不斷變化）、「不易」（各種卦象作為共同公式的客觀規律的確定不移）和「簡易」（對其規律的要領掌握）便構成《易》的基本內容。荀子說，「善為易者不占」。「易」到荀子手裡或荀子這個時代，已經由占卜轉為哲學，由迷信上帝到自我主宰。它已由大量占卜中的共同卦式連繫著的各種歷史傳聞，逐漸提高為具有共同模式的抽象哲理。荀子提出「善言古者必有節於今，善言天者必有徵於人，……故坐而言之，起而可設，張而可施行」[78]，這種「究天人之際，通古今之變」，對自然和歷史作統一的解釋，大概是本之於上古傳統（以天象卜人事），而由《易傳》從哲學上予以完成，然後到漢代再系統化而大流行的。

包括「天人感應」的觀念，在《易傳》中便已存在；不僅「天道」作用和影響「人道」，「人道」也作用和影響「天道」。所以說「言行，君子之所以動天地也，可不慎乎？」[79]也正因為這樣，人才能「與天地參」，「夫大人者與天地合其德，與日月合其明，與四時合其序，與鬼神合其吉凶。」[80]一方面，人必須順天之道，循陰陽之理；另方面，「天」（自然）也具有人的品格性能。總之，「天」、「人」在這裡連成一氣，自然的「天」與意志的「天」在

---

78 《荀子·性惡》。

79 《易·繫辭上》。

80 《易·乾·文言》。

這裡完全溶合。從而這就不同於《老子》那種客觀寧靜、冷眼旁
觀的無情的「道」[81]，而充滿著人的存在和進取的情感和精神。
《老子》是把「人道」上升為「天道」，由「德」而「道」，「人
道」反而被動地服從於「天道」；《易傳》則是從「天道」推演到
「人道」，但「人道」主動地參與「天道」。《易》原是占卜以決定
行動的，其中本就包含有吉凶禍福可以趨避的主動性，而不只是
命定的預言而已，所以要強調「知幾」、「察微」以獲得人事的成
功。《易傳》把這一特性推上哲理水平，認為「一陰一陽之謂道，
繼之者善也，成之者性也」[82]，由「天」而「人」，人應該覺察
「天道」、遵循「天道」而發揮其主動作用。這也就是哲學史家們
常講的《老子》貴柔、守雌、尚靜的辯證法與《易傳》重剛、行
健、主動的辯證法的差異。

　　這種差異如加以具體的分析，可以發現，原因之一是《易傳》
系統地賦予了「陰陽」這個變化總規則以確定的經驗涵義。整個
《易傳》以「陰陽」為中心而展開：「觀變於陰陽而立卦，發揮於
剛柔而生爻」[83]。「剛柔者，立本者也」[84]。它的具體展現就是乾
卦與坤卦，《易傳》分別賦予它們以「健」、「順」的哲理涵義：

---

81 參看本書〈孫老韓合說〉。

82 《易・繫辭上》。

83 《易・說卦》。

84 《易・繫辭下》。

　　夫乾，天下之至健也，德行恆易以知險。夫坤，天下之至順也，德行恆簡以知阻。[85]

　　許多人都指出乾卦象徵太陽（白天）、男性，具有運動、生長、活力、剛強等性質或功能。坤卦象徵月亮（夜晚）、女性，具有撫育、接受、柔順、安寧等性質或功能。《易傳》強調的是兩者的不可分離，並確定「陽」是主導，「陰」是基礎。在主導和基礎中更強調前者。乾卦被《易傳》認為是首卦。「大哉乾元，萬物資始，乃統天」[86]。「大哉乾乎，剛健中正，純粹精也」[87]。《易》一再這麼讚嘆「乾」，從而在乾坤陰陽這對矛盾構成中，乾、陽便成為推動矛盾發展的動力方面。這也就與《老子》相區別開來了。《老子》只是散漫和並列地揭示了矛盾及其轉化，看不出這種轉化是如何可能的，即不明確或缺乏轉化的動力，而成為靜態的；它只重既存現象的靜態呈現。《易傳》則注意了矛盾中的「剛柔相摩、八卦相蕩」[88]的動態過程，從而也就具有演進發展的序列結構（如〈序卦〉），有建造一個系統圖式的觀念[89]。而「陽剛」作為動力的主導地位也就十分突出，與《老子》那種冷靜的人生智

---

85 同上。

86 《易・乾・彖》。

87 《易・乾・文言》。

88 《易・繫辭上》。

89 後世以至今日，一些研究者還總想把《易》弄成一個完備的系統（天文系統、數的系統……等等）。

慧頗為不同。這裡，也確有現實基礎的差異，與《老子》對當時正在急劇動盪、變化、變革中的社會持否定態度不同，荀、易都無寧是為這個新時代作辯護和論證的。《易傳》說，「天地革而四時成，湯武革命順乎天而應乎人，革之時義大矣哉」[90]；「神農氏沒，黃帝堯舜氏作，通其變，使民不倦，神而化之，使民宜之。易窮則變，變到通，通則久，是以自天佑之，吉無不利」[91]等等，都反映出這一點。時代在進化，變動是好的。比起《老子》來，它有著更多的對未來的歷史主義的樂觀眺望。而這一點也正是《周易》的重要精神。後代的改革者們，直到清末的譚嗣同，也仍然需要《周易》這種理論來進行自己的事業。

與荀子一樣，《易傳》也尊禮、定分、主治、明罰，如「物畜然後有禮，故受之以履」[92]，「履，君子以辨上下，定民志」[93]等等，這些也大不同於《老子》反「禮」的立場和態度。

但儘管如此，《易傳》與《老子》又仍然有許多共同的基本特徵。

第一，兩者都是實用理性的辯證法，都直接應用於現實生活、政治鬥爭和倫常制度，而不是概念的辯證法和純理論的思辨抽象。它們都有具體經驗的要求。例如《易傳》說，「往者屈也，來者信

---

90 《易‧革‧象》。

91 《易‧繫辭下》。

92 《易‧序卦》。

93 《易‧履‧象》。

也，屈信相感而利生焉。尺蠖之屈，以求信也；龍蛇之蟄，以存身也。精義入神，以致用也」[94]。一切往來、屈伸等都是與有利於人、於「致用」相關的。不脫開人事經驗而思索矛盾與變化。這與《老子》是相同的。

　　第二，都重視和追求事物的均衡、和諧和穩定。《老子》是以守柔、貴雌、主靜來達到這一目標，《易傳》則以主動、行健、重剛來達到同一目標。但《易傳》仍強調「陽剛」必須與「陰柔」適當配合，「剛」「柔」必須相濟。剛、陽不能過分，否則就要失敗、垮臺、死亡。「亢龍有悔，盈不可久也」[95]。「剛中而柔外，說以利貞，是以順乎天而應乎人」；「乾道變化，各正性命，保合太和，乃利貞」[96]。「保合太和」也就是求得和諧、均衡和穩定。乾（陽、剛）雖至健但要知險，坤（陰、柔）雖至順但要知阻。《易傳》中相當具體地反覆強調了各種困苦艱難的情勢、局面、境況，再三叮嚀要謙虛謹慎才能存其位。「天地之大德曰生，聖人之大寶曰位，何以守位曰仁，何以聚人曰財，理財正辭、禁民為非曰義」[97]。應該說，與荀子一樣，這正是從新的統治角度概括了自孔子以來的儒學。

　　總起來看，荀子沿著孔學傳統已經吸收了道、墨、法的許多

---

94 《易・繫辭下》。

95 《易・乾・象》。

96 同上。

97 《易・繫辭下》。

東西，走向廣大的外在世界，從天地自然到人間制度；《易傳》就
將這一外在傾向予以高度哲學化。隨後，以董仲舒為代表的儒家，
便沿著這一思想發展的邏輯線索，由《易傳》的世界觀發展而構
造成更為複雜細密的宇宙論。

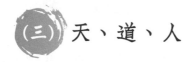 天、道、人

　　熊十力說「《中庸》本演《易》之書」[98]。馮友蘭也把「《易》
《庸》」連在一起講，說「《中庸》的主要意思與《易傳》的主要
意思，有許多相同之處。……他們的中間，有密切的關係」[99]。
但實際上，《易》（均指《易傳》）、《庸》很有不同。《易》是世界
觀，《庸》則將它轉為內在論。《易》是由天而人，對外在世界即
宇宙、歷史、生活作了多方面的論證。《庸》卻完全以人的意識修
養為中心，主要是對內在人性心靈的形而上的發掘。所以，雖同
屬儒學正宗，二者在思想傾向上並不一致。也正因為《中庸》主
要是內的追求意識，所以從信奉佛教的梁武帝到大講人性的宋明
理學，一直到今日的所謂「現代新儒家」，都十分重視它。

98　《原儒》下卷，第 1 頁。

99　《新原道》，商務印書館，1945 年，第 61 頁。

　　如果可以說，《易傳》接著荀子，吸收了《老子》「道」的思想，從外在歷史眼界建立起天人相通的世界觀；那麼，也可以說，《中庸》承續孟子[100]，也吸取了「道」的思想，從內在心性探討建立了同樣的世界觀。它的基本特徵是將儒學出發點立足地的「修身」賦以世界觀的形上基石，提出了「天命之謂性，率性之謂道，修道之謂教」[101]的總綱領。從而把「人性」提到「天命」高度，進一步把「天」（「命」）與「人」（「性」）聯結起來，發展了孟子理論。它強調了人性由天賦予，所以普遍必然地是先驗的善，人必須努力實現自己的善性（「盡性」、「成己」），這也就是「道」。發憤修養以自覺意識它，便是「教」。

　　《中庸》撇開了寬廣的歷史進程，顯得拘謹而局促，但它在理論建構的精深緊湊上，卻又超過了《易傳》。它與《易傳》的共同處在於對道家世界觀的吸取改造。儒道兩家的差異，在一定意義和範圍內，表現在「天」「道」這兩個範疇的高低上。在道家，「道」是最高功能和實體，「天法道」（《老子》），「道」高於「天」；儒家則相反，「天」高於「道」，「道之大原出於天，天不變道亦不變」（董仲舒）。儒家之所以能如此，正是通過《易傳》、《中庸》而確定的[102]。「道」是無心的，無往而不在；「天」是有

---

100 本文採《中庸》非子思作，應後於孟子的一般觀點。

101 《中庸・第 1 章》。

102 二程朱熹而後，「天」與「理」合一，成為最高範疇，它表現為「道」（與「器」對待而言），「道」更無自然實體意了。

心的（「生生」、「誠」「仁」……），與人親近而相通。正是《易傳》賦予「天」以與人相通的生命、情感；《中庸》則更使「人性」成為「天命」，遵循這個「天命」便是「道」。而它們基本共性又都是「不息」。《易傳》講「天行健，君子以自強不息」；《中庸》講「故至誠無息」[103]；都把儒學重「學」、重「教」、重人為、重修養的內容賦予了自然的「道」和主宰的「天」。《中庸》大講「博學之，審問之，慎思之，明辨之，篤行之」[104]。「人一能之己百之，人十能之己千之，果能此道矣，雖愚必明，雖柔必強」[105]，具體地突出了人為修養的主動性。

可見，在這裡，「道」不再是與人無干、而成為與人息息相關不可分割的東西。《中庸》強調「道也者，不可須臾離也，可離非道也」[106]。這就把老子韓非那種君臨萬物、冷漠無情的客觀規律性的「道」，化而為與人的每一刻的存在、作為、修養、意識相貫通交溶而合一的「道」。「天道」「人道」從而就是一個「道」。這本是儒家傳統思想，但《中庸》把它提到了形而上學的世界觀高度；正因為此，在這個「天道」「人道」相合一、亦即客觀世界的規律性與主體存在的目的性相合一的「道」中，人於是就可以「參天地」「贊化育」，達到所謂「中和」最高境界了。

---

103 《中庸·第 26 章》。

104 《中庸·第 20 章》。

105 同上。

106 《中庸·第 1 章》。

　　《中庸》說，「喜怒哀樂之未發謂之中，發而皆中節謂之和。中也者，天下之大本也，和也者，天下之達道也。致中和，天地位焉，萬物育焉」[107]。如果比較一下荀子 「曷謂中？禮義是也」[108]，便見出兩者頗不相同。它與《易傳》也很不同，《中庸》講的這種「天人合一」主要和首先是一種通由個體修養而達到的主觀精神境界的高揚，與外部物質世界的運動變化關係不大。主觀意識的追求在這裡是第一性的和本原的。

　　《中庸》的核心觀念是「誠」。孟子講「誠」：「反身而誠，樂莫大焉」[109]。荀子也有大段講 「誠」 的話：「君子養心莫善於誠。……天地為大矣，不誠則不能化萬物；聖人為知矣，不誠則不能化萬民；父子為親矣，不誠則疏；君上為尊矣，不誠則卑。夫誠者，君子之所守也，而政事之本也」[110]。孟從內在心理講，荀從外在政事講。《中庸》中，荀、孟兩者有所合一，卻以孟為根本。

　　究竟什麼是「誠」？

　　《中庸》說，「誠者，天之道也；誠之者，人之道也」[111]。「誠」被首先規定為「天」的根本性質，這一方面可以說是《易傳》將自然予以道德化、人情化的沿承；但另方面卻又是它的倒

---

107 同上。

108 《荀子・儒效》。

109 《孟子・盡心上》。

110 《荀子・不苟》。

111 《中庸・第 20 章》。

轉，即由超越而走入內在。從而這裡思辨的實際邏輯過程是：先
將宇宙本體（「天」）品德化（「誠」），亦即給予宇宙以道德本體
義，然後又把它作為人性自覺的來源和本質（「自誠明謂之
性」[112]），人必須努力修養以達到它（「自明誠謂之教」[113]）。這
樣，主觀的道德修養（「人」）與這個客觀品德化的宇宙本體
（「天」）、普遍的外在運動（「誠者」）與獨自的內在修養（「誠之
者」），先驗本體與情感心理，就不但變成了一個東西，而且主體
內在的道德修養還成為具有決定性的關鍵環節。從而君臣、父子、
夫婦、兄弟、朋友的外在社會倫常秩序（「五達道」）反過來必須
依賴於內在的「智、仁、勇」（「三達德」）的主觀意識修養才能建
立和存在。這裡，由「修身」（「知斯三者，則知所以修身」[114]）
而「治國」「平天下」的道路便完全失去荀子、《易傳》那裡的現
實形態和性質，而逐漸成為某種「雖聖人亦所不知」「所不能」的
神祕過程和境界。《中庸》盛讚鬼神，大講禎兆，說「至誠如
神」[115]，「至誠之道，可以前知」[116]以及所謂「君子戒慎乎其所不
睹，恐懼乎其所不聞，莫見乎隱，莫顯乎微，故君子慎其獨也」[117]
等等，這種純從內在心性來求天人相通，就必然會帶上準宗教氣

---

112 《中庸・第 21 章》。

113 同上。

114 《中庸・第 20 章》。

115 《中庸・第 24 章》。

116 同上。

117 《中庸・第 1 章》。

息。這些都是孔、孟、荀、《易》所未曾有，而為後世理學所發揚的。所以它與強調對待外部世界的荀學以及《易傳》雖同屬儒門，同講「天人」，傾向卻大有歧異。不過《中庸》畢竟還不是後世的理學，因為它只是企圖將心理原則、個體修養與治平統一起來而構成世界觀；儘管這種世界觀已不同於《易傳》的世界觀，而是某種內在論，卻還沒有達到後世理學心性倫理的本體論，雖然已經作了它的先驅。

　　但秦漢專制帝國所需要的「治國平天下」的哲學，卻並不是這種強調主觀意識修養的世界觀，而毋寧是以論證外在世界（包括自然和社會）為主的宇宙系統論。所以不是孟子、《中庸》而毋寧是荀子、《易傳》為這種宇宙系統論鋪平了道路。這就是我在〈秦漢思想簡議〉中所要講的問題了。

　　　　　　　　　　　　　（原載：《文史哲》1985 年第 1 期）

五、秦漢思想簡議

處在先秦和魏晉兩大哲學高峰之間、以董仲舒為重要代表的秦漢思想，在海內外均遭低貶或漠視，或被斥為唯心主義、形而上學，或被視為「儒學一大沒落」。本文認為恰好相反，以陰陽五行來建構系統論宇宙圖式為其特色的秦漢思想，是中國哲學發展的重要新階段。

　　處在先秦和魏晉兩大哲學高峰之間、以董仲舒為重要代表的秦漢思想，在海內外均遭低貶或漠視，或被斥為唯心主義、形而上學，或被視為「儒學一大沒落」。本文認為恰好相反，以陰陽五行來建構系統論宇宙圖式為其特色的秦漢思想，是中國哲學發展的重要新階段。正如秦漢在事功、疆域和物質文明上為統一國家和中華民族奠定了穩固基礎一樣，秦漢思想在構成中國的文化心理結構方面起了幾乎同樣的作用。

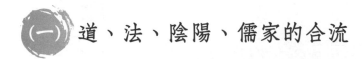

（一） 道、法、陰陽、儒家的合流

　　秦漢思想的形成與大一統帝國要求新的上層建築相關。所謂「新」是意味，正式地擺脫極為久遠的氏族傳統結構和意識形態，由分散的、獨立或半獨立的原氏族部落基礎上的邦國（春秋時期），逐步合併成為真正地域性的、以中央集權為標誌的統一的專制大帝國（由戰國「七雄」到秦漢）。絢爛多彩五花八門的各種思潮、學說、流派，正是在這個急劇動盪的過渡時期中產生和發展。自戰國後期起，它們在長久相互抵制、頡頏和論辯中，出現了相互吸收、融合的新趨勢。從荀子到《呂氏春秋》，再到《淮南鴻烈》和《春秋繁露》，這種情況非常明顯。旁及《文子》、《鶡冠子》、陸賈、賈誼以及地下發現的《經法》等等，無不在各種不同

的程度或不同角度上表現出這一綜合趨向。從而它們不再是純粹的某家某學，而是或未經消化的幾家雜湊，或是以某家為主而吸收他家。但並非所有先秦各家都同樣積極地參預了或被平等地吸收、保留在這個綜合潮流中。相反，有的在先秦非常顯赫的思想、學說、派別，可以逐漸衰頹以至消失。有些則始終非常活躍、綿延而強大。先秦的名、墨兩家屬於前者。儒、道、法、陰陽則屬於後者，它們是秦漢時期建構新型意識形態的四大思潮，也可以說儒、道法、陰陽三家[1]其間複雜錯綜和長期演化的歷史過程，是一個饒有興味的思想史課題，卻非本文所能論及。

　　這裡所能指出的只是，在這個過程中，儘管有許多曲折，儒家思想日益融合其他三家，占據主幹地位，卻逐漸明顯和確定。

　　在荀子和《易傳》中，已可看到對法家和陰陽觀念的吸收。與孔、孟相比，荀、《易》面向了更為廣闊的外部世界，提出了天、地、人如何相統一之類的世界觀問題，這已經很不同於往昔。可見儒家思想本身不但在不斷變化、發展中，而且在這過程中，儘管孟、荀都聲色俱厲地斥異端、非諸子，卻仍然有盡量吸取他家的情況。這本是任何學說能真正保存和健康發展的普遍規律。到《呂氏春秋》，這種情況出現了一個轉折關鍵。

　　《呂氏春秋》自覺地企圖綜合百家，以求思想上的一統天下：

　　　　聽群眾人議以治國，國危無日矣。何以知其然也？老聃貴柔，

---

1 漢初盛極的「黃老之學」即道法家，參看本書〈孫老韓合說〉。

孔子貴仁，墨翟貴廉，關尹貴清，……。有金鼓，所以一耳也。
必同法令，所以一心也。智者不得巧，愚者不得拙，所以一眾也。
勇者不得先，懼者不得後，所以一力也。故一則治，異則亂。一
則安，異則危。[2]

天下必有天子，所以一之也，天子必執一，所以搏之也。一
則治，兩則亂。[3]

這是明白地要求結束先秦百家群議，取得思想的統一。思想
統一的必要性則是出於統一的施政要求。那麼，如何統一？

蓋聞古之清世，是法天地。凡十二紀者，所以紀治亂存亡也，
所以知壽天吉凶也。上揆之天，下驗之地，中審之人，若此則是
非可不可，無所遁矣。[4]

《易傳》裡已經有由天而人（如〈說卦〉和「乾坤定矣……
貴賤位矣」等等），即通過宇宙、自然來相互對應地論證人事的觀
念，這裡則把這種對應觀念具體化和系統化。它在開始安排一種
成龍配套的從自然到社會的完整系統，把人事、政治具體地納入
這個總的宇宙圖式裡，即所謂「上揆之天，下驗之地，中審之

---

2 《呂氏春秋·不二》。

3 《呂氏春秋·執一》。

4 《呂氏春秋·序意》。

人。」這正是《呂氏春秋》所作出的重要新貢獻，主要表現為〈十二紀〉〈月令〉的思想模型。

漢高誘推崇《呂氏春秋》，說它「大出諸子之右」。「此書所尚，以道德為標的，以無為為綱紀，以仁義為品式，以公方為驗格」[5]。各家痕跡顯然並存，從而被視為雜家。但問題在這個所謂「雜湊」裡，幾家的關係究竟如何呢？其中最值得注意的是，寫作《呂氏春秋》的現實基礎，應該是在秦國已取得巨大成就（也包括呂本人的事功）的法家傳統的長久實踐；但這個治國大方略中，卻保留著那麼多的儒家思想。用陰陽家的宇宙圖式來作為這個方略的構架骨骼，道理比較外在而好懂，因為陰陽家與政治的關係十分直接，鄒衍早就以「五行相勝」說明王朝的更替。但為什麼要用儒家來作為實體主幹，則不易了然。所以很值得把《呂氏春秋》裡的儒家思想與原始儒學作些比較。例如，《呂氏春秋》說「凡為天下治國家，必務本而後末。……務本莫貴於孝」[6]。這與《論語》強調的「君子務本，……孝悌也者，其為仁之本歟」之類的話很相似。但《呂覽》強調「孝」是從人君統治的角度著眼的：「人主孝，則名章榮，下服聽，天下譽。人臣孝，則事君忠，處官廉，臨難死。士民孝，則耕耘疾，守戰固，不罷北。……夫執一術而百善至，百邪去，天下從者，其惟孝也？」[7]「先王

5　〈呂氏春秋序〉，陳奇猷《呂氏春秋校釋》，學林出版社，1984 年。

6　《呂氏春秋・孝行》。

7　同上。

之教，莫榮於孝，莫顯於忠。忠孝，人君人親之所甚欲也。顯榮，
人子人臣所甚願也」[8]。從表面看，它與原始儒學相似，實則大
有區別。這區別就在於，一個是從氏族貴族的個體成員和鞏固宗
法紐帶立論，一個是從統一帝國和專制君主的統治秩序著眼。前
者具有倫理感情，後者純屬功利需要。前者建立在氏族成員的血
緣觀念和心理基礎之上，是原始儒家。後者是要求服務於皇家統
治的政治目的，滲透著法家精神。這個貌同而實異，正好標誌著
新社會條件下新的統治階級對原始儒家思想所作的具體改造和利
用。此外，如易「禮」為「理」[9]，肯定用兵，強調「勝理以治
國則法立，法立則天下服矣」[10]，以及〈審分覽〉諸篇明確的法
家術勢理論和「主靜」「無為」的君人南面術（道法家）等等，則
更顯然。即使對農家的吸取，也不脫從人君統治的功利需要（法
家）出發：

　　古先聖王之所以導其民者，先務於農。民農非徒為地利也，
貴其志也。民農則樸，樸則易用，則邊境安，主位尊。民農則重，
重則少私義，少私義則公法立，力專一。[11]

---

8 《呂氏春秋・勸學》。
9 這似乎是遵循了荀子──韓非的路線。但它指出「禮」是「履孝道」，這
　倒是對古代史實的準確解釋，即前所指出古代所謂「禮治」源出於氏族
　血緣的「孝悌」秩序。
10 《呂氏春秋・適音》。
11 《呂氏春秋・上農》。

　　一些論文認為《呂氏春秋》屬於「新」儒家。如何「新」？似乎講得不透。我以為，它的新，就在這裡。即在法家實際政治的長久實踐的經驗基礎上，在新的社會基礎和政治結構（中央集權的統一專制帝國）的需要和要求上，對儒家血緣氏族體制和觀念的保留和改造。

　　問題是：既然當時在法家思想指導下的實踐不斷取得成功，為什麼不在思想理論上繼續應用和發展法家?這問題當然很複雜。一方面固然可以說是呂不韋這批思想家們的高明之處，他們看得比較深遠，知道儘管法家耕戰政策是成功的，但嚴刑峻法、專講術勢的高壓詭詐手段，未必能長久奏效；另一方面，也是主要的並且是非常有趣的方面，則是這樣一個現象：新近出土的《雲夢秦簡‧為吏之道》中竟然也有「寬裕忠信，和平毋怨」、「慈下勿凌」、「恭敬多讓，寬以治之」、「有嚴不治」等詞語。這似乎表明，當年秦國的實際政治並不完全像韓非的理論和秦始皇的實踐那樣極端。無怪乎《呂氏春秋》說，「用民有紀有綱，……為民紀綱者何也？欲也，惡也。何欲？何惡？欲榮利，惡辱害。……不得其道而徒多其威，威愈多，民愈不用。……故威不可無有而不足專恃。譬之若鹽之於味，凡鹽之用，有所托也，不適則敗托而不可食。威亦然，必有所托然後可行。惡乎托？托於愛利。愛利之心諭，威乃可行。威太甚，則愛利之心息」[12]。這指明嚴刑峻法都只能是手段，而不是根本（「紀綱」），所以多次嚴厲地批評了法

---

12 《呂氏春秋‧用民》。

家，而主張「威」必需有所「托」。但《呂氏春秋》說「托」於「愛利」，把「用民」的「紀綱」說成是「欲（榮利）」和「惡（辱害）」，卻又並非儒家精神。可見，這個所謂「新」儒家的根基，無論從實踐上或理論上，都已大不同於原始儒家，它是在講求功利效用的法家政治實踐的基礎上，盡量吸收改造各家學說後的一種新創造。儒家之所以在這個新創造中占了優勢和主導，是因為比較其他各家，儒家與中國古老的經濟社會傳統有更深的現實聯繫，它不是一時崛起的純理論主張或虛玄空想，而是以具有極為久遠的氏族血緣的宗法制度為其深厚根基，從而能在以家庭小生產農業為經濟本位的社會中，始終保持現實的力量和傳統的有效性。即使進入專制帝國時期，也仍然需要它來維繫社會。儒家一貫強調「孝悌」是立國之本，強調作為社會等級的倫常秩序的重要性，總是非常現實地有用和有效的。這就不奇怪包括崇尚道家的司馬談在評論儒家時要說：「序君臣父子之禮，列夫婦長幼之別，不可易也」[13]，即儒家講究的倫常規範、社會秩序是不可變易的。《雲夢秦簡》也認為「為人君則懷，為人臣則忠，為人父則慈，為人子則孝」，「君懷臣忠，父慈子孝，政之本也」。足見，儒家成為各思潮、學派合流中的主導，有其實在的社會歷史的基礎。《呂氏春秋》有意識地搞這個合流統一，是為一個雄心勃勃、代周而興、建立統一和穩定的中國新王朝作理論建樹，它之採儒家學說為主幹，並非個人志趣的偶然。

---

13 《史記・太史公自序》。

　　這個王朝在秦始皇除去呂氏偏任法家之後很快統一了中國，然而又很快地滅亡了。這個空前巨大的興亡教訓，不斷地為中國歷代而首先為漢代的人們所思考。思想家們作出了結論。賈誼的著名結論便是「仁義不施而攻守之勢異也」[14]。也就是說，進攻用法家也許還可以，但要「守」住天下，卻必須「施仁義」，即回到儒家。但在大動亂之後，漢初統治者必然也必須採取休養生息的「無為」政策，這使當時整個思想界都罩上了一層道家的色調。陸賈講了許多「仁義」「教化」甚至「制禮作樂」等明明是儒家的東西，卻把這一切撮合到道家的「無為」理論上，「……席仁而坐，仗義而強，虛無寂寞，通動無量」[15]，並講了好些宇宙、自然、人類社會發生演變的圖景。賈誼也將儒家的具體政治主張從屬於所謂「德有六理」：「德、道、性、神、明、命」，以此為骨架，泛論宇宙萬物，「六理、六美，德之所以生陰陽、天地、人與萬物也」[16]。這似乎也可以看作是企圖建構某種宇宙論的模式。《文子》向被看作偽書，其實它以道家統攝儒法，由自然而推論人事，尊老子復強調仁義，都鮮明地呈現出漢初時期思想雜湊而合流的總特色，非後世所易偽造[17]。這裡重要的是，道家的自然——政治理論即所謂「無為」，這時得到了一種具有新實際涵義

---

14 賈誼：〈過秦論〉。

15 陸賈：《新語・道基》。

16 賈誼：《新書・道德說》。

17 其實，如《鄧析子》、《鶡冠子》等均有以道統儒、法而合流交融的性質，也不可一概視作偽書。

的解說，既不再是老莊的倒退幻想，也不只是道法家的權術理論，而是已經落實在當時實際政治經濟措施上的思想。從而道家的宇宙觀在這裡便有了某種現實的政治經濟作為基礎，在這基礎上進一步要求在哲學上把「人」（政治、社會）與「天」（自然、宇宙）連結和溝通起來，為建構統一帝國的上層建築提供理論體系，它便大不同於先秦的原始道家了。

終於，《淮南鴻烈》提出了這種新體系。如果說《呂氏春秋》是建構這種體系的第一步；那麼從邏輯上講，《淮南鴻烈》是第二個里程碑。

《淮南》囊括天上人間，泛論萬物，包羅萬象，「故著書二十篇，則天地之理究矣，人間之事接矣，帝王之道備矣。其言有小有巨，有微有粗」[18]。它詳盡地描繪了宇宙時空的起始和演化，詳盡地敘說了現實事物的形態和變異，詳盡地展示了客觀世界的多樣性、複雜性和變易性。其中陰陽五行作為骨架的功能也更為精細和內在。所有這些，都遠遠超過了《呂氏春秋》。然而，最有意思的仍然是，在這個符合當時時代要求、以道家面貌出現的新體系中，儘管斥仁義、罵儒家，卻又仍然滲透有儒家的特徵。例如「無為」這個道家最根本的觀念，在這裡有時竟被解釋為要順應客觀法則去積極活動以取得事功。從而它所反對的「有為」就並非原來道家所反對的 ，而只是指人不應違背客觀自然規律而行事：

18 《淮南鴻烈・要略訓》。

　　夫地勢水東流，人必事焉，然後水潦得谷行。禾稼春生，人
必加功焉，欲五穀得遂長。聽其自流，待其自生，則鯀禹之功不
立，而后稷之智不用。若吾所謂無為者，私志不得入公道，嗜欲
不得枉正術，循理而舉事，因資而立功。……若夫以火熯井，以
淮灌山，此用己而背自然，故謂之有為。[19]

　　主張有所作為，反對「自流」「自生」，這難道不正是對原始
道家思想的嚴重違背和根本改動麼？這難道不與《易傳》提倡的
「順天而動」在精神實質上更接近麼？原因很簡單：無論是耕田，
或者是行政，總必須有所活動，有所作為。老莊那種完全放任以
回到原始社會的真正無為，實際上根本不可能存在。社會的生存、
人類的存在還得靠儒家、農家以至法家的積極入世態度，只是這
種態度不得違反客觀法則。所以只要道家真正落實到現實政治、
經濟上，出現這種改變便不可避免[20]。如何把遵循客觀自然法則
（道家、陰陽家所注重）與發揮主觀能動力量（儒家、法家所注
重）結合起來，倒正是漢代思想所要處理的一個要害問題。於是，
在當時情況下，講天文曆數規律的陰陽家和強調遵循自然法則的

---

19 《淮南鴻烈・修務訓》。

20 所以很有趣的是，連董仲舒也講「無為」：「故為人主者，以無為為道……
　　立無為之位而乘備見之官，……故莫見其為之而功成矣，此人主所以法
　　天之行也」（《春秋繁露・離合根》），「故為人君者，……志如死灰，形如
　　委蛇，安精養神，寂寞無為」（《春秋繁露・立元神》）等等，可清晰看出
　　儒對道法家的融化。

道家，成為建構人事政治體系的外在骨架，就是很自然的事情。
但如果不執著於那外在瀰漫著的道家衣束，仍然可以發現其內在
精神卻是重人為、重積極入世的儒學。這就是《淮南鴻烈》所透
露的重要消息，儘管它還不能貫串全書。

　另一重要消息也與此相關，它強調了「天人感應」：

　　聖人者，懷天心，聲然能動化天下者也。故精誠感於內，形
　氣動於天，則景星見，黃龍下，祥鳳至。……天之與人，有以相
　通也。……萬物有以相連，精祲有以相蕩也。[21]

　這在今天看來，當然極其荒謬，但如果結合《淮南》一書中
所保存和記載的大量有關自然的素樸的科學知識，當時這種企圖
溝通天人，認為各種社會、自然事物之間有某種不能觀察和認識
其因果（「不見其所由」，「不可以智巧為」）的客觀規律（「神明之
事」[22]）在，卻是一種重要觀念。其中確有大量主觀臆解，同時
卻又以當時人們對自然界的經驗知識的總結作為基礎。例如：

　　天之且風，草木未動，而鳥已翔矣。其且雨也，陰曀未集，
　而魚已噞矣。以陰陽之氣相動也。故寒暑燥濕，以類
　相從，……。[23]

---

21 《淮南鴻烈·泰族訓》。

22 同上。

23 同上。

　　土地各以其類生，是以山氣多男，澤氣多女，漳氣多暗，風氣多聾。……皆象其氣，皆應其類。[24]

　　前者是某種經驗觀察，後者是主觀臆斷，前者具有一定的科學傾向，後者則可以走向意志論、目的論的神祕宗教。但兩者經常混在一起，不易區分。後世猶如此，何況兩千年前？如果不計細節，總起來看，在當時歷史條件下，企圖把天文、地理、氣象、季候、草木鳥獸、人事制度、法令政治以及形體精神等萬事萬物，都納入一個統一的、相互聯繫和彼此影響並遵循普遍規律的「類」別的宇宙圖式中，從總體角度來加以認識和把握，這應該說是理論思維的一種進步。儘管主觀上作者們可能有對中央政權的不滿和反感，但客觀上卻仍然反映著漢代數十年間生產大發展、國力日雄厚、對自然的廣泛征服。《淮南鴻烈》以其宏偉的世界圖景、豐富的經驗知識和闊大氣派，使這個宇宙論的系統建構達到了成熟的境地。

　　董仲舒只是在基本精神上完成這個建構而已。與《呂覽》、《淮南》不同，董仲舒不能以侯王之尊來收攬作家，編纂系統。他的《春秋繁露》，從外貌看，也不像構造體系的完整著作。他是以當時著稱的公羊學來論議具體政事，企圖從春秋的各種事例中推論出某種普遍適用的政法規範。他的特點是，在精神實質上承繼了前述《呂氏春秋》開拓的方向，竭力把人事政治與天道運行

---

24 《淮南鴻烈・墜形訓》。

附會而強力地組合在一起。其中特別是把陰陽家作骨骼的體系構架分外地凸現出來，以陰陽五行（「天」）與王道政治（「人」）互相一致而彼此影響即「天人感應」作為理論軸心，一切環繞它而展開：

> 夫王者不可以不知天。……天意難見也，其道難理。是故明陽陰出入實虛之處，所以觀天之志。辨五行之本末順逆大小廣狹，所以觀天道也。……為人主者，予奪生殺，各當其義，若四時。列官置吏，必以其能，若五行。好仁惡戾，任德遠刑，若陽陰。此之謂能配天。[25]

在董仲舒那裡，人格的天（天志、天意）是依賴自然的天（陰陽、四時、五行）來呈現自己的。前者（人格的天）從宗教來，後者從科學（如天文學）來。前者具有神祕的主宰性、意志性、目的性，後者則是機械性或半機械性的。前者賴後者而呈現，意味著人對「天志」「天意」的服從，即對陰陽、四時、五行的機械秩序的順應。「天」的意志力量和主宰作用在這裡是與客觀現實規律（陰陽、四時、五行）相合一。而作為生物體存在的人的形體與作為社會物存在的尊卑等級和倫常制度，都只是「天」即陰陽五行在世間的推演。這樣，關鍵點就在於如何認識和處理人事、政治、制度與陰陽、四時、五行相類比而存在、相關聯而影響，

25　《春秋繁露・天地陰陽》。

使彼此構成一個和諧、穩定、平衡、統一的有機體組織，以得到綿延和鞏固。

董仲舒的貢獻就在於，他最明確地把儒家的基本理論（孔孟講的仁義等等[26]）與戰國以來風行不衰的陰陽家的五行宇宙論，具體地配置安排起來，從而使儒家的倫常政治綱領有了一個系統論的宇宙圖式作為基石，使《易傳》、《中庸》以來儒家所嚮往的「人與天地參」的世界觀得到了具體的落實，完成了自《呂氏春秋·十二紀》起始的、以儒為主、融合各家以建構體系的時代要求。

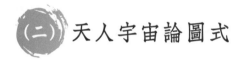# （二）天人宇宙論圖式

下面具體地看看董仲舒的天人理論。

董抬出 「天」 來作為宇宙人間最高主宰，「百神之大君

---

26 龐樸：「文獻表明，配五常仁義禮智信於水火木金土五行的把戲，不僅在《管子》的〈四時〉與〈五行〉篇（作為戰國時代作品看）中不曾見，在《呂覽·十二紀》與《禮記·月令》中不曾見，連劉安的《淮南子·時則訓》中也不曾見。就是說，在這以前，還不曾有這種思想。直到《春秋繁露》裡，我們才看到董仲舒在前人的已經足夠龐大的五行大系之上，更增加了這個新項目，拿仁智信義禮配木火土金水。這是董仲舒的發明」（《帛書五行篇研究》，齊魯書社，1980 年，第 82 頁）。

也」[27]。但在董的體系中，「天」又並未停留在單一的人格神的意義上，它更多是一種與其他許多因素相聯繫相配合的結構體。

這些因素就是天、地、人、陰、陽、五行共十項：

天有十端，十端而止已。天為一端，地為一端，陰為一端，陽為一端，火為一端，金為一端，木為一端，水為一端，土為一端，人為一端，凡十端而畢，天之數也。[28]

十大因素相組合而成四時、五行：

天地之氣，合而為一，分為陰陽，判為四時，列為五行。[29]

可見，「天」一方面固然是主宰，是「大君」，但同時既是因素（十中之一），又是結構整體自身。最後一點實際上處在更重要的地位，這正是董的「天志」不同於先秦墨家僅是人格神的「天志」[30]的地方。

---

27 《春秋繁露・郊語》。

28 《春秋繁露・官制象天》。

29 《春秋繁露・五行相生》。

30 如《墨子・天志中》：「天子為善，天能賞之；天子為暴，天能罰之。」「天之愛民之厚者有矣，曰以磨為日月星辰，以昭道之，制為四時春秋冬夏，以紀綱之；雷降雪霜雨露，以長遂五穀麻絲，使民得財利之，……」。

　　天有五行，一曰木，二曰火，三曰土，四曰金，五曰水。木，
五行之始也；水，五行之終也；土，五行之中也。此其天次之
序也。[31]

　　這裡要緊的是「天次之序」。因為「天」是通過五行次序來顯
示它的性格和功能的。董認為有兩種基本次序和兩種基本功能。
一是「比相生」：

　　天有五行，木火土金水是也。木生火，火生土，土生金，金生
水。水為冬，金為秋，土為季夏，火為夏，木為春。春主生，夏主
長，季夏主養，秋主收，冬主藏。藏，冬之所成也。是故父之所
生，其子長之；父之所長，其子養之；父之所養，其子成之。[32]

　　另種次序和功能則是「間相勝」：

　　……夫木者，農也。農者，民也。不順如叛，則命司徒誅其
率正矣，故曰金勝木。金者，司徒。司徒弱，不能使士眾，則司
馬誅之，故曰火勝金。夫土者，君之官也，君大奢侈，過度失禮，
民叛矣，其民叛，其君窮矣，故曰木勝土。[33]

---

31 《春秋繁露・五行之義》。
32 《春秋繁露・五行對》。
33 《春秋繁露・五行相勝》。

　　董的五行宇宙論是完全從政治倫常和社會制度著眼的，五行相生，比作父子[34]。子必須繼承、保存和發揚父業，正如寒暑相繼一樣；同時五行又是官制，它們可以相互約束克制，這叫「相勝」。「相生」「相勝」就構成了一個自然的反饋系統，而這也就是「天道」。「五行之隨，各如其序。五行之官，各致其能。……是故木主生而金主殺，火主暑而水主寒，使人必以其序，官人必以其能，天人之數也」[35]。不但「五行」，「四時」亦然。君主行政必須符合四時季候，四時比五行董實際講得更多。

　　王者配天，謂其道。天有四時，王有四政，四政若四時，通類也，天人所同有也。慶為春，賞為夏，罰為秋，刑為冬。慶賞罰刑之不可不具也，如春夏秋冬之不可不備也。[36]

　　天的四時如同人或君主的喜（春）樂（夏）怒（秋）哀（冬）。「惟人道可以參天，天常以愛利為意，以養長為事，春秋冬夏皆其用也。王者亦常以愛利天下為意，以安樂一世為事，好惡喜怒而備用也。然而主好惡喜怒乃天下之春夏秋冬也……人主

---

34 董的這一套也可說直接繼承思孟學派「案往舊造說謂之五行」而來。如章太炎所說，相傳為子思作的《禮記・表記》中「水火土比父母於子，猶董生以五行比臣子事君父」（《太炎文錄・子思孟軻五行說》）。

35 《春秋繁露・五行之義》。

36 《春秋繁露・四時之副》。

以好惡喜怒變習俗，而天以暖清寒暑化草木」[37]。「人有喜怒哀樂猶天之有春秋冬夏也，……皆天然之氣也，其宜直行而無鬱，一也」[38]。

　　總之，確認人事政治與自然規律有類別的同形和序列的同構，從而它們之間才可以互相影響彼此配合。這也就是把天時、物候、人體、政制、賞罰統統分門別類地列入這樣一種異事而同形、異質而同構的五行圖表中，組成一個相生相剋的宇宙——人事的結構系統，以作為帝國行政的依據。就是說，君主必須順著五行特性而施政，例如春天務農，「木者春，生之性，農之木，勸農事，無奪民時」[39]，秋冬肅殺則「警百官，誅不法」[40]，這樣不但人間太平，而且風調雨順。如果逆五行特性，亂搞一氣，春行秋令，冬行夏政，則不但天下多事，人民疾病怨憤，而且因為破壞了宇宙秩序，自然界就會出現災禍變異，王朝也就危險以至完蛋。可見，董仲舒把五行運轉的機械論與天作主宰的意志論目的論混雜揉合在一起，「天」的雙重性質（神學人格性和自然物質性）在這系統中展開機械論與目的論的合一：目的論中有機械論，機械論中有目的論。董仲舒及其信徒們慣用某些自然現象如日蝕、地震、水災、火災、動植物的反常變異（如「木有變，春凋秋榮」）來作

37　《春秋繁露・王道通三》。

38　《春秋繁露・天地之行》。

39　《春秋繁露・五行順逆》。

40　同上。

為上天對人君的警告，這也幾乎成了後世的常規。

董仲舒搞這一套，主要是為了以這種宇宙論系統確定君主的專制權力和社會的統治秩序。「……唯天子受命於天，天下受命於天子」[41]。「王道之三綱，可求於天」[42]。絕對君權和三綱秩序本是秦代就有的法家理論[43]，董從宇宙論的高度確認了它。並把無處不在的陰陽雙方普遍賦予善惡的價值內涵，所謂「卑陰高陽」，「貴陽而賤陰」，「惡之屬盡為陰，善之屬盡為陽」，「陽行於順，陰行於逆」，「善皆歸於君，惡皆歸於臣」[44]等等。目的都在從理論上確證當時專制君主的絕對權威和君臣父子的嚴格的統治秩序。這是一方面。董的理論又還有另外一面，這就是董在肯定這個統治的同時，又把這一秩序安排規範在誰也不能超越的五行圖式的普遍模型中。董仲舒把自然事物倫理化，把自然的天賦予了人格（意志、命令和感情），是神學唯心主義。但這個神學唯心主義的基本精神卻又恰恰是為了強調社會秩序（亦即王朝統治）與自然規律相聯繫而作為和諧穩定的整體存在的重要性，它把任何個別的因素即使是最尊高的因素（天王、父母）也置於這個整體之下：

---

41 《春秋繁露・為人者天》。

42 《春秋繁露・基義》。

43 《韓非子・忠孝》：「臣事君，子事父，妻事夫，三者順則天下治，三者逆則天下亂，此天下之常道也。……人主雖不肖，臣不敢侵也」。

44 均《春秋繁露・陽尊陰卑》。

故變天地之位，正陰陽之序，直行其道而不忘其難，義之至也。是故脅嚴社而不為不敬靈，出天王而不為不尊上，辭父命而不為不承親，絕母屬而不為不孝慈，義矣夫。[45]

這樣，便使每一個單項，無論是君是臣是刑是德，都有一個確定的位置而被制約於整體結構。天子作為專制君主，其施政行令也同樣受到這整體結構的限制和約束，不能像在韓非、李斯等法家理論中那樣，因握有絕對權力便可以為所欲為和無所不為。皇帝雖高踞於萬民之上，卻又仍然受制於系統之中。

這個制約主要表現為反對任刑濫殺。董之所以一再強調「德」是「陽」，「刑」是「陰」，「天」是「好仁惡殺」的，之所以一再說「天，仁也」[46]，「煖暑居百而清寒居一，德教之與刑罰，猶此也。故聖人多其愛而少其嚴，厚其德而簡其刑，以此配天」[47]，「為政而任刑，謂之逆天，非王道也」[48]，「王者承天意以從事，故任德教而不任刑」[49]等等，都是為了把漢代思想家們所總結出來的秦亡經驗，把儒家一貫講的「仁義」，提昇和放大到宇宙論的層次上來制約絕對君權。《春秋繁露》中確有好些尊民詞句，表面

---

45 《春秋繁露・精華》。

46 《春秋繁露・王道通三》。

47 《春秋繁露・基義》。

48 《春秋繁露・陽尊陰卑》。

49 《漢書・董仲舒傳》。

上似乎接近原始儒學[50]，但實質並不相同；因為它們是建立在尊君為絕對權威，實際是接受法家思想的基礎上的。如董自己所說：「故屈民而伸君，屈君而伸天，春秋之大義也」[51]，這才是董的特徵。君是民的絕對統治者，民只有通過「天」才能制約君，而這個「天」主要是五行結構的宇宙模式。可見，這裡最重要的是這個結構自身，是保持這個結構整體的秩序和生命。對董來說，天人之間的彼此交通感應、協和統一以取得整個結構的均衡、穩定和持久，這就是「道」；既是「天道」，也是「人道」；既是自然事物的運行法規，也是人間世事的統治秩序。「天不變道亦不變」，「正其道不謀其利，修其理不急其功」[52]，都是在這個意義上講的。即是說，重要的是整體的「道」、「理」，而不是局部的細節的「利」、「功」。這一方面固然不同於法家功利理論，同時也不同於原始儒家的「何必曰利」。因為這裡已不是從主體道德論倫理出發，而是從客體宇宙論系統立論。

那麼，董仲舒用宇宙論系統來論證的這個統治秩序和社會機體是一些什麼具體內容呢？在社會方面，這個系統強調「孝悌」、「衣食」。「天生之以孝悌，地養之以衣食」[53]。「夫孝，天之經，

---

50 如：「天之生民非為王也，而天立王以為民也。故其德足以安樂民者，天予之。其惡足以殘害民者，天奪之」（〈堯舜不擅移湯武不專殺〉）等等。

51 《春秋繁露・玉杯》。

52 董的這句原話比最早見於《漢書》董傳並流傳廣久的「正其誼不謀其利，明其道不計其功」要高明一些。

53 《春秋繁露・立元神》。

地之義」[54]。以「孝」為「天地之經」、「人倫之本」，如前節所述，是當時家庭農業小生產經濟的社會結構的要求，要鞏固這個社會經濟結構，自然強調這些。正如元代王禎所說，「孝悌力田，古人曷為而併言也？孝悌為立身之本，力田為養生之本，二者可以相資而不可以相離」[55]。

在政治體制方面，除了前面講的樹立絕對君權外，這個系統中很重要的一環，是董仲舒對建構一套文官體制的積極提議和參預：

董仲舒對策曰：養士之大者，莫大乎太學。太學者，賢士之所關也，教化之本原也。願陛下興太學，置明師，以善天下之士。武帝立學校之官，皆自仲舒發之。[56]

董仲舒曰，臣愚以為使諸列侯、郡守、二千石各擇其吏民之賢者，歲貢各二人⋯⋯故州郡舉茂才孝廉，皆自仲舒發之。[57]

《春秋繁露》則強調，「王者制官，三公九卿、二十七大夫、八十一元士，凡百二十人，而列臣備矣。吾聞聖主所取儀，金天之大經，三起而成，四轉而終，官制亦然者，此其儀歟？」[58]《史

---

54 《春秋繁露・五行對》。

55 王禎：《農書・孝悌力田篇第三》。

56 《西漢會要・學校上・太學》。

57 《西漢會要・選舉下・舉廉》。

58 《春秋繁露・官制象天》。

記》說：漢武帝時，「……一歲輒一課，能通一藝以上，補文學掌故闕，其高第可以為郎中者，太常籍奏即有秀才異等，輒以名聞。其不事學若下材及不能通一藝者，輒罷之。……自此以來，則公卿、大夫、士吏彬彬多文學之士矣」[59]進「教化」，立官制，重文士，輕武夫[60]；建構一個由「孝悌」、讀書出身和經由推薦、考核而構成的文官制度，作為專制皇權的行政支柱。這個有董仲舒參預、確立於漢代的政治──教育（「士──官僚」）系統是中國歷史上的一件大事，也是了解自秦漢以來中國歷史的重大關鍵之一。與原始儒學建立在氏族國家血緣貴族（個體）基礎上講的「修齊治平」的政教已有不同，這裡需要的是從統一大帝國著眼的整套官僚體系。前者（原始儒學）的政治理想和統治體制是建築在血緣倫理和原氏族首領的嚴格的個體道德表率上；後者則把政治倫理統治建築在宇宙自然秩序的比附上：政治的治亂興衰不再僅僅依靠於作為首領的「聖人」，而且更依靠於遵循客觀的「天道」，而這「天道」也就包含建立這整套的官僚行政體制，所謂「官制象天」是也。這種官制表面上類似近代官僚系統，它具有職能分化，各有定規，執行權威，不講情面等非人格的機器特徵和理性模式。它也有某種意義上的分權（例如從漢到清，行政與監察〔御

59　《史記・儒林列傳》。

60　《春秋繁露・服制象》：「夫執介冑而後能拒敵者，故非聖人之所貴也，……。故文德為貴，而威武為下。此天下之所以永全也」。重文輕武幾乎成了心理傳統，西方貴族以決鬥為榮，在中國卻可被嘲為「匹夫之勇」。

史、清議〕的相互牽制等）。它不講「父為子隱」，而主張「大義
滅親」……，這也可說是法家傳統的存續和發展[61]。但實際上，
由於中國古代這套官僚系統從根本上仍然服從於和從屬於血緣宗
法的社會、經濟結構，官僚體制與社會人情的關係舉糾纏混合在
一起，後者在沖淡、延緩它的作用和職能上，便起了極大的彈性
作用。各種親族關係的網狀聯繫，使官僚政治實質上從屬和依存
於這種遍及整個社會的人情關係結構中，除宗族、地域外，「門
生」「故舊」盛極一時，也說明在這種關係基礎上的政治上的人身
依附極為突出和嚴重。這使得「有治人無治法」的儒家傳統仍然
延續下來，從而在實質上大不同於具有近代效能的資本主義的官
僚機器。董仲舒協助漢武帝建立起來並在理論上予以論證的，便
是這種中國早熟型的「士──官僚」的文官政教體系。它不同於
西方近代，也不同於西方中世紀。它使上下之間即民（農）、士
（文官）、皇帝之間有確定的統治規範和信息通道，並把春秋以來
由於氏族餘制的徹底崩潰、解除公社約束而「橫議」「亂法」的個
體遊士，又重新納入組織中，從制度上重新落實了儒家「學而優
則仕」的理想，這就從多方面大有利於維護統一帝國的穩定（包
括後代帝王公開說的「使天下英雄盡入彀中」等）。這正是他的系
統論宇宙圖式在結構 $\Longleftrightarrow$ 功能方面的一個重要方面。然而只要

61　《史記・太史公自序》：「法家不別親疏，不殊貴賤，一斷於法，則親親
　　尊尊之恩絕矣。……若尊主卑臣，明分職不得相踰越，雖百家弗能
　　改也」。

這個系統一被破損或動搖，則社會似乎便成了缺乏自組合能力的「一盤散沙」。總之，還是如那個王禎所說，「聖人樹其法度，制其品節，使天下之人，莫不衣其衣而食其食，親其親而長其長。然而教之者，莫先於士。養之者，莫重於農。士之本在學，農之本在耕。天下無不事之農，……漢力田之科是已。……天下亦少不耕之學，……漢孝悌之科是已」[62]。一個士，一個農；一個學，一個耕；這是從古代董仲舒到近代曾國藩所刻意講求的儒家「齊家治國」的大方略。時代不同使曾國藩的「耕讀為本」成為反歷史的潮流[63]，而二千年前董仲舒的主張，卻是為冉冉上升的新社會和新王朝制定統治秩序的先進理論。

剖開來看，這個所謂新理論又沒有多少新因素，它幾乎全部都抄自前人。「尊主卑臣」是韓非的。「天人感應」，《淮南》早有……。所以，這個「新」，只在於他把所有這些構成了一個系統。如果說，《呂氏春秋》是用儒家精神變換了法家，《淮南鴻烈》是儒家精神滲進了道家；那麼董的特點就在於，相當自覺地用儒家精神改造了利用了陰陽家的宇宙系統。所以《漢書》說董「始推陰陽，為儒者宗」[64]，「……潛心大業，令後事有所統一，為群儒首」[65]。

---

62 王禎：《農書・孝悌力田篇第三》。

63 參看拙作《中國近代思想史論》，人民出版社，1979 年，第 481～483 頁。

64 《漢書・五行志》。

65 《漢書・董仲舒傳》。

　　那麼，董是怎樣改造陰陽家的呢？

　　司馬談評價陰陽家說：「夫陰陽、四時、八位、十二度、二十四節、各有教令，順之者昌，逆之者不死則亡，未必然也。故曰使人拘而多畏。夫春生夏長，秋收冬藏，此天道之大經也，弗順則無以為天下綱紀。故曰，四時之大順，不可失也」[66]。

　　這就是說，陰陽家講的天時地利的規律，人（統治者）應該注意遵循。但缺點在於，似乎一切都事先規定好了，人在它們面前無可作為，只能誠惶誠恐，消極順應，所以，「拘而多畏」。

　　董仲舒則在三個方面突破和改造了陰陽家這一缺點。第一，用儒家仁義學說和積極作為的觀念改變了陰陽家使人處於過分拘謹服從的被動狀況。在董的陰陽五行的宇宙系統裡，儘管強調客觀結構的法則，卻仍然充滿著人的主動精神。它竭力突出人的崇高地位，宣揚只有人，而不是任何其他事物，才能「與天地參」，認為「天地之性人為貴」[67]，「……人之超然萬物之上，而最為天下貴也。人，下長萬物，上參天地」[68]，「三者（指天地人）相為手足，合以成體，不可一無也」[69]。即是說，在這個宇宙中，沒有人是不行的，人的力量在這個宇宙系統中有極大的作用和意義。因為「天」只給予事物以可能性，要變為現實性，必仍待人的

66　《史記·太史公自序》。

67　《漢書·董仲舒傳》。

68　《春秋繁露·天地陰陽》。

69　《春秋繁露·立元神》。

努力。

董仲舒著名的人性論便是如此：「善如米，性如禾，而禾未可謂之米也。性雖出善，而性未可謂之善也。米與善，人之繼天而成於外也，非在天所為之內也」[70]。而且，人還能夠因有所預見和積極努力而扭轉和改變既定的不利局勢。例如，「齊桓憂其憂而立功名，推而散之，凡人有憂而不知憂者凶，有憂而深憂之者吉」[71]，吉凶並不完全被動地決定於客觀，「治亂廢興在於己」。董之強調「天人感應」，正是為了宣揚「人」能影響「天」，「人事」能影響「天意」；採取的是神祕的甚至神學的形式，其內核卻恰恰在於對人和人主行政力量的能動性的重視。所以，有意思的是，在這個似乎既定的客觀圖式裡，卻仍然別的學說中充滿更多的對於人的能動性的強調。「天長之而人傷之者，其長損；天短之而人養之者，其短益。夫損益者皆人，人其天之繼歟？出其質而人弗繼，豈獨立哉？」[72]因此，人才能「與天地參」[73]。

第二，是對靈活性的重視。這就是儒家傳統所講而為董所大

---

70 《春秋繁露‧實性》。

71 《春秋繁露‧玉英》。

72 《春秋繁露‧循天之道》。

73 應該指出的是，這種能動性的強調並非偶然，它是那整個時代力量的反映。漢代興起後，生產力蓬勃發展，科學也日益發達，對自然的征服廣度和深度是空前的。漢代帝國的這種事功力量表現在宏偉氣魄的漢代文藝中，也表現在漢代哲學中。參看拙作《美的歷程‧楚漢浪漫主義》。

談的「經」與「權」。「春秋固有常義，又有應變」[74]。「春秋有經
禮，有變禮」[75]。「權雖反經，亦必在可以然之域。不在可以然之
域，故雖死之，終弗為也」[76]。既必須有確定的原則性（「經」），
又必須有原則允許下（「可以然之域」）的靈活性。何以如此？這
是因為董所著重的是整體系統結構的穩定和持久，而不在於任何
局部和細節的不變。董不反對變革，主張「更化」政制。他所追
求的是整體結構的動態平衡，而不是一切現象的僵死固定。在動
態中來保持平衡、秩序和穩定，這正是儒家中庸思想的進一步發
展：矛盾雙方在運動中取得均衡調節，整體也就得到了和諧穩定。
「使富者足以示貴，而不至於驕；貧者足以養生，而不至於憂。
以此為度，而均調之，是以財不匱，而上下相安，故易治也」[77]。
所以，董的五行功能的相生相勝圖式雖有一定規範次序，具體運
用和說明卻又相當靈活和寬容，這不但因為凡具有反饋功能作為
自我調節的有機系統的圖式本就有一定的靈活性和適應性；而且
在古代科學文化水平的幼稚階段上，更容易使人作出相當自由以
至主觀任意的解釋。董仲舒本人為適應政治需要就作了不少這種
任意的解釋。

　　第三，也是最重要的，董的宇宙系統不同於陰陽家的「拘而

---

74 《春秋繁露・精華》。

75 《春秋繁露・玉英》。

76 同上。

77 《春秋繁露・度制》。

多畏」的根本原因，是由於他將孔子仁學中的情感心理原則輸入了這個系統，從而將自然人情化了。董一再說，「仁，天心」[78]。「和者，天地之所生成也」[79]。「察於天之意，無窮極之仁也，人之受命於天也，取仁於天而仁也」[80]。「天亦有喜怒之氣，哀樂之心，與人相副」[81]。……儘管添了荒謬的人格色彩，但世界卻不像陰陽家或道家的那種超乎人外、漠然寡情，而是具有了與人類似的情感色調，從而這個宇宙論系統圖式也就不完全是外在於人的純客觀律令，而成為與人的內在心理有關的東西。董仲舒的「天」既有自然性，又有道德性，又有神學性，還有情感性，它們完全混雜在一起。這一方面固然具有神祕化特色，被今人批評為神學目的論，根本違反了對自然的科學認識；但把天人視同一體，不僅有物質、自然上的相連，且有精神、情感上的相通，這又仍然是繼承「天地之大德曰生」、「天行健，君子以自強不息」的儒家精神，在建立積極康強的世界觀人生觀上有其意義，保持和發展了儒學和中國哲學的基本特色[82]。同時，由於包括命運、規律等等都取決於這個圖式整體，也就不另需要有超越的主宰神靈了。

---

78 《春秋繁露·俞序》。

79 《春秋繁露·循天之道》。

80 《春秋繁露·王道通三》。

81 《春秋繁露·陰陽義》。

82 後來宋明理學在批判吸取佛家哲學後，把這一套外在宇宙論轉換為內在的心性論，將道德倫理高揚為本體，仍然以充滿這種情感態度為其重要特色。參看本書〈宋明理學片論〉。

陰陽五行的系統論

　　意識形態與科學真理（或學術思想）的關係是一個老而常新的問題。強調二者的同一，認為統治意識即學術真理，無疑是簡單化和幼稚病。但強調二者的對立，認為學術思想為科學，意識形態純虛構，二者渺不相干，也同樣是簡單化。事實上，二者常常相互糾雜混為一體，或雖可分離而又有滲透。具體情況多種多樣，錯綜繁複。秦漢時期的陰陽五行思想便是如此。

　　以董仲舒為代表的「天人感應」的陰陽五行學說成為官方哲學後，它籠罩、統治著漢代數百年，彌漫在幾乎全部意識形態領域。但這並非一種偶然的意志事件，而是一種時代的潮流。如前所述，無論是基本同時的《淮南鴻烈》，或較早一點的《經法》，或更後的許多文獻，在論到政治以及其他時，都表現出把天人連結起來的趨勢。例如，《經法》中便有這種說法：「刑德皇皇，日月相望，以明其當。望失其當，環視其央。……刑德相養，逆順若或，刑晦而德旺，刑陰而德陽，刑微而德彰。……天道環於人，反為之客」[83]；就連出土的漢鏡銘文也作：「聖人之作鏡兮，取氣於五行」，「五行德令鏡之精」[84]。可見，把陰陽五行、天文曆數

---

83 《經法・十六經・姓爭》，文物出版社，1976 年，第 65 頁。
84 《文物》1982 年第 3 期，第 67 頁。

與社會人事類比式地連結起來，遠非董仲舒的個人發明，它由來既久，綿延也長。

　　陰陽五行的淵源和流變，是一個久遠而複雜的問題，非本文所能評論。五行的起源看來很早，卜辭中有五方（東南西北中）觀念和「五臣」字句；傳說寫於殷周之際的〈洪範·九疇〉中有五材（水火金木土）的規定。到春秋時，五味（酸苦甘辛鹹）、五色（青赤黃白黑）、五聲（角徵宮商羽）以及五則（天地民時神）、五星、五神等等已經普遍流行。人們已開始以五為數，把各種天文、地理、曆算、氣候、形體、生死、等級、官制、服飾……，種種天上、人間所接觸到、觀察到、經驗到並擴而充之到不能接觸、觀察、經驗到的對象，以及社會、政治、生活、個體生命的理想與現實，統統納入一個齊整的圖式中。一方面這似乎是神祕主義，陰陽家們也確乎以此來神祕地預言自然的圖景和王朝的變遷，例如著名的「五德始終」學說。然而另方面，如前所說，在這圖式中又的確包含了當時積累起來的大量經驗知識，人們很樂意把這些經驗知識組織在整套的系統圖式結構中，以得到一種理論上（包括從經驗認識上和數學上）的理解和把握。當時可能不止這一個「以數為五」的圖式，似乎還曾有過以「八」、「六」[85]、

85　「以五為數」似乎來自東方，可能與殷民族（如從卜辭到〈洪範〉中「五行」作為箕子的回答）有關。「八」和「六」似乎是西部周、秦民族的傳說。秦就以「六」為圖式，《史記·始皇本紀》有「數以六為紀」。直到賈誼也還是「以六為法」、「六則備矣」。「六」與「五」的相持和勝負問題，可能是饒有興味的秦漢思想史的重要章節。

「四」為數的結構圖式。只是它們沒有得到充分發展就被「以數為五」的圖式壓垮了。而這，正說明當時無論在意識形態方面和經驗認識方面都有建構某種系統的要求，前者是服務於新的統一政治，如上節所說；後者則似乎是思維、學術本身發展的需要：把零碎、分散的種種經驗組織起來。以數字來組織整理從而解釋宇宙，是思想發展到一定階段自然出現的現象（在古希臘，有畢達哥拉斯的顯赫學派和理論），其中充滿了神祕主義，同時也有足以珍視的科學思想。實際上這個五行宇宙圖式本身就包含理性和非理性兩方面的內容和向不同方向發展的可能性，即強調系統的客觀運轉和強調神祕的天人感應。

在五行學說的發展演變過程中，始終有這兩個方面的因素在起作用，一方面是神祕的教義，另方面則是對經驗知識的某種科學的組織、概括和整理。這兩個方面又交互滲透著。

陰陽觀念從現存文獻看，最早似見於西周伯陽父所說：「夫天地之氣，不失其序。若過其序，民亂之也。陽伏而不能出，陰迫而不能蒸，於是有地震」[86]。陰陽是指自然變化中的兩種功能或力量。以後《老子》講「萬物負陰而抱陽」，再到《易傳》，則已經以陰陽作為兩個最基本的觀念來解說八卦從而解說萬事萬物。於是《莊子・天下》篇總結說：「《易》以道陰陽」，儘管這句話大概是注文竄入，但儒家已把陰陽觀念接過去了卻的確是當時的歷史事實。戰國時，大概是陰陽家首先把五行與陰陽混合統一起來。

---

86 《國語・周語上》。

這種混合或統一是基於二者都從某些根本功能和力量的相互作用和關係中來解說、論證宇宙——人生。重要的是，陰陽與五行的相結合，使五行的結構組織有了兩種內在的普遍動力，從而使五行結構具有了確定的自我運動自我調節的功能。即是說，五行之所以能有「相生」「相勝」的具體運轉，是由於陰陽作為兩種彼此依存、互補而又消長的功能或矛盾力量，在不斷推動的緣故。陰陽推動著這個五行圖式運轉變換，才使這一圖式不流為固定不變、難以解釋的僵硬表格。董仲舒說：「金木水火，各奉其所主，以從陰陽，相與一力而並功。其實非獨陰陽也，然而陰陽因之以起，助其所主。故少陽因木而起，助春之生也；太陽因火而起，助夏之養也。少陰因金而起，助秋之成也；太陰因水而起，助冬之藏也。」[87]陰陽在這裡不是五行之外的獨立力量，而是作為五行原動力與五行「相與一力而並功」。

　　文化人類學的材料說明，在任何原始社會的神話裡，都可以分析出其中主要結構是以正負兩種因素、力量作為基本動力、方面或面貌。中國遠古關於晝夜、日月、男女……等等原始對立觀念，大概是在最後階段才概括為陰陽範疇的。但陰陽始終沒有取得如今天我們所說的「矛盾」那種抽象性格，陰陽始終保留著相當具體的現實經驗性，並沒有完全被抽象為純粹思辨的邏輯範疇。它們仍然與特定人們的感性條件、時空、環境和生活經驗直接間接相聯繫。例如陽與光、熱、夏、白天、男性、上升、運動等等

---

87 《春秋繁露・天辨人在》。

相聯繫，而陰與暗、冷、冬、黑夜、女性、下降、靜止等等相聯繫。因之，陰陽作為哲學範疇，與「五行」一樣，它們既不是純抽象的思辨符號，又不是純具體的實體 (substance) 或因素 (elements)。它們是代表具有特定性質而相互對立又相互補充的概括的經驗功能 (function) 和力量 (forces)。隨著具體不同的結構方式，這種具有概括性的現實經驗性格的「陰陽」之間的對立、依存、滲透、互補和轉化，也就各有具體不同的結構方式，其中「陰陽」有主導（「陽」）、基礎（「陰」）等具體區別。所以，它們不是思辨理性，也不是經驗感性，而是某種實用理性。這正是「陰陽」這對哲學範疇的特點，也是中國哲學和中國傳統思維方式的特點。

如果再看看五行學說，這一特點也很明顯。

與希臘或印度的地、水、火、風（或氣）相比較，中國五行中除「木」不同於「氣」或「風」外，還突出地多了「金」。這兩點似乎都說明中國的五行，至少在脫開巫術宗教的原始神靈觀念後，更多是與人們生活經驗相密切聯繫。所以《左傳》說：「天生五材，民並用之，廢一不可」[88]。《尚書大傳》說：「水火者，百姓之所飲食也。金木者，百姓之所興作也。土者，萬物之所資生也，是為人用」[89]。作為燃料和各種工具材料、建築材料的「木」和與冶煉相關的「金」，在社會生活中當然占有重要位置。而「土」在五行之中之所以占有特殊地位，「先王以土與金木水火

---

88 《左傳·襄公 27 年》。

89 《尚書大傳》卷 3。

雜，以成萬物」[90]，「比於五部最尊」[91]，則顯然又與農業生產作為生活根基有關。由於更多從總結生活經驗出發，而不從描述解釋自然現象出發，所以與其說中國五行所注重的是五種物質因素、材料或實體，就不如說更是五種作用、功能、力量、序列和效果。當〈洪範〉提出五行時，其著重點正是它們的性能：「五行，一曰水，二曰火，三曰木，四曰金，五曰土。水曰潤下，火曰炎上，木曰曲直，金曰從革，土爰稼穡。潤下作鹹，炎上作苦，曲直作酸，從革作辛，稼穡作甘」[92]。郭沫若曾解釋說：「由水演出潤下的道理，由火演出炎上的道理，由木生出曲直的觀念，由金生出從革（大概是能展延的而且鞏固的意思），由土生出稼穡。再如五味，……潤下作鹹，是從海水得出來的觀念，炎上作苦，是物焦則變苦，……」[93]。五行「相生」「相勝」的序列關係看來也來源於生活經驗。例如木可生火（木生火）、火後有灰燼（火生土），礦石原料來自地下（土生金），金屬遇冷則有水露（金生水），水能滋長植物（水生木）以及水滅火，火冶金，金伐木，木犁破土，築土禦水等等，體現的正是在日常社會生活中它們在性質上和功能間的相互關係和聯繫。這種對性質、功能、序列、效用的總結，當然交織著對自然本身性能規律的了解和人事實踐經驗雙重內

---

90 《國語・鄭語》。

91 《太平御覽・卷 17・時序部二》收《樂記》佚文。

92 《尚書・洪範》。

93 郭沫若：《中國古代社會研究》，人民出版社，1964 年，第 114 頁。

容。「相生」表面似乎著重對自然發生規律的觀察紀錄，實際上其中包含了人們對這些規律的運用，例如掘土取礦才可能有土生金的觀念。「相勝」似乎著重人事、實踐的經驗概括，實際上也包含對這些事物本性的了解，如金、石需有硬度才能「勝木」。正是客觀事物本身的性能與人們實際活動、經驗相滲透合一，構成了不同於純實體（如地水火風或原子論）或純數學（如畢達哥拉斯學派）的中國五行說的特色。由此生發，把自然規律、性能與人事活動、經驗相聯繫滲透，並擴而充之，終於使整個宇宙的五行結構也保持這一不離人事經驗的特色，最後出現董仲舒那種「天人感應」的理論系統和觀念形態，也就有某種思想必然性了。

　　這也就是說，這種與生活實際保持直接聯繫的實用理性，不向縱深的抽象、分析、推理的純思辨方向發展，也不向觀察、歸納、實驗的純經驗論的方向發展，而是橫向鋪開，向事物之間相互關係、聯繫的整體把握方向開拓。即它由功能走向結構，按功能的接近或類似，把許許多多不同的事、物安排組織在一個系統形式中，企圖從實用理性的高度來概括地把握它們，從而產生了這種原始的素樸的系統論思維的某些特徵。簡單說來，這些特徵便是：第一，不是任何個別的功能、力量、性質或因素而是整體系統結構才是決定性的主要環節。整體不等於諸功能或因素相加的總和，它大於它們及其總和，即整體具有其不能等同或還原於各功能、力量、因素的自身性質。第二，不是簡單的線性因果，而是這個系統中諸功能、力量的相互作用即包括反饋作用在內，才是維持系統協調生命的關鍵所在。第三，因此，整體系統將不

可能是靜止不變的存在，而是處在運動變換著的功能、力量的動
態平衡中，從而具有自調節的性質。第四，儘管有運動變換，卻
又周而復始，循環無端，並不越出或破壞這個既有系統的穩定和
持久。第五，對這個系統的整體把握，基本上處於未經分析處理
（例如不能真正運用數學）的籠統直觀的素樸水平。

　　這是不是把兩千年前的五行說予以摩登化的附會解釋呢?否!
現代系統論的創立者們承認古代有系統論的思想，正如古代有辯
證法的觀念一樣。它們都來自素樸的生活經驗。在中國特定條件
下，系統論觀念如同辯證法觀念一樣，它們發展得特別充分[94]。
同時也充滿著種種籠統、直觀、粗陋、荒謬和神祕的古代原始印
痕。特別是像董仲舒把善惡、倫理、官制、行政、服飾等統統納
入這個宇宙圖式中[95]，更是如此。儘管當時在政治上起過作用，

---

94 成中英 (Chung-Ying Cheng) 也曾指出，有機整體、內在運動、和諧的辯
　證法、多元結構等等作為中國哲學的特徵（對比西方之外在、機械論等
　等），但未提出系統論和中醫特點等問題。見其論文 "Toward
　Constructing a Dialectics of Harmonization: Harmony and Conflict in
　Chinese Philosophy", *Journal of Chinese Philosophy* 4, 1977, pp. 209～245.

95 這個宇宙圖式是以在漢代哲學中醞稱的「元」的觀念為基礎。董仲舒「元
　者，萬物之本。而人之元安在乎？乃在乎天地之前」（《春秋繁露・玉
　英》）。《黃帝內經》:「所謂本也，是謂天元（別本作「六元」）」（《素問・
　天元紀大論》），何休:「元者氣也，無形以起，有形以分，造起天地，天
　地之始也」（《春秋公羊解詁》）。關於董仲舒的「元」，哲學史家們頗有爭
　論。如果參照這些並從這個宇宙論系統來看，則這個「元」主要指「氣」
　而並非精神或神靈，似甚明顯。

它們完全是非科學和反科學的。它們屬於意識形態的虛構方面，較快就被歷史所拋棄淘汰。

　　陰陽五行系統論中的科學方面，由於在一定程度上反映了事物的客觀狀貌，並能在一定範圍和一定程度上有效地應用於實際生活中，從而也就保存和延續下來，並不斷得到細緻化和豐富化。在這種系統論中，諸性質諸功能的序列聯繫和類比感應關係，較少意志論和目的論的主觀臆測，更多具有機械論和決定論的傾向。這種系統論的最高成就和典型形態應該算是中醫理論。

　　近年已有好些論著說明中醫具有系統論的特性。中醫的基礎理論──《黃帝內經》，成書正是在秦漢時期，至少其基本思想是成熟在這個時期。這本著作至今仍然是有效地指導中醫實踐的根本典籍。中醫及其理論歷數千年而不衰，經過了漫長歷史實踐檢驗而至今有效，這恐怕也應算是世界文明史上的奇蹟之一。而中醫理論卻與秦漢時代的宇宙論有關。「中醫理論產生在很古很古的年代，包裹著種種今天看來頗為牽強附會、稀奇古怪的觀點、思想和說法，例如什麼『天人感應』『五運六氣』之類。因之，極容易被現代人們斥為迷信，視同胡說，特別是在現代如此發達的實驗科學、在顯微鏡、透視機的比較對照之下。然而，奇怪的是，數千年的實踐經驗，也包括今天極為廣泛的實踐經驗，卻又仍然不斷證明著中醫講的理論。就比如說經絡理論吧，不僅有其存在的根據，而且還頗為靈驗，儘管至今經絡的物質實體始終沒有發現。而經絡理論與中醫的五行學說、藏象理論又是不可分地連在一起，構成整套體系的。……西醫的方法是從具體到抽象，中醫

相反，有點從抽象到具體的味道，……從它那套抽象的陰陽五行的原理出發，結果卻非常具體地落實到此時此地此人此病來『辨證論治』。所以春秋朝暮，方頗不同，男女長幼，治病異樣。……中西醫治病均有常規，中醫的常規則似乎充滿著更多的靈活性、變異性和多樣性。……我常以為，現代醫學大概需要再發展幾十年之後，才可能真正科學地嚴密地解釋和回答中醫憑幾千年經驗所歸納和構造的這一整套體系。因為目前西醫的科學水平還處在局部經驗概括的理論階段，對作為整體性的人的生物——生理機制還極不了解，也就暫時還不可能真正解答中醫所提供的種種實踐經驗及其理論體系，儘管這個體系攜帶著那樣明顯的落後時代的深重痕跡，那樣直觀、荒唐、牽強、可笑」[96]。

已聞名世界的中醫針灸便是建立在經絡理論上的，經絡當然有某種尚未被發現的物質載體或媒介，如電磁、化學等，但中醫所把握的是作為信息通道的功能特徵和作為自控制自調節具有反饋作用的閉合循環的結構系統。經絡不過是中醫理論的一個部分，其實整個中醫理論都是建立在功能和結構的整體系統的把握上，要求在保持生物機體生長發展的動態平衡和自我調節的組織結構中來把握、理解和說明、治療一切的。例如中醫的臟腑理論，主要是功能整體，並非解剖學意義上的器官實體，儘管與器官實體又有聯繫。它重視的是這些功能之間的序列關係和結構聯繫，不

---

96 拙作劉長林《內經的哲學和中醫學方法論》序，科學出版社，1982年，第8～9頁。

是某些孤立器官的實體情況。而中醫的這一套卻正是以天人相比附的陰陽五行圖式作為哲理基石：

天有日月，人有兩目。地有九州，人有九竅。天有風雨，人有喜怒。天有雷電，人有音律。天有四時，人有四肢。天有五音，人有五臟。天有六律，人有六腑。地有十二經水，人有十二經脈。歲有三百六十五日，人有三百六十五節。[97]

可以與董仲舒對照一下：

人有三百六十節，偶天之數也。形體骨肉，偶地之厚也。上有耳目聰明，日月之象也。體有空竅理脈，川谷之象也。心有哀樂喜怒，神氣之類也。……人之身，首坌員，象天容也。發，象星辰也。耳目戾戾，象日月也。……小節三百六十六，副日數也。大節十二分，副月數也。內在五臟，副五行數也。外有四肢，副四時數也，乍視乍瞑，副晝夜也。乍剛乍柔，副冬夏也。乍樂乍哀，副陰陽也。[98]

這兩者不基本相同嗎？同樣的荒謬附會和絕對錯誤[99]。然而

---

97 《黃帝內經・靈樞・邪客》。

98 《春秋繁露・人副天數》。

99 下面是產生在兩千年前而幾乎迄今在中醫理論中仍保存流行的五行分類

它們又有同樣科學的地方：例如，「天將陰雨，人之病故為之先動，是陰相應而起也。……病者至夜而疾益甚，雞至幾明皆鳴而相薄，……陰陽之氣因可以類相損益也」[100]。這與《內經》所講

圖式。其中牽強附會的荒謬處很容易看出，但其中合理的類別同構是否隱藏著深刻的機制內容，卻更值得注意深究。

五行	木	火	土	金	水
方	東	南	中	西	北
季	春	夏	長夏	秋	冬
穀	麥	菽	稷	麻	黍
氣	風	暑	濕	燥	寒
時	平旦	日中	日西	日入	夜半
應	生	長	化	收	藏
味	酸	苦	甘	辛	鹹
聲	角	徵	宮	商	羽
色	青	赤	黃	白	黑
官	目	舌	口	鼻	耳
臟	肝	心	脾	肺	腎
腑	膽	小腸	胃	大腸	膀胱
體	筋	脈	肉	皮毛	骨
志	怒	喜	憂	悲	恐
聲	呼	笑	歌	哭	呻
脈	弦	洪	濡	浮	沈
⋮	⋮	⋮	⋮	⋮	⋮

100 《春秋繁露·同類相助》。

的人的生理病理相去並不遙遠，都是用物質性的陰氣陽氣之類來
解說天（晝夜）人（體質、疾病）感應的道理。又如，董仲舒與
《內經》都認為異質事物因結構位置同而可以相互影響，如夏、
南風、炎熱、火、晝、赤（色）、苦（味），或冬、北風、寒冷、
水、夜、白（色）、甘（味）均有系列的類別聯繫，即質異而構
同，可以相互作用。正如董仲舒的政治理論中談了好些人體生理
上的「天人感應」一樣（如《春秋繁露‧循天之道》篇），《黃帝
內經》的醫學理論也談了好些政治上的「天人感應」，如：「東方
生風，風生木，其德敷和，其化生榮，其政舒啟，其令風。……
西方生燥，燥生金，其德清潔，其化緊斂，其政勁切。……有德
有化，有政有令，有變有災，而物由之，而人應之也」[101]等等。
儘管它們各自具有不同的身分，其中意識形態和學術真理的成分
大不一樣，但作為當時時代的哲學世界觀即這個系統論宇宙圖式，
卻是相當一致的。漢武帝說，「蓋聞『善言天者，必有徵於人。善
言古者，必有驗於今』」[102]。「（黃）帝曰：善。……余聞之，善言
天者，必應於人。善言古者，必驗於今。善言氣者，必彰於物。
善言應者，因天地之化。善言化言變者，通神明之理」[103]。這也
是基本一致的。一個從政治出發，一個從醫學出發，卻都要大講
天人、古今，都尋求其中相通而互感的共同律則。這就是當時的

---

101 《黃帝內經‧素問‧氣交變大論》。

102 《漢書‧董仲舒傳》。

103 《黃帝內經‧素問‧氣交變大論》。

時代精神。在中國古代哲學中,「天人」與「古今」總連在一起,從《易傳》、《呂覽》、《淮南》以及陰陽家到董氏都如此。「天人之征,古今之道也。孔子作《春秋》,上揆之天道,下質諸人情,參之於古,考之於今」[104]。把自然哲學和歷史哲學混合等同起來,是值得注意的中國哲學的重要特點。

今天盡可嘲笑、咒罵它們的荒謬絕倫。但是不是也應該注意其中的重要的基本觀念——強調天與人、自然與社會以及身體與精神必須作為和諧統一的有機生命的整體存在,仍然有一定價值和意義呢?如何協調人(包括個體與集體)與環境、社會、自然之間既改造又適應的合理的動態平衡關係,在今日不也仍然是一大問題麼?這還不僅是環境保護、生態平衡、人體生理如何與大自然相協調之類的問題,而且還涉及如何使人的心理、精神狀態與大自然相一致、合節拍之類更深刻的課題。例如現代醫學的「生物鐘」學說便可以與《內經》講的四時晝夜與人氣的不同狀態如「子午流注」等等聯繫起來。現代系統論裡講的功能與結構的複雜關係,如同一結構可有不同功能,同一功能可有不同結構,也與《內經》講的同病異治、異病同治等等有可相聯繫的地方。當然應注意古代與近代科學水平的本質差異。但總起來,這是如何能使人的存在與自然存在相統一相一致的巨大問題。所有這些雖遠非這種原始系統論思想和古老粗陋的圖式所能解釋,但在那樣遙遠的時代,就建構起這樣一種潛藏著重大問題的宇宙論,卻不

---

104 《漢書·董仲舒傳》。

能不說是一種突出成就。

五行圖式的歷史影響

　　如前所說，這個系統論宇宙圖式的建成非朝夕之功。而當它已經構成並取得了在社會意識和學術思想中的支配地位後，其強大久遠的影響，也不是朝夕間所能消失的。相反，它在中國成了一種極為頑固的傳統觀念和思維習慣。

　　最直接的惡劣影響便是產生了西漢末年大流行、東漢正式官方化、並的確搞得烏煙瘴氣、被哲學史家們歸罪於董仲舒開其端的所謂讖緯神學。說是「神學」，有點抬高了，因為它只是一種非常簡單幼稚的迷信觀念，主要用作一時的政治宣傳和神祕信仰，很難夠得上什麼學說理論。在日常社會生活中，實際上也並不占有什麼重要位置，東漢以後就逐漸銷歇。它並不能代表上述系統論宇宙圖式的真正影響。真正更為實在和更為長久的影響，是五行圖式在中國社會思想和觀念形態許多領域的多方面滲透。這造成了許多貌似科學實際荒謬的偽理論，它們歷數千年而不衰，在公私生活中起作用，成了行為中和思想中的不自覺的模式、習慣。甚至在今日，時時還沈渣泛起。不是至今還有人相信「風水」（死人所葬地理位置能夠影響活人命運），不是還有人相信占卜推算

嗎？……所有這些的理論依據和思維模式，便都與這個系統論宇宙圖式的五行、陰陽、「天人感應」等等有關。它們貌似「客觀」和科學，有經驗，有理論，並且有沿襲數千年的信仰傳統。它們甚至可以振振有詞地說：中醫的陰陽五行不是靈驗麼？那麼，風水八字的陰陽五行為什麼不可以靈驗呢？……

　　這還不過是些外在現象，也許更重要的是這種五行圖式宇宙論給人們心理結構上帶來的問題。例如滿足於這種封閉性的實用理性的系統，既不走向真正的科學的經驗觀察、實驗驗證，又不走向超越經驗的理論思辨和抽象思維。中國的思維傳統和各種科學（甚至包括數學）長久滿足和停步於經驗論的理性水平[105]。這一缺陷恐怕與這種早熟型的系統論思維也有關係。因為在這種系統論裡，似乎把所有經驗都安排妥貼了，似乎一切問題都可以在這系統中求得解決，從而不要求思維離開當下經驗去作超越的反思或思辨的抽象以更深地探求事物的本質。所以，不是中國人缺乏抽象思辨的能力和興趣，先秦的名家、墨辯證實了相反的情況；

---

[105] 愛因斯坦曾有一段名言：「西方科學的發展是以兩個偉大成就為基礎，那就是希臘哲學家發明形式邏輯體系（在歐幾里德幾何學中），以及通過系統的實驗發現有可能找出因果關係（在文藝復興時期）。在我看來，中國的賢哲沒有走上這兩步，那是用不著驚奇的。令人驚奇的倒是這些發現（在中國）全都做出來了」（《愛因斯坦文集》第 1 卷，商務印書館，1976 年，第 574 頁）。這話提出了好些值得中國哲學史研究者注意的問題。我以為，中國只是在經驗論的水平上而並沒有在抽象思辨的水平上「做出」西方科技成就，這極大地限制了科學發展的飛躍。

而是思維被這種經驗系統束縛住、規範住了，成了一種既定的傳統習慣和心理模式；同時，也是由於注重系統整體，便自覺不自覺地相對輕視、忽略對眾多事物和經驗作個別的單獨的深入觀察和考查，具體事物的分析、剖解、實驗被忽視了。就是中醫，也由於滿足於這個行之有效的經驗系統，從而不再重視人體解剖，而長久發展緩慢，很少有重大的突破和更新。應該說，這些都是這種直觀的、原始的、早熟型的（因之實際上是不成熟的）宇宙論系統圖式所帶來的傳統思維結構上的弱點與缺陷。

　　不僅如此，它可能還帶來整個精神面貌和民族性格上的問題。這種宇宙圖式具有封閉性、循環性和秩序性的特徵。封閉性能給人們心理、性格以自我滿足感。它可以表現為虛驕自大，固執保守，認為本系統內應有盡有，完整無缺，不必外求。循環論則否定真正的進化，從而向前只不過是復古，歷史的演變不過是天道的循環，「天下合久必分，分久必合」。秩序性更帶來所謂安分守己，聽天由命，認為任何努力無不受既定秩序圖式（天道）的限制和制約，自認已被規範在某種既定位置上和處在這個不能逃脫的圖式網絡中，「思不出位」，逆來順受，培養奴性，不敢說「不」；個體價值完全從屬於這個作為外在權威的超個性的普遍秩序，鎖禁在這個封閉的組織網羅中。於是，君懷臣忠，父慈子孝，夫唱婦隨，成了人們安心奉行的長久而普遍的宇宙法規。宋儒後來倡導的那一套「天理」論之所以能長期控制人們的心靈，恐怕也與早在秦漢時代便在人們生活中開始滲透並成為傳統的這種宇宙圖式觀有關。周而復始很少變動的農業小生產，自給自足的封

閉的自然經濟，久遠強固的宗法血緣的規範，則是維持這套宇宙觀強大的現實基礎。

　　然而，事情又總是複雜的。這種封閉、循環、講求秩序的宇宙論系統圖式又可以給人們心理以某些積極的東西。它一方面有排斥外物的封閉性，另方面又可以有吸收消化外物以成長自己的寬容性和靈活性。例如，它仍然允許外來宗教在不危及儒學基本政教結構的情況下並存和發展，隨人們自由信仰。長久的中國歷史上除三武滅佛有其政治經濟原因並只占有極為短暫的時期外，從來沒有發生過殘酷的宗教戰爭、宗教酷刑。這是因為這個圖式本身仍然要求一定的運動、變換、更新，以適應環境、調節自身，才能維持本系統的生存，即所謂「窮則變，變則通，通則久」。從漢唐歷史看，中國並不拒絕而是樂於吸取和消化外來事物，只要它們不在根本原則上與本系統相衝突。又如，一方面是相信命定、否認進化的循環論，另方面，它又可以成為富有韌性、堅持奮鬥的信念基礎，中國人很少真正徹底的悲觀主義，他們總願意樂觀地眺望未來，即使是處在極為困難的環境裡，他們也相信終究有一天會「否極泰來」，「時來運轉」，因為這是符合「天道」或「天意」（客觀運轉規律）的。「天道」或「天意」既是一種循環無端的客觀運轉[106]，從而也就不大相信能隨意主宰的人格神（宗教）。再如，上述秩序性使人保守怯懦，不敢冒險，另方面又教育人們

---

106 這又與在中國上古已相當發達的天文學、占星術有關，它們在形成陰陽五行學說中起了很重要的基幹作用，所謂「究天人之際」即來源於此。

作事做人要照顧整體和把握全局，不走極端，以便取得整體的均衡，保持生活、身體、人際關係的和諧與穩定；從而個體也就可以在這系統中獲得歸屬感，不致感到孤獨、淒涼、荒謬、無依無著而需要皈依上帝……。長處與弱點，優點與缺陷，本就這樣不可分割地牽連揉合在一起。我曾說過，「像《內經》這部書所表現的中國哲學的特徵就極為鮮明：陰陽互補、五行反饋、動態平衡、中庸和諧、整體把握……這樣一些思維方法、觀念、習慣乃至愛好，不是至今在中國人的實際生活中仍然起作用麼？」[107] 應該對它們作出二分法的進一步的具體的歷史分析。當然，對今天的中國人來說，更重要的是去認識從而去衝決、打破這種封閉的傳統、習慣和觀念，不要去強調保持和「發揚」而陷入折中主義和阿 Q 悲劇的尷尬境地。

　　本文開頭曾說，秦漢時期不但在物質文明（從生產到科技）以及疆土領域上為中國後代打下了堅實的基礎，而且在精神文明方面（包括文藝、思想、風俗、習慣等等領域）也如此。正是在漢代，最終形成了中國獨特的文化──心理結構。這個文化──心理結構雖然應溯源於遠古，卻成熟於漢代。孔子繼承遠古所提出的仁學結構[108]，主要便是通過漢代一系列的行政規定如尊儒學、倡孝道、重宗法，同時也通過以董仲舒儒學為代表的「天人感應」的宇宙圖式，才真正具體地落實下來。儘管董仲舒的儒學和五行

---

107 拙作劉長林《內經的哲學和中醫學方法論》序，科學出版社，1982 年。
108 參看本書第一章。

圖式與孔子學說已有很大的不同，但孔子提出的原始儒學的基本精神——血緣基礎、心理原則、治平理想、實用理性、中庸觀念等等[109]，卻都是通過這個陰陽五行的系統圖式而保存和擴大了。並且因為有了這樣一個具有信仰以至宗教功用的宇宙圖式作為理論基石而更為加強。儒學至此進入一個新階段，它不但總結了過去，吸收、包容了法、道、陰陽各家，而且由於日漸滲透深入到整個社會生活中，開始在民族心理、性格上打上了難以磨滅的印痕，並從此不易被外來勢力所動搖。

所以，為什麼魏晉以後，佛教東來，那麼大的勢力，帝王頂禮，萬眾信從，卻仍然未能從根本上改變中國的政治、文化和思想面貌？為什麼以後許多其他宗教教派，包括凝聚力極強的猶太教和伊斯蘭教也如此？為什麼所有這些教派的信徒們反而很大一部分被漢文化所同化？為什麼中國不像西方中世紀或伊斯蘭教國家有政教矛盾或政屈從於教？佛教在南北朝時曾至少兩次被宣布為國教，為什麼在中國歷史上並沒發生持久的作用和影響？

我認為，這恐怕與秦漢時代已經確立了的這套官僚政治體制以及與之相適應的這套宇宙論系統圖式的意識形態不無關係。如

---

[109] 只有原始儒學中強調的個體人格的獨立性自主性，如孟子講的「說大人則藐之」的精神，則大為褪色。這當然主要是社會原因，氏族時代已經過去，而屈從於既定圖式則是思想原因。不過在漢代，士人用災異警告皇帝甚至要求「禪讓」，鹽鐵會議上「文學賢良」與御史大夫的激烈爭論，以及強調節操、名譽和漢末太學生運動，都還可依稀看到原始儒學精神的人格要求尚未完全喪失，與後世仍有不同。

前已說，在這個系統圖式裡，任何事物，上至皇帝，下至庶民，也包括神靈世界，都大體已被規定在確定位置上，與其他事物都有大體確定的關係、聯繫和限定，彼此都受一定的約束牽制，而最終被制約於這個系統本身。這個系統本身具有最高的權威性和可信仰性，它是「天道」、「天意」、「天」。據此，天子「受命」於「天」，皇權已經神授，皇帝循「天道」行事，擁有世上的絕對權威，因而在理論上、信仰上和實際上都不需要也不可能讓任何其他的宗教人格神再來占據首要位置，從而發生政教矛盾或政屈從於教。宗教團體也是這樣，它沒法直接插進那個已成系統的文官制度中去。相反，宗教要維持下去，還得適應和投合中國原來這套已成系統的意識形態和政教結構。所以在不斷論辯之後，沙門終於得拜天子，也出現了《報父母恩重經》等等，佛教教義和宗教力量終於屈從於傳統儒學。加上中國實用理性所包容的懷疑論精神，使中國知識分子可以不斷地從思想上批評和對抗那種種狂熱的非理性的宗教膜拜，而最終由宋明理學把漢代這種外在權威的宇宙法規轉化為道德自覺的心性理論，由宇宙圖式的客觀性變為倫理本體的主體性後，便取得了對佛教的理論勝利。宋明理學如同秦漢宇宙圖式一樣，它本身雖然不是宗教，卻包容有宗教性的內容，具有某種宗教性的性能作用，所以也不需要另外的宗教了。孔子說，「鳥獸不可與同群，吾非斯人之徒與而誰與？」[110]董仲舒說：「春秋之所治，人與我也……，以仁安人，以義正

---

110 《論語・微子》。

我」[111]。這些都指明：人之不同於動物在於能為同類作自覺貢獻，在於對自己盡道德責任（義），對別人同情、愛護（仁）；因此，個體存在的意義既不在於自身，也不在於與神交通；既不在肉體或精神的享樂，也不在來世或超度，而即在此現世人生中，在普通生活中，在「倫常日用」中，在「人──我」關係中。這個「人──我」關係不是近代資本主義中的原子式的個人，在中國古代，它被看作一個有嚴密親疏從而愛有差等的組織系統，把這個組織系統完整化並提到「天人感應」的宇宙論高度，這就是以董仲舒為代表的秦漢思想的主幹特色（說「主幹」是因為還有如王充等別的一些思想和思潮）。以前的孔子仁學主要是氏族貴族「以身作則」的道德論，到漢代就成了「天人感應」的帝國秩序的宇宙論了。它在意識形態和科學文化兩個方面都上升了一級，也為下一步魏晉本體論和宋明心性論作了理論上的足夠儲備。對於包括董仲舒哲學在內的秦漢思想，從這樣一個角度去觀察了解，也許更能明白它的歷史的意義所在。

（原載：《中國社會科學》1984 年第 2 期）

111《春秋繁露·仁義法》。有意思的是，在董仲舒這裡可說是「仁外義內」，與孟子和宋明理學頗不相同，這正好表現了宇宙系統論與心性倫理學的差異。

六、莊玄禪宗漫述

《史記》老莊申韓同傳。把老子韓非放在一起還好說，因為它們都是社會政治哲學，並在講陰謀權術上有承接處。把莊子擱在中間，則似乎總有點彆扭。莊與老有接近連續關係，但基本特徵並不相同。老子是積極問世的政治哲學；莊子則是要求超脫的形而上學。與老子以及其他哲人不同，莊子很少真正講「治國平天下」的方略道理，他講的主要是齊物我、同生死、超利害，養身長生的另外一套。

　　《史記》老莊申韓同傳。把老子韓非放在一起還好說，因為它們都是社會政治哲學[1]，並在講陰謀權術上有承接處。把莊子[2]擱在中間，則似乎總有點彆扭。莊與老有接近連續關係，但基本特徵並不相同。老子是積極問世的政治哲學；莊子則是要求超脫的形而上學。與老子以及其他哲人不同，莊子很少真正講「治國平天下」的方略道理，他講的主要是齊物我、同生死、超利害，養身長生的另外一套。

　　但《史記》把莊子放在老、韓一起，又有其充分理由。《莊子》中有許多關於社會政治的憤激之言。在這方面，莊與老確又是一脈相承的：毀仁義，抨儒墨，主張「絕聖棄知」，返乎原始，「要本歸於老子之言」。因之，在以政治哲學為頭等主題，真正思辨和情感的形而上學尚未流行的秦漢時代，司馬遷把莊子與老、韓放在一起，並只舉《莊子》外雜篇如〈漁父〉、〈盜跖〉、〈胠篋〉作為代表而不及莊之為莊的內篇，也就是完全可以理解的了。

　　但是，後世士大夫知識分子卻多半喜歡它的內篇[3]。《莊子》內篇中的思想對後來中國佛教禪宗的產生有關係，它在中國文藝發展上更產生了重要的影響，今日國外也有學人比莊子於存在主

1　參看本書〈孫老韓合說〉。

2　本文所講莊子是就《莊子》全書作為一個學派而言，不談其中的差異、矛盾（如對孔子的態度）、先後以及儒、法思想滲入諸問題。

3　王夫之《莊子解》：「內篇雖與老子相近而別為一宗，以脫卸其矯微權詐之失。外篇則但為老子作訓詁，而不能探化理於玄微」。

義[4]。所有這些都說明，莊之為莊確有其與其他哲學相區別的深刻特色，不同於儒、墨、老、韓的社會政治哲學，不同於秦漢的宇宙論哲學。以莊、禪為代表，追求理想人格和人生境界的本體論哲學，構成了中國思想發展中的另一個重要方面。

 莊子的哲學是美學

　　然而，任何人都並不能完全超越或脫離時代，《莊子》內篇與外篇之所以基本上能構成一個整體，《莊子》中的那些「洸洋自恣以適己」似乎遠離現實的思想言辭，那些似乎超時代的純哲理的人生思辨和處世智慧，又仍然是生長在莊子以及後學所屬的那個時空環境中和現實土壤上的。

　　那是一個天崩地坼、「美好」的舊社會徹底瓦解，殘酷的新制度已經來臨的時代。就是說，保存著氏族傳統的經濟政治體制的早期宗法社會已經崩潰，物質文明在迅速發展，歷史在大踏步地前進，生產、消費在大規模地擴大，財富、享受、欲望在不斷積累和增加，赤裸裸的剝削、掠奪、壓迫日益劇烈。「無恥者富，多信者顯」[5]，貪婪無恥，狡黠自私，陰險毒辣……，

4 如福永光司《莊子：古代中國的存在主義》。
5 《莊子・盜跖》，用陳鼓應《莊子今注今譯》本，中華書局，1983年。

文明進步所帶來的罪惡和苦難怵目驚心，從未曾有。人在日益被「物」所統治，被自己所造成的財富、權勢、野心、貪欲所統治，它們已經成為巨大的異己力量，主宰、支配、控制著人們的身心。

於是，莊子發出了強烈的抗議！他抗議「人為物役」，他要求「不物於物」，要求恢復和回到人的「本性」。這很可能是世界思想史上最早的反異化的呼聲，它產生在文明的發軔期。今日為哲學史家所批評的莊子那些落後、反動、倒退的社會政治思想，其實質都在此處。

> 昔者黃帝始以仁義攖人之心，堯舜於是乎股無胈，脛無毛，以養天下之形。愁其五臟以為仁義，矜其血氣以規法度，然猶有不勝也。堯於是放讙兜於崇山，投三苗於三峗，流共工於幽都，此不勝天下也。夫施及三王而天下大駭矣。下有桀、跖，上有曾、史，而儒、墨畢起。於是乎喜怒相疑，愚知相欺，善否相非，誕信相譏，而天下衰矣……[6]

不但「仁義」要不得，而且技術的進步也是要不得的：

> 夫弓弩畢弋機變之知多，則鳥亂於上矣；鈎餌網罟罾笱之知

下同。

6 《莊子·在宥》。

多，則魚亂於水矣；削格羅落罝罘之知多，則獸亂於澤矣……。[7]

子貢曰，有械於此，一日浸百畦，用力甚寡而見功多……。為圃者忿然作色而笑曰，吾聞之吾師，有機械者必有機事，有機事者必有機心。機心存於胸中則純白不備。……吾非不知，羞而不為也。[8]

那麼，怎麼辦？答案是回到最原始的遠古社會裡去：

當是時也，山無蹊隧，澤無舟梁……，同與禽獸居，族與萬物並，……民居不知所為，行不知所之，含哺而熙，鼓腹而游。[9]

臥則居居，起則于于，民知其母，不知其父，與麋鹿共處，耕而食，織而衣，無有相害之心，此至德之隆也。[10]

這自然是對原始生活的極端美化的空想。歷史上好些批判近代文明的浪漫派思想家們，從盧梭到現代浪漫派都喜歡美化和誇張自然（無論是生理的自然，還是生活的自然），認為「回到自然」才是恢復或解放「人性」。比起他們來，莊子應該算是最早也

7　《莊子・胠篋》。

8　《莊子・天地》。

9　《莊子・馬蹄》。

10　《莊子・盜跖》。

最徹底的一位。因為他要求否定和捨棄一切文明和文化，回到原始狀態，無知無識，渾渾噩噩，無意識，無目的，「居不知所為，行不知所之」，「生而不知其所以生」，像動物一樣。莊子認為，只有那樣，才能得到真正的幸福。

但歷史並不隨這種理論而轉移。從整體來說，歷史並不回到過去，物質文明不是消滅而是愈來愈發達，技術對生活的干預和在生活中的地位，也如此。儘管這種進步的確付出了沈重的代價，但歷史本來就是在這種文明與道德、進步與剝削、物質與精神、歡樂與苦難的二律背反和嚴重衝突中進行，具有悲劇的矛盾性；這是發展的現實和不可阻擋的必然。正像當年馬克思、恩格斯早已深刻論述過的資本主義在歷史上的進程那樣。因之，莊子（以及後世一些批判文明的進步思想家們）的意義，並不在於這種「回到自然去」的非現實的空喊和正面主張，而在於它們揭露了階級社會的黑暗，描述了現實的苦難，傾訴了人間的不平，展示了強者的卑劣。莊子許多否定性的言詞論斷，例如著名的「彼竊鈎者誅，竊國者為諸侯，諸侯之門而仁義存焉」[11]之類的警句，不是異常深刻尖銳，至今也保持其批判的生命力而發人深省麼？

莊子在這種文明批判中更為重要的獨特處，例如與老子大不相同的地方，在於他第一次突出了個體存在。他基本上是從人的個體的角度來執行這種批判的。關心的不是倫理、政治問題，而是個體存在的身（生命）心（精神）問題，才是莊子思想的實質。

---

11 《莊子‧胠篋》。

「故嘗試論之，自三代以下者，天下莫不以物易其性矣。小人則以身殉利，士則以身殉名，大夫則以身殉家，聖人則以身殉天下。故此數子者，事業不同，名聲異號，其於傷性，以身為殉，一也。……伯夷死名於首陽之下，盜跖死利於東陵之上，二人者，所死不同，其於殘生傷性均也」[12]，「今世俗之君子，多危身棄生以殉物，豈不悲哉」[13]。「……一受其成形，不化以待盡。與物相刃相靡，其行進如馳而莫之能止，不亦悲乎！終身役役而不見其成功，薾然疲役而不知其所歸，可不哀邪！人謂之不死，奚益？其形化，其心與之然，可不謂大哀乎？人之生也，固若是芒乎？」[14]莊子深深悲嘆人生一世勞碌奔波，心為形役，空無意義，有生如此，等於死亡。儘管從大夫到小人，從盜賊到聖賢，他們各為不同的外物所役使，或為名，或為利，或為家族，或為國事，而奮鬥，而犧牲；但他們作為殘害自己個體的身體生命，作為損害自己個體的自然「本性」，則完全相同，是同樣可悲的，都是「人（個體的身心）為物（社會化的各種存在）役」的結果。

　　有些學者曾認為莊周就是楊朱。因為他們都貴生，強調要珍視生命存在。人不要為種種「身外物」（不管是名利財產還是仁義道德）所役使，那些東西都沒有用處，沒有價值，沒有意義，只

12　《莊子・駢姆》。

13　《莊子・讓王》。

14　《莊子・齊物論》。

有人活著，才是真實的。「故曰，道之真以治身」[15]，莊子那個
「吾將處於材與不材之間」的有名故事，以及〈養生主〉中所說，
「為善無近名，為惡無近刑，⋯⋯可以保身，可以全生」等等，
都表現了莊子「保身全生」即保全生命的根本主張。

　　這固然是「今世殊死者相枕也，桁楊者相推也，刑戮者相望
也」[16]，「方今之時，僅免刑焉」[17]的動亂社會的現實恐懼的反
映；但從理論說，意識到人作為血肉之軀的存在與作為某一群體
（家、國⋯⋯）的社會存在以及作為某種目的（名、利⋯⋯）的
手段存在之間的矛盾與衝突，卻是古代思想史上一個重要的發現。
這裡也就生發出什麼才是人的「真實」存在，什麼才算是人的「本
性」的問題，也生發出人如何才能不被外在環境、條件、制度、
觀念等等所決定、所控制、所支配、所影響即人的「自由」問題。
莊子從個體角度最早接觸了這個巨大問題，這就是他的哲學主題
所在。

　　當然，莊子既不可能理解也不可能準確地提出這個問題，這
有如《德意志意識形態》中所說：「⋯⋯各個人可以看到自己的生
活條件是早已確定了的：階級決定他們的生活狀況，同時也決定
他們的個人命運，使他們受它支配，這和個人屈從於分工是同類

15　《莊子·讓王》。

16　《莊子·在宥》。

17　《莊子·人間世》。保全生命也是儒家一貫思想，「邦有道，危言危行；
　　邦無道，危行言遜」（《論語》），「國有道，其言足以興；國無道，其默足
　　以容」（《中庸》）。

現象，這種現象只有通過消滅私有制和消滅勞動本身才能消除。」
只有經過歷史進步，才能消滅私有制和異化勞動。在這之前，人
類文明史的進程中必然存在異化，想要一躍而跳過某一整個歷史
時期，要求「回復」或「恢復」人的自然「本性」，從而回到「自
由」的遠古時期去，像莊子那樣，實際是要求立即消滅私有制和
一切文明以及「勞動本身」，過動物般的渾渾噩噩無知無識的生
活，卻是現實地不可能的，這只是開歷史的倒車而已。因為所謂
人的「本性」、「獨立」、「自由」和所謂人的「真實存在」，都只能
是歷史具體的。自然性並不就是「人的本性」，動物性的個體自然
存在也並不自由。動物性的自然生存並非人的自由理想。同時，
個體的人作為自然軀體也總是要死的，保身並不能永生。

　　這一點莊子自然知道[18]。從而，如何超脫苦難世界和越過生
死大關這個問題，正由於並不可能在物質世界中現實地實現，於
是最終就落腳在某種精神——人格理想的追求上了。個體存在的
形（身）神（心）問題最終歸結為人格獨立和精神自由，這構成
莊子哲學的核心。

　　莊子為塑造這個理想人格而竭力張大其詞，極盡誇張描繪之
能事。從〈逍遙遊〉中的那許多飄飄然的美麗的形象故事，到所
謂「至人」「真人」「神人」的高級稱謂的提出，表明這才是莊子

---

18 關於莊子有否神仙家思想問題，本文暫不涉及。亦可參看 Herrlee G.
　Creel, *What Is Taoism*，Creel 過分強調成仙（生死）與哲學沈思的矛盾，
　而未注意它們正好在莊所追求的人格問題上統一了起來。

所要追求的東西。莊子對這個理想人格的追求，是通過對「道」
的論證來展開和達到的。這就是他的本體論的哲學。

　　「道」在莊子哲學中是一個異常複雜的概念。哲學史家們關
於它有許多爭論。有的解釋「道」是精神，有的卻認為是物質，
有人又判斷它為上帝。有的說「道」是客觀的，有的說「道」是
主觀的……。總之它的特徵似乎是無所不在而又萬古長存。它先
於天地，早於萬物，高於一切，包括高於鬼神、上帝、自然、文
明，它是感官所不能感知，思辨所不能認識，語言所不能表達，
而又能為人們所領會所通曉。它無意志，無願欲，無人格，無所
作為，而又無所不為。莊子說：

　　夫道，有情有信，無為無形；可傳而不可受，可得而不可見；
自本自根，未有天地，自古以固存；神鬼神帝，生天生地；在太
極之上而不為高，在六極之下而不為深，先天地生而不為久，長
於上古而不為老。[19]

　　……所謂道，惡乎在？莊子曰：無所不在，……道不可聞，
聞而非也；道不可見，見而非也；道不可言，言而非也！知形形
之不形乎！道不當名。……道無問，問無應。[20]

　　這是一個充滿了神祕感的無限實體。那麼這個實體的特徵是

---

19 《莊子・大宗師》。
20 《莊子・知北遊》。

什麼呢？

　　老子曾說，「道法自然」；「失道而後德，失德而後仁」；「為道者日損，損之又損，以至於無為。」等等……，在這裡，老莊的「道」又確乎是一致的。就是說，「道」的特徵在於自自然然，毫不作為。所以，它在一切之上又在一切之中。這正是人所應該崇拜學習的：

　　吾師乎！吾師乎！齏萬物而不為義，澤及萬世而不為仁，長於上古而不為老，覆載天地、刻雕眾形而不為巧，此所遊已！[21] 夫天籟者，吹萬不同，而使其自己也。咸其自取，怒者其誰邪？[22]

　　一切事物都是有生死始終的，都局限在一定具體的時空範圍內。只有這個「道」是超越這一切的。它無始終，無生死，無喜怒，無愛惡。它表現為萬物的自生自化，它自身也就在這萬物之中。「天不得不高，地不得不廣，日月不得不行，萬物不得不昌，此其道與」[23]。所以它是一切，而一切也即是這個「一」。

　　值得指出的是，這個充滿了泛神論色彩的本體論，在莊子哲學中並非真正的宇宙論。莊子的興趣並不在於去探究或論證宇宙的本體是什麼，是有是無，是精神是物質；也不在於去探究論證

21 《莊子·大宗師》。
22 《莊子·齊物論》。
23 《莊子·知北遊》。

自然是如何生成和演化……。這些問題在莊子看來毫無意義。他之所以講「道」，講「天」，講「無為」、「自然」等等，如同他講那麼多「謬悠之說，荒唐之言，無端崖之辭」[24]，講那麼多的寓言故事一樣，都只是為了要突出地樹立一種理想人格的標本。所以他講的「道」，並不是自然本體，而是人的本體。他把人作為本體提到宇宙高度來論說。也就是說，他提出的是人的本體存在與宇宙自然存在的同一性。

在莊子看來，這個人的本體存在，由於擺脫了一切「物役」從而獲得了絕對自由，所以他是無限的。他「物物而不為物所物」，他能作逍遙遊，「背負青天，而莫之夭閼者」。他「無所待」，不受任何現實關係的規定、束縛、限制，從而「大澤焚而不能熱，河漢沍而不能寒，疾雷破山而不能傷，飄風振海而不能驚。若然者，乘雲氣，騎日月，而遊乎四海之外，死生無變於己，而況利害之端乎！」[25]連生死都對他無影響，更何況利害？更何況種種世俗「塵垢」？而這就是「至人」、「真人」、「神人」、「大宗師」——一句話，即莊子的理想人格。所以，我倒同意一本不被人注意的《哲學史》中表達的這種傳統論斷：「莊子真實學問在〈大宗師〉一篇。所謂大宗師，何也？曰道也。明道也，真人也，大宗師也，名雖有三，而所指則一也。特以其本體言之，則謂之道。以其在人言之，則謂之真人，謂之大宗師耳。莊子惟得乎此，故能齊生

---

24 《莊子·天下》。

25 《莊子·齊物論》。

死，一壽夭，而萬物無足以攖其心者。……皆當生死之際而安時
處順，哀樂不入。……今人談莊子，不與此等處求之……抑所謂
棄照乘之珠而寶空櫝者，非歟？」[26]

　　本體論如此，認識論亦然，也是為了論證這個獨立自足、絕
對自由的無限人格本體的。莊子的相對主義、虛無主義、不可知
論，都是為了指明一切具體的事物的存在、變化，包括所謂有無、
大小、是非等等，都是有限的、局部的、不確定和無意義的，不
必去深究探討，否則將只是可笑的徒勞。因為「天地與我並生，
萬物與我為一」，本是一個混沌、完全、齊備的整體（「道」「一」
「全」），如果硬要分出有無、是非、大小等等來認識，弄出種種
區別，就會失去了那真實的本體存在。「故分也者，有不分也；辯
也者，有不辯也」；「夫大道不稱，大辯不言，大仁不仁……」[27]，
各種知識都是局部、相對、有限而不真實的。真實的「知」，正是
「知止其所不知」。它是不能用語言、概念、判斷、邏輯而只能用
直接的體驗才可以把握和達到。「夫知者不言，言者不知，故聖人
行不言之教」[28]；「孰知不言之辯，不道之道？若有能知，此之謂
天府。注焉而不滿，酌焉而不竭，而不知其所由來，此之謂葆
光」[29]。總之，無論本體論或認識論，莊子都要求人應該仿效自

---

26 鍾泰：《中國哲學史》，商務印書館，1929 年，第 43 頁。
27 《莊子・齊物論》。
28 《莊子・知北遊》。
29 《莊子・齊物論》。

然事物，既無知識又無願欲，任憑那無意識無目的而又合規律的客觀過程自然運行，莊子認為只有這樣才合乎「道」。「古之真人，不知說生，不知惡死；其出不訢，其入不距；翛然而往，翛然而來而已矣，……是之謂不以心損道，不以人助天，是之謂真人」[30]。「何謂天？何謂人？北海若曰：牛馬四足，是謂天；落馬首，穿牛鼻，是謂人。故曰，無以人滅天」[31]。一切人為，一切人的有意識有目的活動、認識、思慮、打算，都只是對「道」的損傷。「道」是「天」，是「一」，是「全」，是「混沌」整體；「人（為）」是「偏」，是「虧」，是「分」，是「日鑿一竅，七日而混沌死」。

那麼，怎樣才能現實地達到這個與「道」同體的理想人格呢？既然「道」是「無為」，是順應自然，那麼人就應該「安時而順處」，對一切都無所謂：「呼我牛也而謂之牛，呼我馬也而謂之馬」[32]，「不樂壽，不哀夭；不榮通，不醜窮」[33]，「知其不可奈何而安之若命，德之至也」[34]，「生死存亡，窮達貧富，賢與不肖毀譽，飢渴寒暑，是事之變，命之行也」[35]，這也就是聽天由命，毫不作為。可見，既然不主張通過活動去改變生死、存亡、貧富、

---

30 《莊子‧大宗師》。

31 《莊子‧秋水》。

32 《莊子‧天道》。

33 《莊子‧天地》。

34 《莊子‧人間世》。

35 《莊子‧德充符》。

毀譽等等現實的限制和束縛，那麼人的所謂「絕對自由」、「獨立自足」，便都不存在於現實生活和社會行為的有意識的選擇和主動活動中；從而這種所謂「自由」「自足」和「超越」世俗塵垢，實質上不過是一種心理的追求和精神的幻象而已。莊子是通過「心齋」「坐忘」等等來泯物我、同死生、超利害、一壽夭，而並不是通過主動選擇和現實行動來取得個體獨立的。著名的莊周蝴蝶寓言和同樣著名的莊子妻死鼓盆而歌的故事，都在點明，所謂夢、醒和死、生，是可以從精神上予以超越的。把夢醒生死加以確定、區別和規範，是執著於不真實的現象的片面，被不真實的外在的有限事物所束縛、所局限住了，心靈沒有得到解放。只有從心理上完全泯滅它們，視同一體，「惡識所以然，惡識所以不然」，「不知周之夢為蝴蝶歟？蝴蝶之夢為周歟？」[36]這才與整個自然、整個宇宙合而為一，「未始有物，與道同一」，這才能體驗到真正的生命秩序。這才是「安時而處順，哀樂不能入」。這才是能「入水不濡，入火不熱」「御六氣之變以遊無窮」的「至人」、「真人」、「神人」。而這，也就是莊子哲學的最後制高點。

　　莊子以這種精神狀態作為理想人格的本質特徵，並以神祕的「心齋」、「坐忘」、「形如槁木，心如死灰」、「嗒焉似喪其耦」以及種種醜陋形貌來描述其外在狀態，目的都在強調要把一切為仁為義為善為美為名為利等等所奴役所支配所束縛的「假我」、「非我」統統捨棄掉。只有「吾喪我」，才能達到或取得真吾（我）。

---

36 《莊子・齊物論》。

這種「真我」才是如宇宙那樣自自然然地讓合規律性與合目的性融為一體，主觀即客觀，規律即目的，人即自然。這也就是「道」。所以，莊子所追求的最高理想並不是某種人格神；它所描述和追求的只是具有這種心理——精神的理想人格。莊子哲學並不以宗教經驗為依歸，而毋寧以某種審美態度為指向。就實質說，莊子哲學即美學[37]。他要求對整體人生採取審美觀照態度：不計利害、是非、功過，忘乎物我、主客、人己，從而讓自我與整個宇宙合為一體。所謂「天地有大美而不言」[38]，所謂「無不忘也，無不有也，澹然無極而眾美從之」[39]，都是講的這個道理。所以，從所謂宇宙觀、認識論去說明理解莊子，不如從美學上才能真正把握住莊子哲學的整體實質。

正因為是美學而非宗教，所以莊子並不要去解決個體對死亡的恐懼與哀傷，也並不追求以痛苦地折磨現世身心生存，來換取靈魂的解救與精神的超越。莊子並不像西方的基督教或近代的陀斯妥也夫斯基 (Dostoevsky) 或基爾凱戈爾 (Kierkegaard)，他也不像佛教那樣否定和厭棄人生，要求消滅情欲。相反，莊子是重生的，他不否定感性。這不僅表現在前述的「保生全身」、「不夭斤斧」和「安時處順」等方面，而且也表現在莊子對死亡並不採取

---

37 參看李澤厚、劉綱紀《中國美學史》第 1 卷。該處講莊子較詳，本文從簡。

38 《莊子·知北遊》。

39 《莊子·刻意》。

宗教性的解脫而毋寧是審美性的超越上。他把死不看作拯救而當作解放，從而似乎是具有感性現實性的自由、快樂。「死，無君於上，無臣於下；亦無四時之事，從然以天地為春秋，雖南面王樂，不能過也」[40]。這雖然是寓言，但強調的仍然是「樂」。這種「樂」雖已不是世俗的各種感性快樂，但又並沒有完全脫離感性的「樂」。故意捨棄和否定感性快樂以尋找超驗，強調通過痛苦（感性快樂的反面）才能獲得「神寵」達到「至樂」，這是一種有為，是恰恰和莊子哲學相矛盾的。莊子追求、塑造和樹立的是一種自自然然的一死生、泯物我、超利害、同是非的對人生的審美態度，認為這就是「至樂」本身，儘管「形如槁木，心如死灰」。

所以，表面來看，莊、老並稱，似乎都寡恩薄情；其實莊、老於此有很大區別。老子講權術，重理智，確乎不動情感；「天地不仁，以萬物為芻狗；聖人不仁，以百姓為芻狗。」莊子則道是無情卻有情，外表上講了許多超脫、冷酷的話，實際裡卻深深地透露出對人生、生命、感性的眷戀和愛護。這正是莊子的特色之一：他似乎看透了人生和生死，但終於並沒有捨棄和否定它。「與物為春」[41]，「萬物復情」[42]，「喜怒通四時，與物有宜而莫知其極」[43]，「與天和者，謂之天樂」[44]……，談「春」、說「情」、重

---

40 《莊子·至樂》。

41 《莊子·德充符》。

42 《莊子·天地》。

43 《莊子·大宗師》。

44 《莊子·天道》。

「和」，都意味著並不把自然、世界、人生、生活看作完全虛妄和荒謬。相反，仍然執著於它們的存在，只是要求一種「我與萬物合而為一」的人格觀念。莊子對大自然的極力鋪陳描述，他那許多瑰麗奇異的寓言故事，甚至他那洸洋自恣的文體，也表現出這一點。比較起來，在根本氣質上，莊子哲學與儒家的「人與天地參」的精神仍然接近，而離佛家、宗教以及現代存在主義反而更為遙遠。

所以，以莊子為代表的道家，實際上是對儒家的補充，補充了儒家當時還沒有充分發展的人格——心靈哲學，從而也在後世幫助儒家抵抗和吸收消化了例如佛教等外來的東西，構成中國傳統的文化——心理結構中的一個很重要的方面。當然，莊子哲學認為人的有意識有目地生存活動竟完全可以如同大自然那樣無意識無目的地自然運行，這是完全空想的；從而它所提出的絕對自由的理想人格，如前所述，便只能是一種虛構。因為個體的人的真正身心自由來自人類集體在實際上支配事物的必然性並使自然人化的結果。莊子所採取的所謂「超越」，恰好是對物的必然性（包括所產生的各種「物役」現象的歷史必然性）的逃避，這實際不可能成功。莊子哲學的確給中國文化和中國民族帶來許多消極影響，它與儒家的「樂天知命」、「守道安貧」、「無可無不可」等等觀念結合起來，對培植逆來順受、自欺欺人、得過且過的奴隸性格起了惡劣的作用。

(二) 人格本體論

　　雖然就整體說，莊子哲學在以征服外在環境、以社會生產發展和世俗生活豐滿為特色的秦漢時期，看不到多少重要影響，似乎被沈埋起來，直到魏晉時期才被重新發現；但有一點仍值得注意，即自先秦到魏晉、在兩漢也始終未斷的養生學說與莊子的關係。王夫之《莊子解》注解〈養生主〉中「緣督以為經」說，「身前之中脈曰任。身後之中脈曰督。……緣督者，以清微纖妙之氣，循虛而行，止於所不可行而行自順」等，這就是從醫學角度來解釋的。「任」「督」二脈的運行理論是講究養生保身的中醫氣功的要領，直到今天仍然如此。莊子在〈養生主〉等許多篇章中所講到的許多養生道術，以及所謂「心齋」「坐忘」「至人之呼吸以踵」之類，恐怕與氣功中的集中意念以調節呼吸等等有關。從馬王堆出土的導引圖等等可以推知，這一套在漢代社會中也是相當流行的。

　　綿延到六朝，如《抱朴子》，外篇講儒家治國平天下的一套，內篇卻大講修煉、長生、登仙。這時的莊子哲學大概已經與秦漢以來的神仙家、民間道教系統混雜在一起了。對長生、成仙等等的肯定和追求，一方面固然是對莊子哲學的庸俗化[45]，因為莊子

---

[45] 這只是就理論層次說的。《抱朴子》中如「得仙道者，多貧賤之士，怕勢位之人」，「夫有道者，視爵位如湯鑊，見印綬如縗絰，視金玉如糞土，

哲學的精神並不在此。但同時又可以說是莊子講的「養身全生」
思想在醫學、生理學上的發展和「落實」。

　　這種養生理論與例如《內經》——漢代思想不同處在於：後
者以一套整體宇宙論系統為背景和基礎，前者卻主要以單個人體
為對象和目標；後者的精神和主幹是儒家，前者是道家——莊子。
但是，由於同作為中國的醫學生理學，又仍有其共同思想基礎，
它們二者很快就合在一起了。這種合流也有它的淵源。早在先秦，
孟子的「我善養吾浩然之氣」等等，與莊子就可以有相通之處。
只是孟子與五行說相聯繫終於在漢代構造成龐大宇宙論體系，莊
子則始終以個體身心為中心，認為只要個體完善了，自由了，天
人關係和人際關係自然沒問題。儒家是從人際關係中來確定個體
的價值，莊學則從擺脫人際關係中來尋求個體的價值。

　　所以莊子在魏晉之際突然大流行，是很自然的事。當時，舊
的規範制度和社會秩序已經崩潰，戰亂頻仍，人命如草，「正是對
外在權威的懷疑和否定，才有內在人格的覺醒和追求。也就是說，
以前所宣傳和相信的那套倫理道德，鬼神迷信，讖緯宿命，煩瑣
經術等等規範、標準、價值，都是虛假的或值得懷疑，它們並不
可信或並無價值，只有人必然要死才是真的，只有短促的人生中
總充滿那麼多的生離死別、哀傷不幸才是真的」[46]。於是要求徹

睹華堂如牢獄……」（《抱朴子·論仙》），則仍然是繼承莊子，與郭象不
同，見後。

46 參看拙作《美的歷程》第五章第一節。

底擺脫外在的標準、規範和束縛，以獲取把握所謂真正的自我，便成了魏晉以來的一種自覺意識。桓溫問殷浩，「卿何如我？殷云，我與我周旋久，寧作我」[47]。對自我第一的肯定，對外在標準（包括權勢名利）的卑視，不管實際是否做到，在當時哲學上卻非常重要。人（我）的自覺成為魏晉思想的獨特精神，而對人格作本體建構，正是魏晉玄學的主要成就。

在這意義上，玄學便是莊學。誠然，何（晏）王（弼）在建立「以無為本」的本體理論時，主要取源於老而不及莊。並且仍然以儒學為宗，孔仍在老之上。真正從理論上和行動上反儒崇莊的，應推嵇（康）阮（籍）。正是他們使莊學在中國意識形態上留下了不可磨滅的印痕。不但所謂竹林傳說對當時及後代起了很大影響，而且他們的確比較忠實地繼承和現實地表現了莊學。當然，就是他們，對儒學態度也非常矛盾複雜：儘管「非湯武而薄周孔」（嵇），「汝君子之處寰區之內，亦何異夫虱之處褌中乎」（阮），有如魯迅所言，「因為他們生於亂世，不得已，才有這樣的行為，並非他們的本態」[48]。但有一點卻又是他們的本態，即對莊子所描述的理想人格的嚮慕。他們把這種人格看作是最高標準，是與一切世俗常人迥相區別的「大人」：「夫大人者，乃與造物同體，天地並生，逍遙浮世，與道俱成，變化散聚，不常其形」[49]。

---

47 《世說新語‧品藻第九》。

48 《而已集‧魏晉風度及藥與酒的關係》。

49 《阮籍集‧大人先生傳》。

　　這裡重要的是，他們一方面服藥行散以求長生，追求形（身體）的成仙，而同時又重視養形必需養神，更求神（心靈）的超脫。「養生在於養神者見於嵇康，則超形質而重精神」[50]。形神問題之所以自這時起占居哲學（「形神之辨」）和藝術（「以形寫神」）的中心，是與此有關的。在莊子那裡，本已有「神以守形」、養神以全生保身的理論，加上從《人物志》以來用觀察神形以品議人物的社會風尚和政治標準，使得對個體人格（包括形神兩個方面，而以後者為主）的追求和標榜，成為哲學論議的主題。為司馬遷所推重的莊學的政治批判方面也在這個時期相配合地得到了繼承和發展，例如嵇、阮的「無君臣」的觀念以及鮑敬言的無君論等等。儘管比起形神問題，它們處於次要地位。

　　如果從理論傾向和哲學深度講，則應該把嵇、阮的莊學與何、王的老學連結起來。何、王的老學已經不同於《老子》原本，他們所主張的「以無為本」，是要求從種種具體的、繁雜的、現實的從而是有限的、局部的「末」事中超脫出來，以達到和把握那整體的、無限的、抽象的本體。這個真實本體是任何語言、概念、形象、思慮所不可窮盡的。人們只是借這些東西以體驗和把握它，既把握了它，則這些東西便可以捨棄和忘掉；並且只有捨棄和忘掉，才可能真正最終達到那個本體。因為有言則有分，「有分則失其極矣」，「予欲無言，蓋欲明本。舉本統末，以示物於極者

---

50 湯用彤：〈魏晉玄學和文學理論〉，《中國哲學史研究》1981 年第 1 期，
　　第 38 頁。

也。……是以修本廢言，則天而行化」[51]。「道者，無之稱也，無
不通也，無不由也。況之曰道，寂然無體，不可為象。是道不可
體，故但志慕而已」[52]。王弼等人是從儒家治理天下的角度來談
論這個本體的，他們認為這個本體之所以重要正是因為它是統治
的理論：「夫眾不能治眾，治眾者，至寡者也。夫動不能制動，制
天下之動者，貞夫一者也」[53]。這也就是說，不應再以漢代那種
繁複運轉的宇宙論系統圖式，而應以這個可以包容一切、「無為而
無不為」的「道」「一」來作為統治天下的理論基礎。

　　但重要的是，這個「無」的本體，與其說是宇宙的本體，又
不如說是人格的本體。與莊子哲學一樣，玄學實際上是用人格的
本體來概括、統領宇宙的。魏晉玄學的關鍵和興趣並不在於去重
新探索宇宙的本源秩序、自然的客觀規則，而在於如何從變動紛
亂的人世、自然中去抓住根本和要害，這個根本和要害歸根結蒂
是要樹立一個最高統治者的「本體」形象。所以儘管玄學講了許
多有無、本末、言意、形神……，但問題的核心仍然是如何才能
成為統治萬方的「聖人」。而王弼之所以高於何晏，也在於：「何
晏以為聖人無喜怒哀樂……弼與不同，以為聖人茂於人者，神明
也；同於人者，五情也。神明茂，故能體沖和以通無；五情同，
故不能無哀樂以應物。然則聖人之情，應物而無累於物者也」[54]。

---

51 《王弼集校釋》，中華書局，1980 年，第 633 頁。

52 同上書，第 624 頁。

53 同上書，第 591 頁。

54 《王弼集校釋》，中華書局，1980 年，第 640 頁。

這不正是莊子的「應物無方」的政治運用麼？可見，王弼之區分
「本」與「末」、「一」與「多」、「靜」與「動」，強調把紛繁多
樣、運動變化的現象世界與虛靜而一的本體世界劃分開來，目的
並非解說或針對宇宙、自然，而主要是在探索和樹立某種作為能
主宰、支配、統治萬事萬物的社會政治上的理想人格（「聖人」）。
這種人格（「性」、本體）由於具有潛在的無限可能性，從而就可
以展開、呈現為多樣的現實性。他就能「應萬物而不為物所累」，
可以日理萬機而仍怡然自適，他無為而無不為。因為「外在的任
何功業、事物都是有限和能窮盡的，只有內在精神本體才是原始、
根本、無限和不可窮盡，有了後者（母）就可以有前者
（子）」[55]。這也就是所謂只有「聖人」才能「體無」的真實含
意。「無為」本是道家早有的「君人南面之術」[56]，王弼把這一政
治理論提到了哲學本體論的高度上。所以說，魏晉玄學中的「無」
的主題恰恰是人的探索。可見，王、何的老學與嵇、阮的莊學，
儘管並不相同，一是社會政治的統治理想，一是個體形神的超脫
理想，但在建立理想人格這一根本主題上，卻又是相同的。它們
構成了同一思潮。

　　人格主題是「無」的哲學本質。其中一個值得注意之點是，
無論嵇、阮或王弼，那個所謂「大人先生」或「體無」的「聖人」
似乎寂然不動、冷漠之極，卻又仍然充滿感情。王弼承認「五情
應物」並不妨礙其為「聖人」；並且大概還只有能以「五情應物」

55 參看拙作《美的歷程》第五章第一節。

56 參看本書第三章。

而不累己，才能算是真正的「聖人」。而嵇、阮之重情，人所公認。有意思的是，重情恰好是與這種外表「寡情」的思辨哲學攜手同行的共同思潮。《世說新語》有許多這類記載：「王子敬云，從山陰道上行，山川自相映發，使人應接不暇。若秋冬之際，尤難為懷」。「情之所鍾，正在我輩」，「樹猶如此，人何以堪」等等，等等。它們都相當明顯地反映出「尚情」和情感問題在這一時期的突出。這不但使從〈文賦〉到《詩品》的文藝理論提出了「詩緣情」的新美學觀念，而且也滲透在哲學思辨中了。這顯然與當時社會的動亂苦難、外在束縛的減少有關。所以，如果不計細節，從總體來看，魏晉思潮及玄學的精神實質是莊而非老，因為它所追求和企圖樹立的是一種富有情感而獨立自足、絕對自由而無限超越的人格本體。

　　玄學另一階段也是另一方面，便是向秀、郭象的《莊子注》。他們之不同於何王、嵇阮，前人論之已詳。其特徵是扭轉嵇、阮那種在政治思想、社會觀念和人格理想上全面地以莊排儒的傾向。郭象自己說得明白，他之全面地重新解釋莊子，目標就在「明內聖外王之道」[57]，要把內聖（理想人格）與外王（社會政治的統治秩序）統一起來，所以郭在政治上強調有君雖有害，卻比無君好；在社會秩序上，郭肯定「尊卑有別」，「故知君臣上下手足內外乃天理自然」；這就是說，傳統儒家的倫常規範即是莊子的自然之道。在理想人格上，他所解釋的〈逍遙遊〉，更具典型意義。他

---

57 《莊子·序》。

認為莊子講的大鵬與小鳥的寓言,並不在把高舉遠慕遨遊九天作
為理想人格;恰好相反,他認為莊子要講的是大鵬與小鳥飛雖不
同,有遠有近,有大有小,但都同樣可以是逍遙,並無優劣可分:
「夫小大雖殊,而放於自得之場,則物任其性,事稱其能,各當
其分,逍遙一也。豈容勝負於期間哉」[58]。這種解釋與莊子哲學
中本有的「順時而應世」,「曳尾於泥中」,「處材不材之間」連結
起來,於是所謂理想人格便只是服從世俗,順應環境,「游外者依
內,離人者同俗」,「聖人未嘗獨異於世,必與時消息,故在皇為
皇,在王為王,豈有背俗而用我哉」[59],郭象認為穿牛鼻絡馬首
而為人用,也仍然是天性自然:「人之生也,可不服牛乘馬乎?服
牛乘馬,可不穿落之乎?牛馬不辭穿落者,天命之固當也。苟當
乎天命,則雖寄之人事,而本在乎天也」[60]。這很明顯是與莊子
原意唱反調了[61]。莊子要超脫人事,復歸自然;郭象卻要肯定人
事,認為人事本身就是自然。「所謂無為之業非拱默而已;所謂塵
垢之外,非伏於山林也」[62]。「臣能親事,主能用臣;斧能刻木,
而工能用斧;各當其能,則天理自然,非有為也。……故各司其
任,則上下咸得,而無為之理至矣」[63],肯定現存社會、倫理、

---

58 《莊子・逍遙遊注》。

59 《莊子・天地注》。

60 《莊子・秋水注》。

61 漢代道家也曾以儒家有為來解釋「無為」,但實質意義大不相同。詳〈秦
漢思想簡議〉。

62 《莊子・大宗師注》。

63 《莊子・天道注》。

政治、人際秩序都是合理的，應該去順應「合俗」。只有這樣，才是真逍遙，因為這樣才真是做到了「應物而不累於物」。對統治者的「聖人」來說，固然是「終日揮形而神氣無變，俯仰萬機而淡然自若」[64]。對老百姓來說，則是「理有至分，物有定極，各足稱事，其濟一也。若乃……營生於至當之外，事不任力，動不稱情，……不能無困矣」[65]。總之，「無為」即等於「順有」；「乘天地之正」者，即是「順萬物之性」。而所謂「順有」「順萬物之性」，說穿了，也就是「順」社會統治秩序所規定的「萬物之性」，所以這是極為片面地發展了莊學中最庸俗虛偽的一面，完全失去了莊學中抨擊現實揭露黑暗的批判精神，失去了像嵇康阮籍那種反抗性的進步意義。郭象同時抹殺了王弼根據《易》、老提出的「無」的本體，否認去尋求本質現象區分的意義，一切都成為無本根無規律的偶然自生，這就在根本上不需要再去描繪、尋找、建樹什麼理想人格，而成為純粹的混世主義、滑頭哲學了。郭注長期被看作《莊子》本意，人們經常通過郭注而讀《莊》，於是莊子哲學似乎也就成了影響極壞的陳垢秕糠。郭注雖在純粹思辨方面確有成就，例如突出了偶然性範疇等等，但它對《莊子》的曲解卻是其一個重要方面。

---

64 《莊子‧大宗師注》。

65 《莊子‧逍遙遊注》。

瞬刻永恆的最高境界

　　世所公認，禪是中國的產物[66]。佛教傳入中國經歷了許多變遷後，終於出現了以六祖慧能創始的南宗頓教，以後日益發展豐富[67]，成為具有鮮明特色的中國佛學禪宗。

　　這裡當然不能敘介禪宗思想的由來始末以及「四料理」「四賓主」「五位君臣」「奪境」「奪人」等等細部，也不擬涉及禪宗與現實社會的功過得失。許多論著都談過這些問題。有的肯定它在佛學範圍內有衝破繁瑣教義解放人心的進步作用，有的則痛斥他們是騙子、強盜，「從諗擅利口，天然工心計，禪門大師大抵屬於這兩類人」[68]。我以為，這兩者都有相當根據，本文不擬重複。

　　這裡所想粗略討論的只是，從純粹思想角度看，禪作為中國產物，有些什麼基本特徵。

　　慧能是不識文字卻能「悟道」的開山典範。他的主要教義之一便是「不立文字」，即不在思辨推理中去作「知解宗徒」。因為

───────────

66 D. T. Suzuki（鈴木大拙）、Jung、Erich Fromm 等。

67 《壇經》敦煌本與流行本相比，與其去責備後者之背離原作，似不如肯定後者正是某種發展。如「本來無一物，何處惹塵埃」顯然比「佛性常清靜，何處惹塵埃」要更為徹底和明暢。

68 范文瀾：《唐代佛教》，人民出版社，1979 年，第 80 頁。

在他看來，任何語言、文字，只是人為的枷鎖，它不僅是有限的、片面的、僵死的、外在的東西，不能使人去真正把握那真實的本體，而且正是由於執著於這種思辨、認識、語言，反而束縛了、阻礙了人們去把握。從上節莊子和玄學中，不難看到，這種思想中國早已有之，但禪宗把它進一步發展了。因為無論是莊子或玄學，還總是通過語言概念的思辨、討論和推理來表達和論述的。儘管莊子有時用的是比喻、寓言，玄學用的是精巧的抽象，它們仍不脫語言、文字、概念、思維。禪宗後來要求連這些也徹底拋開，乾脆用種種形象直覺的方式來表達和傳遞那些被認為本不可以表達和傳遞的東西。這種表達和傳遞既然不是任何約定的語言、符號，結果就變成一種特殊的主觀示意了，它以十分突出的方式表現在所謂「公案」中。

……謁石頭，乃問不與萬法為侶者，是什麼人？頭以手掩其口，豁然有省。[69]

問僧甚處來？僧曰近離浙中。師曰船來陸來？曰二途俱不涉。師曰爭得到這裡？曰有什麼隔礙。師便打。[70]

上堂僧問靈山，拈花意旨如何？師云：一言才出，駟馬難追；進云：迦葉微笑意旨如何？師云：口是禍門。[71]

---

69 《指月錄・卷9・龐公》。
70 《五燈會元・卷7・天皇・雪峰義存禪師》。
71 《古尊宿語錄》卷40。

「手掩口」者，不可言說也。「師便打」者，不可道破也。因一落言筌，便成謬誤；若經道破，已非真實；是以「口是禍門」，駟不及舌。可見禪宗講求的「悟」並非理智認識，又不是不認識，而只是一種不可言說的領悟、感受。所以禪宗公案充滿了那麼多的拳打腳踢。但是，傳教又總不能完全逃避言語文字，否則畢竟很難交通傳遞，禪宗作為教派也不能存在和延續。「不立文字」卻仍然需要依靠文字（語言），於是在「立」了許多文字、講了許多「道理」之後，便特別需要用種種方式來不斷指出它的本身不在文字，不斷地揭示、提醒、指出人為的語言文字並不是真實本身，不能用它們去真正言說、思議和接近那真實的本體。這也就是在講經布道之外，還有許多「公案」的來由。「公案」之於禪，最具典型性。

乃白祖云：某甲有個會處。祖云：作麼生？師云：說似一物即不中……。[72]

問如何是第一義？師曰：我向你道是第二義。[73]

……藏門送之。問曰：上座尋常說三界唯心，萬法唯識。乃指庭下片石曰：且道此石在心內在心外？師曰：在心內。藏曰：

---

72 《五燈會元・卷3・南岳懷讓禪師》。
73 《五燈會元・卷10・法眼・清涼文益禪師》。

行腳人著什麼來由，安片石在心頭。[74]

　　「第一義」是不可言說的，所以「說似一物即不中」，「我向你道」的已是「第二義」。如果執著於「三界唯心」等理論思辨，也等於心中安裝了塊石頭，心中裝塊石頭是沈重而很不舒服的（這公案還可有另解）。黏著於物，拘泥於即使是正確的語言文字和理論思辨，也同樣如此。它們恰恰違反了真空自性。

　　烏龍長老訪馮濟川說話次，云：昔有官人問泗州大聖師何姓？聖曰姓何。官云住何國？聖曰住何國。此意如何？龍云：大聖本不姓何，亦不是何國人，乃隨緣化度耳。馮笑曰：大聖決定姓何，住何國。如是往返數次，遂致書於師，乞斷此公案。師云：有六十棒。將三十棒打大聖，不合道姓何；三十打濟川，不合道大聖決定姓何……[75]

　　任何一種解說，任何一種肯定或否定，即使如何空靈巧妙，例如問何姓答姓何，問住何國答重複之等等，也都不過是強作聰明，冒充解語，都是該打的。總之，應該破除對任何語言、思辨、概念、推理的執著。而這也就是慧能臨終傳授宗旨的「祕訣」：「若有人問汝義，問有將無對，問無將有對，問凡以聖對，問聖

74 同上。

75 《宗門武庫》。

以凡對。二道相因,生中道義。」[76]

　　有無、聖凡等等都只是用概念語言所分割的有限性,它們遠非真實,所以要故意用概念語言的尖銳矛盾和直接衝突來打破這種執著。問無偏說有,問有偏說無。只有打破和超越任何區分和限定(不管是人為的概念、抽象的思辨,或者是道德的善惡、心理的愛憎、本體的空有……),才能真正體會和領悟到那個所謂真實的絕對本體。它在任何語言、思維之前、之上、之外,所以是不可稱道、不可言說、不可思議的。束縛在言語、概念、邏輯、思辨和理論裡,如同束縛於有限的現實事物中一樣,便根本不可能「悟道」。

　　師問仰山:《涅槃經》四十卷多少是佛說?多少是魔說?仰曰:總是魔說[77]。只如今作佛見作佛解,但有所見所求所著,盡名戲論之類,亦名粗言,亦名死語[78]。

　　連佛家經典和各種佛學理論也都只是「魔說」、「戲論之類」、「粗言」、「死語」,就更不必說其他語言、思辨了。

　　可見,禪宗的這一套比玄學中的「言不盡意」「得意忘言」又大大推進了一步。它不只是「忘言」或「言不盡意」,而是乾脆指出那個本體常常只有通過與語言、思辨的衝突或隔絕才能領會或把握。惠明向六祖求法,「慧能云:汝既為法而來,可屏息諸緣,

---

76 《壇經‧付囑品第十》。

77 《五燈會元‧卷9‧溈仰‧溈山靈佑禪師》。

78 《古尊宿語錄》卷2。

勿生一念,吾為汝說。明良久,慧能云:不思善,不思惡,正與
麼時,那個是明上座本來面目?惠明言下大悟……曰:惠明雖在
黃梅,實未省本來面目。今蒙指示,如人飲水,冷暖自知」[79]。
所謂「本來面目」或亦作「還父母未生時面目」,也就是要割斷一
切意識、一切觀念、一切因果觀念等等,「勿生一念」,好像沒有
落到這個因果現象之中來似的。只有這樣,才可能真正領悟到與
「無」同體的那個超善惡、是非、因果的本體世界。這不是思辨
所可達到,而只是一種神祕的感受或領悟,所以說是「如人飲水,
冷暖自知」,它是不可言說,不可傳達給別人的。禪宗一再強調
的,大體都是這個意思[80]。「師坐次,僧問:兀兀地思量什麼?師
曰:思量個不思量底。曰:不思量底如何思量?師曰:非
思量」[81]。

　　如上所說,不可言說畢竟又要言說,不可表達卻還要表達;
既不能落入平常的思辨、理性和語言,又得傳達、表示某種意蘊。
這就不但把日常語言的多義性、不確定性、含混性作了充分的展

---

79 《壇經・行由品第一》。

80 維特根斯坦 (Wittgenstein) 對這個不可言說的本體問題也深感興趣。他多
　　次說語言是我們世界的界限,「確有不能講述的東西,這是自己表明出來
　　的,這就是神祕的東西」;「對於不可言說者,就應該沈默」;「我的命題
　　可以這樣來說明:理解我的人當它通過這些命題根據這些命題越過時(他
　　可以說是在他爬上梯子後把梯子拋掉),終於知道這些命題是沒有意義
　　的」(《邏輯哲學論》)。

81 《指月錄・卷9・藥山》。

開和運用；而且也使得禪宗的語言和傳道非常主觀任意，完全不
符合日常的邏輯和一般的規範。例如，「什麼是祖師西來意」，這
是問「究竟什麼是禪」這個根本問題的。而禪師們的回答卻是「庭
前柏樹子」（趙州）「西來無意」（大梅）「一個棺材，兩個死漢」
（馬祖）等等。又如，問「如何是佛」？禪師們的著名回答是「乾
屎橛」（雲門）「麻三斤」（洞山）等等。這種似乎已成為公式的
「一棒打回去」的回答法，都是為了表達「你問得不對」，即問題
本身就提錯了。之所以要真動手打或用無意義的語言打回去，如
所謂「德山棒，臨濟喝」等等，都是為了使你大吃一驚，從而得
到啟發或省悟。禪宗公案中所以把許多奇談怪答、奇行怪態作為
悟道的鑰匙、傳道的榜樣，津津樂道不已，原因就在這裡。

　　「不立文字」的另層涵義在於，文字（語言、概念和思辨）
都是公共交通的傳達工具，有群體所共同遵守的普遍規則，禪宗
認為要真正到達或把握本體，依靠這種共同的東西是不可能的，
只有憑個體自己的親身感受、領悟、體會才有可能。因為「悟道」
既不是知識或認識，而是個體對人生謎、生死關的參悟，當然就
不是通過普遍的律則和共同的規範所能傳授，而只有靠個體去親
身體驗才能獲得，正是必須在個體獨特體驗中去領悟到一即一切，
一切即一的佛性整體。這種感悟，既然不依靠語言文字或思辨，
它便完全可以也必須在日常生活活動中、在普通的行為、實踐中，
通過具有個體獨特性的直覺方式去獲得。

　　從而，結論便是：「悟道」不應該也不可能借重或依靠任何外
在的權威、偶像。禪宗強調自解、自立、獨往無前，以至到破除

迷信，呵佛罵祖。「……於慧林寺遇天大寒，師取木佛燒火」[82]。
「這裡無佛無祖，達摩是老臊胡，釋迦老子是乾屎橛，文殊普賢
是擔屎漢……」[83]。連佛菩薩都只是「乾屎橛」之類，可以拿來
取暖，並無用處，就更不必說別的了。「……回曰：外面黑，潭點
紙燭度與師。師擬接，潭復吹滅。師於此大悟，便禮拜」[84]。這
是為了表明，不應借靠外在的光明，而應循由自己的本性去征服
黑暗，找到路途。

　　既然不需要日常的思維邏輯，又不要遵循共同的規範，禪宗
的「悟道」便經常成為一種完全獨特的個體感受和直觀體會，亦
即個體感性經驗的某種神祕飛躍。因之，在任何場合、任何情況、
任何條件下，都可以「悟道」，它具有極大的隨意性和偶然性。
例如：

　　（智閑）一日芟除草木，偶拋瓦礫，擊竹作聲，忽然省悟。[85]

　　那個因回答說野鴨子飛過去了而被老師扭痛了鼻子從而悟道
的公案故事，那個大拇指被砍從而悟道的公案故事，以及禪宗各
種所謂「截斷法」、「一字法」等等，都表明了這一點。儘管禪宗

82　《五燈會元・卷5・青原・天然禪師》。
83　《五燈會元・卷7・天皇・德山宣鑒禪師》。
84　同上。
85　《五燈會元・卷9・溈仰・香岩智閑禪師》。

也強調這種種偶發方式本身並不就是禪，而只是禪的表現方式；執著於它們，把它們當作公式，固定下來，摹擬仿效，就又等於有語言方法、有邏輯形式，那又大錯特錯了。禪宗當然也講修煉，也講淨心寧意，並且認為這個過程有時還得相當長的時間，所謂「雲覆千山不露頂，雨滴階前漸漸深」等等。但所有這些又只是為了創造頓悟的機緣。基本精神仍在強調「悟道」並無特定的形式規範，不是終日坐禪所能達到。「生來坐不臥，死去臥不坐；一具臭骨頭，何為立功課」[86]。「慧能沒伎倆，不斷百思想；對境心數起，菩提作麼長」[87]。「僧問如何修道？師云，道不屬修，若言修得，修成還壞」[88]，「問如何是戒定慧？師曰，貧道這裡無此閑家俱」[89] 等等說法，都是指明悟道、得禪不在於勉強身（「臭骨頭」，「長坐不臥」）心（「能過百思想，對境心不起」）去刻意修道尋求（「住心觀淨」），而應該在與普通人並無差異（也臥、也坐、也思想）的日常生活中，在一定積累後，隨著某種機緣，一點即破；經由這種獨特途徑，去到達那真實本體。

……問：和尚修道，還用功否？師曰：用功。曰：如何用功？師曰：飢來吃飯，睏來即眠。曰：一切人總如是。同師用功否？

---

86 《壇經‧頓漸品第八》。

87 《壇經‧機緣品第七》。

88 《指月錄‧卷5‧馬祖》。

89 《指月錄‧卷9‧藥山》。

師曰：不同。曰：何故不同？師曰：他吃飯時不肯吃飯，百種須索。睡時不肯睡，千般計較。[90]

僧問師學人乍入叢林，乞師指示。師云，吃粥也未？云吃粥了也。洗缽盂去。其僧因此大悟。[91]

早上要吃粥，吃完了要洗碗；餓了吃飯，睏了睡覺；這都是日常自然的事情，撇開這些自然事情而硬去思慮，去強求「悟道」，那就根本不可能「悟道」。「悟道」只能在日常生活中自然地獲得。這就是禪宗大講的所謂「平常心是道」，「一切聲色事物，過而不留，通而不滯，隨緣自在，到處理成」。「春有百花秋有月，夏有涼風冬有雪。若無閑事掛心頭，便是人間好時節」[92]。「……問可松：彌勒菩薩為什麼不修禪定？不斷煩惱？答道：真心本淨，故不修禪定；妄想本空，故不斷煩惱。又問大潤，答曰：禪心已空，不須修；斷盡煩惱，不須更斷。又問海禪師，答：本無禪定煩惱」。三答中當然最後者最高。因為它指出本來無所謂修煉、煩惱；刻意追求清靜、剔除妄想等等，本身便意味著去肯定、執著於清靜、煩惱，便恰好是「無念」的反面了。「……請師指示個行路？師云：殺人放火」[93]。即是說，禪果並不是修什麼行所能得

---

90 《景德傳燈錄》卷6。

91 《指月錄‧卷11‧趙州》。

92 《無門關》。

93 《古尊宿語錄》卷9。

到的。

「曾作偈示眾曰，方水潭中鱉鼻蛇，擬心相向便揄揶，何人
拕得蛇頭出？……上曰：如何只有三句？師曰：意有所待。後大
隋元靖長老舉前三句了，乃著語云：方水潭中鱉鼻蛇」[94]。拕出
蛇頭，仍是蛇頭，可見費心思考，追尋所謂佛性的根底，是沒有
意義，不會有得的。只有在既非刻意追求；又非不追求；既非有
意識，又非無意識；既非泯滅念慮，又非念念不忘；即所謂「在
不住中又常住」和無所謂「住不住」中以獲得這個「好時節」或
「忽然省悟」。這才是所謂真悟道。

如上所說，禪宗的「悟道」不是思辨的推理認識，而是個體
的直覺體驗。它不離現實生活，可以在日常經驗中通過飛躍獲
「悟」，所以它是在感性自身中獲得超越，既超越又不離感性。一
方面它不同於一般的感性，因為它已是一種獲得精神超越的感性。
另方面，它又不同於一般的精神超越，因為這種超越常常要求捨
棄、脫離感性。禪宗不要求某種特定的幽靜環境（如山林）或特
定的儀式規矩去坐禪修煉，就是認為任何執著於外在事物去追求
精神超越，反而不可能超越，遠不如在任何感性世界、任何感性
經驗中「無所住心」——這即是超越。

那麼，進一步的根本問題便是，禪宗這種既達到超越又不離
感性的「頓悟」究竟是什麼呢？這個「好時節」、「本無煩惱」、

---

94 《續傳燈錄》卷28，轉引自馮友蘭《新原道》，商務印書館，1945年，
　　第95頁。

「忽然省悟」又到底是什麼呢？我以為，它最突出和集中的具體
表現，是對時間的某種神祕的領悟，即所謂「永恆在瞬刻」或「瞬
刻即可永恆」這一直覺感受。這可能是禪宗的哲學祕密之一（關
於禪與無意識諸問題，另文再講）。

　　禪宗講的是「頓」悟。它所觸及的正是時間的短暫瞬刻與世
界、宇宙、人生的永恆之間的關係問題。這問題不是邏輯性的，
而是直覺感受和體驗領悟性的。即是說，在某種特定條件、情況、
境地下，你突然感覺到在這一瞬刻間似乎超越了一切時空、因果，
過去、未來、現在似乎溶在一起，不可分辨，也不去分辨，不再
知道自己身心在何處（時空）和何所由來（因果）。所謂「不是
心，不是佛，不是物」[95]是也。這當然也就超越了一切物我人己
界限，與對象世界（例如與自然界）完全合為一體，凝成為永恆
的存在，於是這就達到了也變成了所謂真正的「本體」自身了。
本來，什麼是我？如果除去一切時空、因果（「生我者父母」以及
我為何在此時此地等等）之外，也就不存在了，在瞬刻的永恆感
中，便可以直接領悟到這一點。在禪宗看來，這就是真我，亦即
真佛性。超越者與此在 (Dasein) 在這裡得到了統一。可見，這並
不是「我」在理智上、意念上、情感上相信佛、屬於佛、屈從於
佛；相反，而是在此瞬刻永恆中，我即佛，佛即我，我與佛是一
體。禪宗常說有三種境界，第一境是「落葉滿空山，何處尋行
跡」，這是描寫尋找禪的本體而不得的情況。第二境是「空山無
人，水流花開」，這是描寫已經破法執我執，似已悟道而實尚未的

---

95 《五燈會元·南岳·南泉普願禪師》，並見多處。

階段。第三境是「萬古長空，一朝風月」，這就是描寫在瞬刻中得到了永恆，剎那間已成終古。在時間是瞬刻永恆，在空間則是萬物一體，這也就是禪的最高境地了。這裡，要注意的是，瞬刻即永恆，卻又必須有此「瞬刻」（時間），否則也就無永恆。可見這永恆既超越時空卻又必須在某一感性時間之中。既然必須有具體的感性時間，也就必須有具體的感性空間，所以也就仍然不脫離這個現實的感性世界，「不落因果」又「不昧因果」，這也就是超越不離感性。重要的乃是，經此一「悟」之後，原來的對象世界就似乎大不一樣了。儘管山還是山，水還是水；吃飯還是吃飯，睡覺還是睡覺；外在事物並無任何改變，也不需要任何改變；但是經此「瞬刻永恆」的感受經驗之後，其意義和性質卻似乎有了根本不同。它們不再被當作要執著的實在，也不再被當作要追求的虛空；它們既非實有，也非空無；因為本無所謂空、有。有與空、實體與虛妄、存在與消亡……，都只是未經超越的執著。說它是虛無即等於肯定超虛無的實在。神秀的「時時勤拂拭，不使惹塵埃」之所以謬誤，正在於執著於某種理想的「菩提樹、明鏡臺」，即把佛性當作實在去追求，從而無法獲得那個「我與佛同體」的神祕感受。在我即佛佛即我的真正超越裡，這一切（有無、色空、虛實、生死、憂喜、愛憎、善惡、是非、榮枯、貧富、貴賤……等等）混然失去區分，而這也就是那個不可言說的「存在」[96]。「未有無心境，嘗無無境心；境忘心自滅，心滅境無侵」。

---

96 W. Barrett：「海德格爾的一個朋友告訴我，有天他去看海德格爾，海正在讀鈴木大拙的書。海說，如果我理解正確的話，這正是我在我所有著

消除了一切欲求、願望、思慮、意識，「無念」「無心」，「心」「境」也就兩忘。既已超時空、因果，也就超越一切有無分別，於是也就獲得了從一切世事和所有束縛中解放出來的自由感。從而，既不用計較世俗事務，也不必故意枯坐修行；餓即吃，睏即眠；一切皆空，又無所謂空；自自然然地仍然過著原來過的生活，實際上卻已「入聖超凡」。因為你已經滲透禪關——通過自己的獨特途徑，親身獲得了「瞬刻即可永恆」＝「我即佛」的這種神祕感受了。

這種「瞬刻永恆」的另一感受特色，是某種精神的愉快或歡樂。在各種宗教經驗中，都有某種精神的愉悅、歡樂或滿足感。它接近道德的愉快，但由於感到自己與神同體或被神「引接」，因而，它又是超過道德愉快感而更強烈並且似乎更清徹純淨的愉快。這是需要心理學來具體分析研究的。否定或忽視這一點，就難以解釋某些狂熱的宗教徒領死如怡、強烈要求獻身的那種歡樂，也難以理解某些虔誠的宗教徒那種寧靜淡泊的內心愉悅。它是道德的，但又是超乎道德的另一種心境、體驗和感受。宗教被利用為社會、政治的鴉片煙，一部分正是通過創造這種情感體驗而成功的。

禪宗宣講的「悟」，也是如此。它有長久追尋和執著之後突然

作中所要講的」（*Zen Buddhism*《鈴木大拙選集》，紐約，1956年，第11頁）。這當然過分誇張了，禪宗那種東方式的古典寧靜與海的現代式的行動激動迥然不同。

扔下的解脫快感。不同的是，禪宗渲染的宗教神祕感受，更少具有刺激性的狂熱，更少激動昂揚的歡樂，而毋寧更為平寧安靜。它不是追求在急劇的情感衝突中、在嚴重的罪感痛苦中獲得解脫和超升，而毋寧更著重在平靜如常的一般世俗生活中，特別是在與大自然的交往欣賞中，獲得這種感受。比起那強烈刺激的痛苦與歡樂的交響詩來，它更能似乎長久地保持某種詩意的溫柔、牧歌的韻味。而它所達到最高境界的愉悅，也是一種似乎包括愉悅本身在內都消失溶化了的那種異常淡遠的心境。這是因為既已與佛溶為一體，「我」已消失在宇宙本身的秩序生命中，自然也就不再存在包括愉快在內的任何「我」的情感了。

　　禪宗非常喜歡講大自然，喜歡與大自然打交道。它所追求的那種淡遠心境和瞬刻永恆，經常假藉大自然來使人感受或領悟。其實，如果剔去那種種附加的宗教的神祕內容，這種感受或領悟接近於一種審美愉快。審美愉快有許多層次和種類。其中有「悅志悅神」一大類。禪宗宣揚的神祕感受，脫掉那些包裹著的神學衣束，也就接近於悅神類的審美經驗了。不僅主客觀混然一致，超功利，無思慮；而且似乎有某種對整個世界與自身相合一的感受。特別是在欣賞大自然風景時，不僅感到大自然與自己合為一體，而且還似乎感到整個宇宙的某種合目的性的存在。這是一種非常複雜的高級審美感受。好些自然科學家也曾提及這種體驗，即在研究自然時，有時可以產生一種對宇宙合目的性存在的奇異感受，即似乎感到冥冥之中有某種與規律性相同一的目的或事物。一些人把它說成了自由的想像，一些人由之而相信上帝，實質上

也即是這種值得深入研究的審美感受。

　　無怪乎，禪宗文獻中保存的很多有關悟道的傳說和詩作常與自然有關。從最早的「教外別傳」的臆造傳說開始：

　　世尊在靈山會上，拈花示眾，是時眾皆默然。唯迦葉尊者破顏微笑。世尊曰：吾有正法眼藏，涅槃妙心，實相無相，微妙法門，不立文字，教外別傳，付囑摩訶伽葉。[97]

　　拈花微笑，道體心傳，這是一張多麼美麗的圖畫。此外，如「青青翠竹，總是法身，郁郁黃花，無非般若」[98]，「問如何是天柱家風？師曰：時有白雲來閉戶，更無風月四山流」[99]。「問如何是佛法大意？師曰：春來草自青」[100]。「問：語默涉離微，如何通不犯？（即問：沈默與言語涉及意念出入如何能不滯礙）師曰：常憶江南三月裡，鷓鴣啼處百花香」[101]。……等等，都是通過詩的審美情味來指向禪的神學領悟。

　　然而好些禪詩偈頌由於著意要用某種類比來表說意蘊，常常陷入概念化，實際就變成了論理詩、宣傳詩、說教詩，不但恰好違反了禪宗本旨，而且也缺乏審美趣味。所以我認為，許多禪詩

---

97 《五燈會元‧卷1‧佛祖》。

98 《大珠禪師語錄》卷下。

99 《景德傳燈錄‧傳第4》。

100 《五燈會元‧卷15‧雲門‧文偃禪師》。

101 《五燈會元‧卷11‧臨濟‧風穴延沼禪師》。

實際比不上具有禪味的詩更真正接近於禪。例如王維的某些詩比好些禪詩便更有禪味。甚至像陶詩「采菊東籬下，悠然見南山」，杜詩「水流心不競，雲在意俱遲」等等，儘管與禪無關，但由於它們通過審美形式，把某種寧靜淡遠的情感、意緒、心境引向去溶合、觸及或領悟宇宙目的、時間意義、永恆之謎……，從而幾乎直接接近了（雖未必能等同於）禪所追求的意蘊和「道體」，而並不神祕。這似乎可以證明禪的所謂神祕悟道，其實質即是某種審美感受。我們今天應該揭去禪的宗教包裹，還「瞬刻永恆」「萬物一體」以本來面目[102]。

禪之所以多半在大自然的觀賞中來獲得對所謂宇宙目的性從而似乎是對神的了悟，也正在於自然界事物本身是無目的性的。花開水流，鳥飛葉落，它們本身都是無意識、無目的、無思慮、無計畫的。也就是說，是「無心」的。但就在這「無心」中，在這無目的性中，卻似乎可以窺見那個使這一切所以然的「大心」、大目的性——而這就是「神」。並且只有在這「無心」、無目的性中，才可能感受到它。一切有心、有目的、有意識、有計畫的事物、作為、思念，比起它來就毫不足道，只妨礙它的展露。不是說經說得頑石也點頭；而是在未說之前，頑石即已點頭了。就是說，並不待人為，自然已是佛性。頗負國際盛譽的鈴木

---

102 心理學家馬斯洛 (A. H. Moslow) 曾提出非宗教性的「高峰體驗」(Peak experience)，但他最後把這些高級的超生物性的東西歸根在生物性的本能去了。

大拙在對比禪與基督教之後，強調它們的一致性，認為二者都以達到「枯木死灰」的心理境地為目標[103]。本文以為，值得注意的倒是，禪在作為宗教經驗的同時，又仍然保持了一種對生活、生命、生意總之感性世界的肯定興趣，這一點與莊子相同：即使「形如槁木，心如死灰」，卻又仍然具有生意，這恐怕就與其他宗教包括佛教其他教派在內並不完全一樣了。在禪宗公案中，所用以比喻、暗示、寓意的種種自然事物及其情感內蘊，就並非都是枯冷、衰頹、寂滅的東西；相反，經常倒是花開草長，鳶飛魚躍、活潑而富有生命的對象。它所訴諸人們感受的似乎是：你看那大自然！生命之樹常青啊，你不要去干擾破壞它！充滿禪意的著名日本俳句：「晨光啊！牽牛花把井邊小桶纏住了。我借水。」也如此。

　　由於不在世俗感性之外、之上去追求超越，而且不承認有這種超越，強調超越即在此感性之中，或僅強調某種感性的淨化，因之與好些宗教追求完全捨棄感性以求精神淨化便有所不同，如前所述，它在客觀上仍包含有對感性世界的肯定和自然生命的歡欣，而這也正是審美感受不同於宗教經驗之所在。這是相當奇怪的：否定生命厭棄世界的佛教最終變成了這種具有生意的禪果，並且通過詩歌、繪畫等藝術王國給中國士大夫知識分子們增添了安慰、寄托和力量。而這，不正是中國化嗎？

---

103 參看 D. T. Suzuki, "The Zen Doctrine of No-Mind"，見 W. Barrett 編 *Zen Buddhism*《鈴木大拙選集》，第 199 頁。

　　人們常把莊與禪密切聯繫起來，認為禪即莊[104]。確乎兩者有
許多相通、相似以至相同處，如破對待、空物我、泯主客、齊死
生、反認知、重解悟、親自然、尋超脫……等等，特別是在藝術
領域中，莊禪更常常渾然一體，難以區分。

　　儘管同比異、聯繫比差異重要；但二者又仍然有差別，這差
別倒正好展示出中國思想善於在吸取和同化外來思想中，獲得豐
富與發展。這些差異是，第一，莊子的破對待齊死生等等，主要
仍是相對主義的理性論證和思辨探討。禪則完全強調通過直觀領
悟。禪竭力避開任何抽象性的論證，更不談抽象的本體、道體，
它只講眼前的生活、境遇、風景、花、鳥、山、雲……，這是一
種非分析又非綜合、非片斷又非系統的飛躍性的直覺靈感。第二，
莊所樹立誇揚的是某種理想人格，即能作「逍遙遊」的「聖人」
「真人」「神人」，禪所強調的卻是某種具有神祕經驗性質的心靈
體驗。莊子和魏晉玄學在實質上仍非常執著於生死。禪則以滲透
生死關自許，對生死無所住心。所以前者（莊）重生，也不認世
界為虛幻，只認為不要為種種有限的具體現實事物所束縛，必須
超越它們；因之要求把個體提到宇宙並生的人格高度。它在審美
表現上，經常以氣勢勝，以拙大勝。後者（禪）視世界、物我均
虛幻，包括整個宇宙以及這種「真人」「至人」等理想人格也如同
「乾屎橛」一樣，毫無價值，真實的存在只在於心靈的覺感中。
它不重生亦不輕生、世界的任何事物對它既有意義也無意義，過

---

104 如徐復觀《中國藝術精神》（臺灣學生書店，1979 年）中即有此傾向。

而不留，都可以無所謂。所以根本不必要去強求什麼超越，因為所謂超越本身也是荒謬的，無意義的。從而，它追求的便不是什麼理想人格，而只是某種徹悟心境，某種人生境界、心靈境界。莊子那裡雖也已有了這種「無所謂」的人生態度；但禪由於有前述的瞬刻永恆感作為「悟解」的基礎，便使這種人生態度、心靈境界，這種與宇宙合一的精神體驗比莊子更深刻也更突出。在審美表現上，禪以韻味勝，精巧勝。

莊禪的相通處是主要的，這表現了中國思想在吸取了外來許多東西之後，不但沒有失去而且還進一步豐富發展了自己原有特色。在這意義上，禪宗與儒家精神也大有關係。並且，隨著歷史推移，禪最終又回到和消失溶解在儒道之中，禪的產生和歸宿都依據於儒、道。這大概也就是中國禪與日本禪（由中國傳去卻突出地發展了，不再回歸到儒、道）不同之處吧?!

鈴木曾認為，禪之所以只能產生在中國，原因之一是因為中國傳統重實踐活動，不像印度古代只認精神高貴，不屑勞動操作，僧人必須由人供養；中國禪宗則強調自食其力，「擔水砍柴」，「一日不作，一日不食」（百丈），從事農業生產，過普通的勞動生活。這點當然值得注意。但如果從思想上看，更根本的仍然是中國儒家傳統精神的滲入[105]。「天行健」「生生之謂易」與禪的生意就可

---

105 建立起「規矩」「紀綱」以保障禪林，從組織上滲入了儒家思想，如著名的「百丈清規」。如《禪林寶訓筆記》中所記「叢林興衰，在於禮法」，「綱紀不振，叢林不興」等等。

以有溝通之處。「群籟雖參差，適我莫非新」，王羲之的這句詩在禪宗之前，然而它可以用來說禪，也可以用以說莊和《易》。莊、禪、《易》彼此可以相通而一致[106]。當然，話不能說過頭，禪畢竟是一種宗教經驗，它除了具有空幻感受外，總帶有空幻、神祕的成分，這是與《易》和莊不相同的。《易》是雄健剛強的運行不息，莊是大自然宏偉本身，都不需空幻、神祕。但這裡講的主要是它們的共同處，而共同處是主要的。總結起來，如果用一句話說，這就是：無論《易》、莊、禪（或儒、道、禪），中國哲學的趨向和頂峰不是宗教，而是美學。中國哲學思想的道路不是由認識、道德到宗教，而是由它們到審美。「中國哲學所追求的人生最高境界，是審美的而非宗教的。……孔子最高理想是『吾與點也』，所以他說『逝者如斯夫，不捨晝夜』，對時間、人生、生命、存在有很大的執著和肯定，不在來世或天堂去追求不朽，不朽（永恆）即在此變易不居的人世中。慷慨成仁易，從容就義難。如果說前者是懷有某種激情的宗教式的殉難，固然也極不易；那麼後者那樣審美式的視死如歸，按中國標準，就是更高一層的境界了」[107]。這種審美境界和審美式的人生態度區別於認識和思辨理性，也區別於事功、道德和實踐理性，又不同於脫離感性世界的「絕對精神」（宗教）。它即世間而超世間，超感性卻不離感性；

---

106 可見由禪宗而宋儒，有其內在的思想發展線索，宋儒把禪宗宗教神祕領
　　悟的審美感改造為道德倫理性的審美態度。參看本書〈宋明理學片論〉。
107 參看拙作〈中國美學及其它〉，《美學述林》第 1 期，武漢大學出版社，
　　1983 年，第 27 頁。

它到達的制高點是樂觀積極並不神祕而與大自然相合一的愉快。
這便是孔學、莊子與禪宗相互交通之處。

＊　　　　　＊　　　　　＊

由上可見，本文之所以把莊、玄、禪併在一起作一種極為粗
糙的輪廓述評，是由於認為它們三者的某些共同點構成了整個中
國傳統思想一個有深遠影響的方面。那麼，它們到底給予了後代
什麼？在中國民族的文化──心理結構上，它們占處怎樣的地位？

三十多年來，它們一直是激烈批判的對象。一連串的惡謚不斷
加在它們身上。莊子是「阿 Q 精神」、「滑頭主義」、「混世哲學」、
「宿命主義」、「悲觀主義」、「虛無主義」。玄學是「享樂縱欲腐化
生活的遮羞布」，「卑鄙而又虛偽」。禪宗更是「廉價的天堂門票的
兜售者」和粗暴獨斷的主觀唯心論、神祕主義、直覺主義等等。

應該說，這些批判都有相當的道理，特別是從它們的階級基
礎和社會作用說，這是不容忽視的消極方面。魯迅寫〈起死〉的
專題小說激烈抨擊了莊子，甚至在《阿 Q 正傳》中，魯迅也沒忘
記去諷刺那「人生天地間大約本來有時也未免要殺頭的」這種莊
子式的「泰然」、「超脫」。關於這個方面，因為已經有了不少論
著，我於此既無異議，又無新意，不必重複多談。剩下的問題就
是，莊、玄、禪是否只有被抨擊、打倒、捨棄的消極方面？它在
中國歷史上是否僅僅起了這方面的作用？也有人認為不是，並引
列寧的話說，它們是哲學史上不結果實的花朵，意思是說其中還
有可以吸取的東西。但是，這些東西到底是什麼？卻沒有人作進
一步的具體說明。

　　與講修、齊、治、平的儒家不同，莊、禪基本上不是社會政治哲學，它們是某種人格——心靈哲學。從而它們帶給人們的虛無、消極、被動、苟安等等麻醉欺騙作用，是直接訴之於心理結構和個體行為方式本身。而這，又主要通過士大夫知識分子的思想、行為和心理狀態而彌漫和影響整個社會。下層勞動農民大抵與莊、禪並無多少真正的緣分。儘管禪在開宗時曾以能在下層傳教而有名。但它遠不像日本的禪宗通過茶道、花道等形式深入到一般社會生活之中。莊禪基本上只是作為士大夫知識分子的生活、意識的某個方面、某種情趣而存留發展著，所以它們對中國民族的文化——心理結構的壞的和好的作用和影響都遠不及儒家，而只是作為儒家的某種對立的補充，通過知識層而在文化領域內（例如文學藝術領域）留下較突出的印痕。如果從這個領域和角度看，這種印痕卻並不都是消極的。的確有消極的一面，例如它使士大夫麻醉在逃避現實的「超脫」中而失去奮爭的勇氣和意態，這確乎至今對知識分子也還有壞的影響。不過另一方面，由於對人生採取超脫的審美態度，由於對惡劣環境和政治採取不合作的傲世態度，由於重視直觀、感受、親身體悟，等等，它們又常常使藝術大放光彩，使藝術家創作出許多或奇拙或優美或氣勢磅礴或意韻深永而名垂千古的作品來。至於禪之所以為現代西方某些學者所注意和研究，則在於它在幫助人們反對高度異化的現代資本主義社會生活（如機械化、抽象化、標準化等等），擺脫人成為資本、商品的奴隸以及科技工藝的知性奴隸和消費色情等感性奴隸，使個體自我獲得啟悟、不被淹沒等方面，能有一定啟發的緣故。

　　莊玄禪正是在這個一定意義上可以陶冶、培育和豐富人的精神世界和心靈境界。它可以教人們去忘懷得失，擺脫利害，超越種種庸俗無聊的現實計較和生活束縛，或高舉遠慕，或怡然自適，與活潑流動盎然生意的大自然打成一片，從中獲得生活的力量和生命的意趣。它可以替代宗教來作為心靈創傷、生活苦難的某種慰安和撫慰。這也就是中國歷代士大夫知識分子在巨大失敗或不幸之後並不真正毀滅自己或走進宗教，而更多是保全生命、堅持節操卻隱逸遁世以山水自娛、潔身自好的道理。

　　另一今天更應注意的是以莊禪為範例的直觀思維方式。莊子是哲學，但它較少運用邏輯論證或形式推理以獲取固定的結論。相反，它常用多層形象的類比和寓意，只指示某種真理的方向。禪宗就更是這樣了。與講究分析、注重普遍、偏於抽象的思維方式不同，中國思維更著重於在特殊、具體的直觀領悟中去把握真理。莊子與惠施的濠上辯論，前述禪宗的種種機鋒，都顯示它們講求的是創造的直觀，亦即在感受中領悟到某種宇宙的規律。這種思維認識方式具有審美的特徵，它是非概念非邏輯性的啟示。例如在科學研究中有時便可以突然感受或領悟到某種普遍形式的客觀規律性，如某種簡單明潔的自然程序性的突然呈現……，這正是我們今天在美學上要深入探究的「以美啟真」的問題。一些著名的物理學家常說，美感似乎在抽象的符號中指引他們；如果要在兩種理論——一種更美些，一種則更符合實驗——之間進行選擇的話，那麼他寧願選擇前者，等等，這些說法是值得重視的。它在衝破精確而僵硬的概念抽象，提供活潑的感性啟示，使科學

思維藝術化，予複雜圖景以簡潔處理，或直觀地把握住某種尚非概念語言所可傳達的意蘊，等等，都是值得研究的。禪的激烈機鋒在打斷鑽牛角的邏輯束縛，否定認識和知識的任何固定化等方面，更有啟發、震醒作用，使人們在某種似乎是邏輯詩論或從一般知識或科學看來是荒謬和不可能的地方，注意有某種重要的真實性或可能性。而所有這些，又與中國從孔學開始重視心理整體（如情感原則），而不把思維僅當作推理機器的基本精神，是一脈相通的，即不只是依靠邏輯而是依靠整個心靈的各種功能去認識、發現、把握世界，其中特別重視個體性的體驗與領悟（這與每個個體的先天素質、後天經驗各不相同又有關係）。我以為這在今日的思維科學中有重要的借鑒意義。因為這種非分析非歸納的創造直觀或形象思維正是人不同於計算機器，是人之所以能作真正科學發現的重要心理方式。

　　總之，無論莊、禪，都在即使厭棄否定現實世界追求虛無寂滅之中，也依然透出了對人生、生命、自然、感性的情趣和肯定，並表現出直觀領悟高於推理思維的特徵。也許，這就是中國傳統不同於西方（無論是希伯來的割裂靈肉、希臘的對立感性與理性）的重要之處？也許，在剔除了其中的糟粕之後，這就是中華民族將以它富有生命力的健康精神和聰明敏銳的優秀頭腦踏入世界文化作出自己貢獻時，也應該珍惜的一份傳統遺產？先別忙於肯定或否定，想想，再想想。

　　　　　（原載：《中國社會科學》1985 年第 1 期，原題〈漫述莊禪〉）

七、宋明理學片論

青年毛澤東說，「吾國宋儒之說與康德同」。這是他 1917～1918 年讀新康德主義者泡爾生(Friedrich Paulson)《倫理學原理》時的批語。有一些論著將朱熹與斯賓諾莎、懷特海、黑格爾相比較，我以為，以朱熹為首要代表的宋明理學（新儒學）在實質意義上更接近康德。因為它的基本特徵是，將倫理提高為本體，以重建人的哲學。

　　青年毛澤東說，「吾國宋儒之說與康德同」。這是他 1917～
1918 年讀新康德主義者泡爾生 (Friedrich Paulson)《倫理學原理》
時的批語。有一些論著將朱熹與斯賓諾莎、懷特海、黑格爾相比
較，我以為，以朱熹為首要代表的宋明理學 [1]（新儒學）在實質
意義上更接近康德。因為它的基本特徵是，將倫理提高為本體，
以重建人的哲學。

　　三十年來許多哲學史論著喜歡把宋明理學公式化地分割為宇
宙觀、認識論、社會政治思想幾大塊論述，反而掩蓋了上述基本
特點。如果從宋明理學的發展行程和整體結構來看，無論是「格
物致知」或「知行合一」的認識論，無論是「無極」「太極」「理」
「氣」等宇宙觀世界觀，實際上都只是服務於建立這個倫理主體
(ethical subjectivity)，並把它提到「與天地參」的超道德 (trans-
moral) 的本體地位。

 由宇宙論到倫理學

　　宋明理學在其整體行程中，大致可分為奠基時期，成熟時期

---

1 黃宗羲《明儒學案·凡例》：「嘗謂有明文章事功皆不及前代，獨於理學，
　前代所不及也……」，可見「理學」一詞可包心學、理學二者。

和瓦解時期。張載、朱熹、王陽明三位著名人物恰好是三個時期的關鍵代表。

陳寅恪曾認為，在政治體制、生活行為以及日常觀念等許多基本方面，即使釋、道兩教極盛，也未能取代儒家的主導地位和支配作用[2]，但在意識形態特別是哲學理論上，釋、道（特別是釋）卻風靡數百年。儒學傳統中沒有像佛學那麼細密嚴謹的思辨理論體系。自南朝到韓愈，儒學反佛多從社會效用、現實利害立論，進行外在批判，真能入室操戈，吸收改造釋道哲理，進行內在批判的，則要等到宋明理學了。宋明理學的這種吸收、改造和批判主要表現在：它以釋道的宇宙論、認識論的理論成果為領域和材料，再建孔孟傳統。

「佛法以有生為空幻，故忘身以濟物；道法以吾我為真實，故服餌以養生」[3]。釋道（佛老）二教一般以個體的生死心身為論證要點，來展開理論的體系構造。佛教為宣揚教義，論證四大皆空，萬般俱幻，大講宇宙論、世界觀和認識論，出現了各種精巧完整的思辨哲學，如唯識（印度）、華嚴和禪宗（中國）。道教比較簡單，但因為要講煉丹、長生、靜坐，也必須講宇宙理論和世界圖式。釋道兩教的這兩大特點（個體修煉和講求宇宙論認識論）正是宋明理學藉以構造其倫理哲學的基本資料。

周敦頤一向被尊為「宋儒之首」[4]，他的《太極圖說》中就

---

2 參看《金明館叢稿二編‧馮友蘭中國哲學史下冊審查報告》。

3 《廣弘明集‧卷8‧道安二教論》。

4 這其實是朱熹抬出來以建立「道統」的結果，並不真正符合歷史和思想

明顯保留著道教宇宙觀的模式；但重要的是，他從這種宇宙論中引出了「聖人定之以中正仁義而主靜，立人極焉」的結論。他的〈通書〉也強調提出「誠」這個儒學範疇來作為中心概念。這些都顯示他開始把儒家的現實倫常要求與道教的宇宙圖式連結起來，企圖為宇宙論過渡到倫理學（人世規範）搭上第一座橋梁。其中他提出 「無欲」「主靜」「思曰睿」 等等，包含著認識論（「思」）方法論（「主靜」）的各個因素，開始具有由本體論（自然本體）→宇宙論（世界圖式）→人性論→認識論→倫理學（回到本體論）；亦即「寂然不動」（無極、本體）→「感而遂通」（陰陽五行、太極）→「思」（認識）→「純然至善」（倫理）這樣一種體系結構的內在程序。王夫之說，「宋自周子出而始發明聖道之所由，一出於太極陰陽人道生化之終始」[5]。這很好地點明了正是由宇宙觀到倫理學這種理論的邏輯結構，才是使周敦頤被尊為宋明理學開山祖的道理所在。

　　邵雍比周敦頤更明白地表現為宇宙時空圖式論者。同樣值得注意的是，他提出「以物觀物，性也；以我觀物，情也。性公而明，情偏而暗」[6]。「夫所以謂之觀物者，非以目觀之也，非觀之以目而觀之以心也，非觀之以心而觀之以理也。天下之物莫不有理焉……」[7]。這就是要求以「天下之物」所具的「理」與人的

　　史的真實。關於宋代理學的形成邏輯應有新的敍述和解釋，非本文所及。

5　《張子正蒙注・序論》。

6　〈觀物外篇〉。

7　〈觀物內篇〉。

「心」「性」聯繫統一起來，化為一體，而與「我」「情」「目」等
感性一方相對立。這使他那數學圖像的宇宙論也終於落實到倫理
心性。

　　然而，周、邵都不過是開端發引，真正為宋明理學奠定基礎
的，是提出「心統性情」、「天理人欲」、「天地之性」與「氣質之
性」、「德性所知」與「見聞之知」和〈西銘〉這些宋明理學基本
命題和基本原則的張載。張載《正蒙》一書儘管由弟子編定，但
其以〈太和篇〉始以〈乾稱篇〉終的外在序列（由〈太和〉〈參
兩〉〈天道〉〈神化〉經〈動物〉〈誠明〉〈大心〉而達到〈乾稱〔西
銘〕〉），在表現宋明理學從宇宙論到倫理學的體系結構上，具有非
常鮮明的代表意義。

　　范文瀾說，「宋學以《周易》來代替佛教的哲學」[8]。「周茂
叔謂一部《法華經》只消一個〈艮卦〉可了」[9]。從周、邵到張
載到程、朱，之所以都抬出《周易》，正是因為，佛教既然討論現
實世界的真幻、動靜、有無，人們認識的可能、必要、真妄，要
與之對抗或論辯，便也得談論這些問題，在這方面，傳統儒學經
典中可資憑據的，也大概只有《周易》了。充滿了先秦理性精神[10]
的《周易》，正好作為對抗認存在為空幻、否定感性現實世界、追
求寂滅或長生的佛老理論的哲學批判武器。也正是由於需要肯定

8　《范文瀾歷史論文選集》，人民出版社，1979 年，第 325 頁。

9　《二程集・河南程氏外書》卷 10，中華書局，1981 年，第 408 頁。

10　參看拙作《美的歷程》第 3 章。

現實生活中的封建世間秩序，就必需肯定這感性現實世界的自身，從而必須肯定和討論這個世界的實在性及其存在的合理性、必然性。程、朱、陸、王這些唯心主義理學家，與佛教哲學確有不同，他們從不否認而是經常肯定人的感性生存、人的感性環境和對象（亦即現實世界）的存在及其價值。而作為首先在哲學理論上公開、直接批判釋老，為理學創榛闢莽奠基開路的張載，以唯物論的氣一元論的宇宙觀來與釋老相周旋和抗衡，就應該說是非常自然的事情。張載的唯物論是自覺地與佛老相對抗的哲學。張載以「氣」為本體，解說了宇宙萬物的自然形成、萬千變化、動靜聚散、生死存亡……，駁斥了從原始迷信（鬼神）到釋道理論的各種唯心主義。「知太虛即氣則無無」。「知虛空即氣，則有無、隱顯、神化、性命通一無二。顧聚散、出入、形不形，能推本所從來，則深於易者也」[11]。張載以充滿了運動、變化、發展、對立諸辯證觀念的氣一元論，在宇宙觀上廣泛論列了一系列現象和問題，以與主張「萬物幻化」「有生於無」的釋老唯心論相對立。它閃爍著生氣勃勃的力量和頗為博大的氣魄。這方面時下哲學史談得較多，這裡就不多贅。

我以為更值得注意的是，宇宙論在張載以及在整個宋明理學中，都不過是為了開個頭。包括宋、明、清歷代編纂的《近思錄集注》、《性理大全》、《性理精義》，一開頭總要大講一通理、氣、無極、太極之類的宇宙觀；然而，這仍然是一種前奏。前奏是為

---

11 《正蒙·太和篇》。

了引出主題，主題則是重建以人的倫常秩序為本體軸心的孔孟之
道。張載和整個宋明理學都用宇宙論（不管這宇宙論是唯物論的
如張載還是唯心論的如二程，這一點並不十分重要）武裝自己，
是為了建立適合後期封建社會倫常秩序的人性論（這才是最主要
的問題）。從而都是要從「天」（宇宙）而「人」（倫理），使「天」
「人」相接而合一。「天命之謂性，率性之謂道，修道之謂教」，
「大學之道在明明德，在新（或親）民，在止於至善」，《中庸》、
《大學》之所以比《周易》更是宋明理學的根本經典，人性理論
在擱置、淡漠了千年之後，之所以又重新掀起可與先秦相媲美的
熾烈討論，都說明人性是聯結、溝通「天」「人」的樞紐，是從宇
宙論到倫理學的關鍵。不是宇宙觀、認識論而是人性論才是宋明
理學的體系核心。所以，同樣講「天人之際」，宋明理學並不同於
董仲舒和漢儒。董仲舒的「天人感應」是具有反饋功能的機體系
統論（詳見〈秦漢思想簡議〉），宋明理學的「天人合一」則是「心
性之學」。前者是真正的宇宙論，後者並不是。在前者，倫理學從
屬於宇宙論，後者剛好相反，宇宙論從屬倫理學。宋儒通過「心
性之學」，上連天道，下接倫常，以反擊釋老，指出釋氏追求寂
滅，老氏企求長生，都違反了「人性」和「天道」。

　　「釋氏有出家出世之說，⋯⋯既道出世，除是不戴皇天，不
履后土始得，然卻又渴飲而飢食，戴天而履地」[12]。既要追求空
寂，又不能捨棄血肉之軀；既以為一切皆空，又仍須穿衣吃飯，

12 《河南程氏遺書》卷18。

仍要維持包括自身（身體、生命）和環境（自然、人世）在内的感性世界的物質性的存在，這不是矛盾嗎？宋儒的「心性之學」實行的本是這種常識批判，但正因為宋儒把這種世俗的常識批判與宇宙論直接聯繫起來，這就使批判上升到超常識的「天人之際」的高度。這就是說，既然人都要吃飯穿衣、「戴天履地」，那就得在理論上也承認和肯定「天」與「人」作為感性物質存在的實在性和合理性，承認和肯定這種存在確實處在不斷的運動、變化和生滅之中（宇宙論）。同時，人的穿衣吃飯「戴天履地」總具有一定的目的，遵循一定的規範和秩序，因之在理論上也就得努力去尋找、探求、論證這種普遍必然的規範、秩序和目的（認識論）。這即是要求在有限的、感性的、現實的（也是世俗的、常識的）倫常物理中，去尋求和論證超越這有限、感性、現象的無限、理性和本體。因為在理學家們看來，正是這種規律、秩序和目的作為本體，支配著和主宰著自然和人們的感性現實世界。這樣，也就逐漸地把規律、程序、目的從物質世界中抽象出來當作主宰、支配、統治後者的東西了。這種思辨行程，在中西哲學史上並不罕見，張載及宋明理學這裡的特點在於，由於他們理論的實質軸心是人性論，就把這問題更加凸現了出來：即是說，他們有意識地把特定社會的既定秩序、規範、法則（後期封建制度）當成了統治宇宙的無上法則。

　　「海水凝則動，浮則漚；然冰之才，漚之性，其存其亡，海不得而與焉」，「生有先後，所以為天序，小大高下相並而相形焉，是謂天秩，天之生物也有序，物之既形也有秩，知序然後終正，

知秩而後禮行」[13]。在這裡，「秩」、「序」、「性」開始與物質（「海」「生」「小大高下」……）相分離，並成為更重要、更根本、更具有決定意義而必須「知」的東西。在張載那裡，「氣」作為物質存在範疇與其中所蘊涵著規律、秩序的另重涵義，在論及自然事物上尚未明顯分化，物質性與規律性渾然一體可以不分[14]，但一涉及人性便不同了：

「盡性，然後知生無所得則死無所喪」[15]，「知死之不亡者可以言性矣」[16]。在張載看來，人的生死乃「氣」的聚散，人死氣散。而「性」卻不然，「性」雖是「人」的性，卻可以超越人的生死、氣的聚散而具有永恆的存在或價值。這種超越特殊的、有限的、感性現實的「性」，便是宇宙萬物的普遍規律。正是從這裡，張載首先提出「天地之性」與「氣質之性」的區分，成為宋明理學的一個根本課題。「天地之性」是與天地同體共性的普遍必然的永恆秩序、規律，「氣質之性」則是與有限、特殊的感性相關的各種欲求、功能。人性就由這兩種來源、作用、性質迥然不同的「性」所組成。前者存在於後者中，卻又是後者的主宰、支配、統治者。並且，只有這樣，人才是真正的人，而不是動物。因為只有這樣，個體才能超越自身的有限感性的物質存在而推己及人

---

13 《正蒙・動物篇》。

14 儘管有時用「神」來指「氣」的作用而有了區別，如「散殊而可象為氣，清近而不可象為神」、「天之不測謂神」等等，但並未充分展開。

15 《正蒙・誠明篇》。

16 《正蒙・太和篇》。

來「老吾老以及人之老，幼吾幼以及人之幼」，來「民吾同胞，物吾與也」，來與天地合德，與萬物同體，而達到「不朽」的形上本體。所以說，「性者，萬物之一源，非有我之得私也」。「形而後有氣質之性，善反之，則天地之性存焉。故氣質之性，君子有弗性者焉」[17]。可見，重要的是，要在感性的、經驗的「氣質之性」中去尋找理性的、先驗的「天地之性」。因為那才是「天命」、「天理」。前者不過是與「人欲」有關的「氣質」：「故思知人，不可不知天，盡其性，然後能至於命。」「湛一，氣之本；攻取，氣之欲；口腹於飲食，鼻舌於臭味，皆攻取之性也」[18]。張載要求「順性命之理」即「窮天理」，而不要「滅理窮欲」：「不以嗜欲累其心，不以小害大，末喪本焉爾」[19]，即要求「滅人欲」。

與康德由先驗知性範疇主宰經驗感性材料相比較，形式結構相仿，內容實質相反。宋明理學是由先驗的「天理」、「天地之性」主宰經驗的「人欲」、「氣質之性」以完成倫理行為。前者（康德）是外向的認識論，要求盡可能提供感性經驗，以形成普遍必然性的科學知識；後者（宋明理學）是內向的倫理學，要求盡可能去掉感性欲求，以履行那「普遍必然」的倫理行為。前者的先驗範疇（因果等等）來自當時數學和自然科學（牛頓物理學）；後者的先驗規範（理、道等等）來自當時社會的秩序制度（傳統法規）；

---

17 《正蒙·誠明篇》。

18 同上。

19 同上。

前者把認識論和倫理學截然兩分，要求互不干涉，保持了各自的獨立價值；後者卻將二者混在一起，於是糾纏不清，實際上認識論在宋明理學中完全屈從於倫理學。

所以，把張載說的「見聞之知」與「德性所知」當作感性認識與理性認識，不是誤解，便屬誇張。因為「見聞之知」固然是來自經驗的感性認識，而「德性所知」卻是不但「不萌於見聞」，而且常常需要擺脫「見聞」[20]，甚至不需要「見聞」[21]，它是一種非理智的「大心」。「德性所知」的「知」實際上並非對外物、對世界的理智認識，而是一種「其視天下無一物非我」[22]的「天人合一」的屬倫理又超倫理的精神境界，而一切「見聞之知」以至「窮神知化」，都不過是為了「身而體道」，為了使作為主體的「人」通過倫理學（而不是認識論）與「天」同一，達到這種屬倫理又超倫理超道德的本體世界。張載的〈西銘〉就是提出這樣一種最高境界而成為理學家稱道不置的根本綱領。

從歷史上看，關、洛同時而並稱，但從理論邏輯看，和張載比，二程不過「百尺竿頭，更進一步」，在張載的基礎上，把宋明理學的基礎略事擺正而已。張載的學說中，關於自然「氣化」的種種議論探討還相當之駁雜繁多，從而以〈西銘〉為特徵的倫理

20　「由象知心，徇象喪心。知象者心；存象之心，亦象而已，謂之心可乎？」（《正蒙‧大心篇》）

21　「不知不識，順帝之則，有思慮知識，則喪其天矣」（《正蒙‧誠明篇》）。

22　《正蒙‧大心篇》。

學本體論在一定程度上被覆蓋和遮掩，二程（特別是小程）的作用和地位就在盡量去掉這重遮掩，使這個倫理本體更為清楚明確地突出起來。於是張載那些有關外在事物、客觀世界和現實社會的種種科學性的極力描述、認真探討，就被指責為「有苦心極力之象，而無寬裕溫和之氣」[23]，「有迫切氣象，無寬舒之氣」[24]了。由張載到二程，要求確定並直接追求這個倫理本體（大程要求由心靈直接、迅速去領會；小程要求通過對事物的「理」的認識積累去把握），成了理論發展中必然出現的另一個環節。所以，「吾學雖有所受，天理二字卻是自家拈出來」[25]。「天理云者，……不為堯存，不為桀亡，……更怎生說得存亡加減，是它元無少欠，百理具備」[26]；「凡物之散，其氣遂盡，無復歸本原之理」[27]……，從這裡再到朱熹，便「理」高於「氣」，從而很自然地把張載引其端的「天理」「人欲」之分，「天地之性」與「氣質之性」、「德性所知」與「見聞之知」之別，以及道、氣、形上、形下，作了理論上更能自圓其說、貫徹到底的系統區分。所謂永恆、無限、普遍、必然的「理」取代了物質性更多的「氣」，成為不增不減無所欠缺的本體存在。「天」——「命」——「性」——「心」統統由「理」貫串起來：「性即是理」；「在天為命，在義為

---

23 〈伊川答橫渠書〉，引自《宋元學案》卷18。

24 《河南程氏遺書》卷18。

25 《宋元學案》卷24引。

26 《河南程氏遺書》卷2上。

27 同上書，卷15。

理，在人為性，主於身為心，其實一也」[28]。新儒學叫「理學」，很有道理。

　　然而，也正是由於強調「理」貶抑「氣」，「天」變成了「天理」或「理」，規律在思辨中脫離物質載體，便日益喪失其本來具有的現實的豐富性，變為抽象乾枯的教條框架。在張載那裡還描繪得頗為壯觀的形形色色的世界圖畫和辯證景色，到二程這裡便一齊褪色。撇開對人世、自然、事物的客觀描述研究，剩下的當然只能是對那個簡化、單一化了的「理」的枯燥空洞的說教論證，儘管理論的邏輯性和系統性似乎更為清晰明白。朱熹是由於吸收了張載以及周敦頤等人的思想，才使他的體系不像二程那樣單薄。

　　認識論也如此。由於不再注意「氣」的現象豐富性多樣性，「窮理」便日益狹隘為對那個普遍必然的「理」的把握或領悟。「窮理、盡性、至命，只是一事」[29]。所有的格物、致知、窮理，所有對事事物物的理解體會，都只是為了達到對那個倫理本體的大徹大悟。而這種徹悟也就正是「行」——倫理行為。倫理本體通過「理」包籠了一切，壓倒、替代和取消了人們對客觀世界進行科學認識的要求、努力和意向。

　　一個重要的問題是，在北宋，中國科技正達到它空前的發展水平，對事物的認識一般都進入對規律的尋求階段，宋人重「理」，幾乎是一大特色，無論對哲學、政治、詩歌、藝術以及自

---

28 同上書，卷18。

29 《河南程氏遺書》卷18。

然事物都如此。蘇軾說:「至於山石竹木,水波煙雲,雖無常形,而有常理」[30]。足見追求「無常形」現象之後的「常理」,已是當時一種共同的思潮傾向[31]。所以,理學家中並不缺乏科學傾向(如程頤關於氣溫與韭菜的著名議論,如朱熹對許多自然現象的解釋等等),特別是張載的體系內容,朱熹的強調「格物致知」,也如此。但是,有那麼多科學材料和內容的宇宙論和科學觀點沒有向實證的自然科學方向開展,卻反而濃縮為內向的倫理心性之學。這究竟是什麼原因?宋明理學由宇宙論轉向為倫理學的這種邏輯結構的現實歷史依據何在?這是一個很值得研究的問題。本文沒法回答這個問題。但至少從表面看,這大概與北宋中期以來相當緊張的內憂外患和政治鬥爭(如變法鬥爭的嚴重性、持續性、反覆性)密切相關,社會課題和民生凋蔽在當時思想家頭腦中占據了壓倒一切的首要位置。中國古代從氏族社會持續起作用的傳統,是建立在血緣紐帶之上的溫情脈脈的原始人道遺風,它主要保存在以「仁學」為標記的孔孟之道中。不同於六朝門閥士族統治以人身依附為特徵的前期封建制,從中唐起的後期封建社會,更多的人取得了某些獨立的經濟、社會地位,從而便一方面使這個傳統可以具有較廣泛的適用對象,使個體人格具有更為自覺的主體

---

30 《蘇東坡集》前集卷31。

31 參看金春峰〈概論理學的思潮、人物、學派及其演變和終結〉,《求索》1983年第3期。我一直以為,歐陽修是開北宋這種一代風氣(文風、學風、思想之風)的首領人物,可惜研究得太少。

力量和價值。另方面，一個以廣泛世俗地主階級為基礎的寶塔式的皇權政治結構，比前期封建制（有更多的外在經濟、社會制約如門閥等級等），要求為整個社會和個體堅實樹立起「三綱五常」「明人倫之本」的統治秩序，也更為迫切和重要[32]。所以，在意識形態上，從韓愈的「博愛之謂仁」，「君則出令者也……民者，出粟米麻絲、作器皿、通貨財以事其上者也」，到張載的「愛必兼愛，成不獨成」，「封建井田而不肉刑，猶能教養而不能使」[33]，這兩個方面的觀念和理論都應運而生。宋明理學通過宇宙論認識論的哲理高度來論證的，其實也正是這兩個方面。所以它一方面要求盡可能廣泛地博地主階級之愛，另方面要求盡可能嚴倫常等級之分，並把它們都作為內在心理法規。重血緣、崇宗法、講情感、立主體，要求推己及人，尊老撫幼，確定名分、尊卑、等級，使人們在宗法血緣和與之相適應的倫理化的心理情感中沖淡政治、經濟的不平等的苦痛，從而維護後期封建制度永世長存。

　　要研究宋明理學這個在歷史上起了長久影響的理論形態，我以為應該首先確定它的整體特徵、內在結構、發展程序、歷史基礎，這比用某些僵化的公式把它們宰割為塊塊條條，將是更有意義的事情。

---

32 所以值得注意的是，在漢代，「孝」被置於首位；宋明以來，「忠」（忠君）比「孝」更為突出，這正是由於適應後期封建制的緣故。

33 張載：《經學理窟·月令統》。

（二） 理性本體的建立及其矛盾

　　如果說，張載由宇宙論始以倫理學終的理論行程只是某種半自覺的成果；那麼，朱熹由宇宙論始的理論體系則相反，它是異常自覺地以構建倫理學為目標，並以之為軸心而轉動的。張是由外而內，朱是由內而外。儘管從表面看，朱熹似乎是以「理」（「太極」）貫萬物而自我實現，並且圍繞著「理——氣」問題，多方面和多層次地論證了一系列哲學中心範疇如形上形下、道器、動靜、無極太極等等，真可說是「至廣大」「盡精微」，包羅萬象，邏輯謹嚴[34]，因之有人比之於黑格爾。但我以為，儘管如此，也不必為這種繁博宏富的體系外觀所迷惑，更重要的是要抓住要點。這個要點就是 ，朱熹龐大體系的根本核心在於建立這樣一個觀念公式：

　　「應當」（人世倫常）＝ 必然（宇宙規律）。

　　朱熹包羅萬象的「理」世界是為這個公式而設：萬事萬物之

---

34 參看陳榮捷《朱學論集》（臺灣學生書局，1982 年），其中某些論文有比較具體細緻的解釋。例如其中指出，朱熹不滿程頤講《易傳》，認為乃虛理（即不聯繫具體人事），編《近思錄》時本不想要卷首的「道體」，等等。我以為，這都可說明，所謂宇宙觀只是表面架式，實質是在倫理學。所以與黑格爾根本不同。

所以然（「必然」）當即人們所必需（「應當」）崇奉、遵循、服從的規律、法則、秩序，即「天理」是也。儘管與萬物同存，「理」在邏輯上先於、高於、超越於萬事萬物的現象世界，是它構成了萬事萬物的本體存在。「未有天地之先，畢竟是先有此理」[35]。「宇宙之間，一理而已，天得之而為天，地得之而為地，而凡生於天地之間者，又各得之以為性，其張之為三綱，其紀之為五常，蓋此理之流行，無所適而不在」[36]。「性即理也，在心喚做性，在事喚做理」[37]……。這個超越天、地、人、物、事而主宰之的「理」（「必然」）也就正是人世倫常的「應當」：兩者既相等同又可以互換。「天理流行，觸處皆是：暑往寒來，川流山峙，父子有親，君臣有義之類，無非這理」[38]。「事事物物皆有個極，是道理之極至。蔣元進曰，如君之仁，臣之敬，便是極。曰，此是一事一物之極，總天地萬物之理，便是太極。太極本無此名，只是個表德」[39]。可見，這個宇宙本體的「理——太極」是社會性的，是倫理學的，「只是個表德」。它對個體來說，也就是必須遵循、服從、執行的「絕對命令」：

「命猶令也，性即理也，天以陰陽五行，化生萬物，氣以成形，而理亦賦焉，猶命令也。於是人物之生，因各得其所賦之理，

---

35 《朱子語類》卷1。

36 《朱子文集》卷70。

37 《近思錄集注》卷1。

38 《朱子語類》卷40。

39 同上書，卷94。

以為健順五常之德,所謂性也」[40]。「人物之生,同得天地之理以為性,同得天地之氣以為形。甚不同者,獨於人其間得形氣之正而能有以全其性」[41]。

「天命」(「理」)就是「性」,這是張載講的「天地之性」,亦即「天命之性」、「義理之性」,是對個體來說的先驗的必然要求和規範。人之異於物者,在於人有異於物的「形氣之正」得以貫徹履行這種「義理之性」,從而「全其性」。宇宙論落實到人性論:「理」世界落實到「性」、「命」。這就是說,人世的倫常道德、行為規範來自「絕對命令」,來自「天理」,而與功利、幸福、感性快樂無關。人見小孩墜井去救援,不是為了要功,不是為了圖譽,而是必須(「應當」)如此去做,是超感性、超經驗的先驗理性的絕對命令,人不可以違反它。「絕對命令」的力量、倫常道德的崇高,也正是與個體經驗的快樂、幸福、利益相對峙相衝突中才顯示出來,顯示它確乎是遠遠超越於一切經驗現象世界的無比強大的理性本體。正是朱熹,把體用、中和、性情、靜動、未發已發等等作了明晰的區別,具有鮮明的二元體系特色而極大地突出了理性本體的主宰、統帥、命令、決定作用。其實,整個宋明理學要講的就是這個問題。宋明理學強調「義利之異」,強調「窮天理,滅人欲」,強調「餓死事小,失節事大」,都是為了突出這一點。直到黃宗羲、王夫之這些十七世紀進步思想家們那裡,反對

---

40 《四書集注‧中庸注‧卷1》。
41 《四書集注‧孟子‧離婁下》。

「坐在利欲膠漆盆中」[42]，認為「君子小人之大辨，人禽之異，義利而已矣」[43]，等等，都仍然是上述理學基本精神的伸延。所謂「義利之分」乃「人禽之異」，把人倫、理性（「義」＝「人」）與感性欲求（「利」＝「禽」）來源不同、本質歧異的這一特點講得最突出了。

朱熹「理世界」中的所謂「理一分殊」，其實質也是為了說明上述道德行為具有如法規似的普遍性，論證人們的特定現實物質內容的經驗的倫理行為，卻具有與先驗理性同體並在的性格，因而普遍適用和有效。即是說，這種適用和有效不是由經驗事實來證實和保障，而是因為它們出自同一個先驗理性（「天理」）：「萬物皆有此理，理旨同出一源。但所居之位不同，則其理之用不一。如為君須仁，為臣須敬，為子須孝，為父須慈。物物各具此理，而物物各異其用，然莫非一理之流行也」[44]。「理一分殊」如「月照萬川」，「如月在天，只一而已，及散在萬川，則隨處可見」，這與其說是在講有關宇宙自然的共相具相，不如說是在為了證實倫理道德的普遍立法，然而也正是把這種立法高揚到本體論宇宙論的高度來論證的。

宋明理學強調在實踐行動中而不是在思辨中來實現這個普遍規律（「理」）。這種實現又必須是高度自覺的，即具有自我意

---

42 黃宗羲引顧憲成批何心隱語，見《明儒學案》卷32。

43 王夫之：《讀通鑑論・卷18・宣帝》。

44 《朱子語類》卷18。

識的。在某種意義上，它是在追求倫理學上的「自律」，而反對「他律」。即把「絕對命令」當作自我完成的主動欲求，而不是外在的神意指令，當然更不是外在的物質功利、幸福了。朱熹要求「知」先於「行」，反對倫理行為的盲目性、自發性，都是為建立這種「自律」而要求自覺意識：「義理不明如何踐履」，「若講得道理明時，自是事親不得不孝，事兄不得不悌，交朋友不得不信」[45]。「不得不」是必須履行、無價錢可講的「絕對命令」（「天理」），「講得道理明時」是對這一「絕對命令」「天理」的自覺意識。「格物」、「致知」、「窮理」，是為了達到這種意識的認識論。「格物是物物上窮其至理，致知是吾心無所不知。格物是零細說，致知是全體說」[46]。也正如程頤所說，之所以要求「今日格一物、明日又格一物」，是為了積累以達到「一旦豁然貫通」，即了悟到倫理本體而貫徹在自己的行為中，這也就是「自明誠」。

也因為強調「自律」，所以理學注重所謂「慎獨」，注重「一念之發是否率性」，要求自己不受外在環境、利益、觀念、因素所影響和支配。

只有做到了上述這些，才能建立起張載〈西銘〉中所提出的那樣一個「天地之塞吾其體，天地之帥吾其性」、「存吾順事，歿吾寧也」、與天地合德與萬物同體的倫理學的主體性，而這種主體

---

45 《朱子語類》卷9。

46 《朱子語類》卷15。

性實際上是超越了現實道德要求，達到了存在的本體高度。所以宋明理學是一種倫理學主體性的本體論。這種本體論要求在平凡中見偉大，「極高明而道中庸」，在普通日常生活實踐中展現出道德律令的普遍必然和崇高地位。它比起以個人為本位，一味追求空寂或長生的釋老的認識論宇宙論來說，明顯地具有高屋建瓴壓倒它們的優越氣勢。

　　倫理本體、非功利的絕對命令、立法普遍性和意志自律，以朱熹為代表的理學確實在理論類型上有近乎康德處。

　　但是，與康德有一個根本差異。除了時代階級背景不同（一是中世紀封建階級，一是進入近代的資產階級），從而有理論實質上的差異（如宋明理學缺少康德「自由」「人是目的」的明確規定）外，還有一個非常有趣的不同。這個不同，馮友蘭曾點出過。他說，康德只講「義」，理學還講「仁」[47]。康德把理性與認識、本體與現象做了截然分割，實踐理性（倫理行為）只是一種「絕對命令」和「義務」，與任何現象世界的情感、觀念以及因果、時空均毫不相干，這樣就比較徹底地保證了它那超經驗的本體地位。中國的實踐理性則不然，它素來不去割斷本體與現象，而是從現象中求本體，即世間而超世間，它一向強調「天人合一，萬物同體」；「體用一源」「顯微無間」。康德的「絕對命令」是不可解釋、無所由來（否則即墜入因果律的現象界了）的先驗的純粹形式，理學的「天命之謂性」（「理」）卻是與人的感

---

47 參看馮友蘭《新原人》第 6 章。

性存在、心理情感息息相通的。它不止是純形式，而有其訴諸社會心理的依據和基礎。繼承孔孟傳統，宋明理學把「義務」、「絕對命令」明確建築在某種具有社會情感内容的「仁」或「惻隱之心」上。如果說，康德仍然不脫開西方從古至今的原罪思想傳統，認為人性惡；那麼，宋明理學則承接孔孟傳統，強調人性善，貫徹著「汝安則為之」（孔）、「惻隱之心，人皆有之」（孟）的心理學與倫理學交溶的基本原則。把本來說得極高、極大的「天命人性」、道德法則、倫常秩序，最終又歸結到充滿感性血肉的心理情感的依據上，這也就使其為印證倫理本體而設定的整個宇宙論、世界觀，也帶有人情化、生命化的意味。對「仁」、「惻隱之心」的極大肯定與對整個感性自然的生長發展的肯定，是類比地聯繫在一起的。因之在宋明理學中，感性的自然界與理性的倫常的本體界不但沒有分割，反而彼此滲透吻合一致了。「天」和「人」在這裡都不只具有理性的一面，而且具有情感的一面。程門高足謝良佐用「桃仁」「杏仁」（果核喻生長意）來解釋「仁」，周敦頤庭前草不除以見天意，被理學家傳為佳話。「萬物靜觀皆自得，四時佳興與人同」，「等閑識得春風面，萬紫千紅總是春」……，是理學家們的著名詩句。這些都是希求在自然世界的生意、春意中顯示、體會、比擬人世的倫常法規，這也就是宋明理學的一個重大特徵，也是宋明理學之所以把《周易》與《中庸》同尊共奉的緣故。同時這又是吸取了莊子、禪宗的某種成果。所以儘管理學家都聲稱尊奉孔孟，但實際上他們既賦予孔子「吾與點也」以新的形上解釋，也超出了孟子的道德人格的主體性，而

將它哲學地「聖」化了[48]。宋明理學家經常愛講「孔顏樂處」，把它看作人生最高境界，其實也就是指這種不怕艱苦而充滿生意，屬倫理又超倫理、準審美又超審美的目的論的精神境界。康德的目的論是「自然向人生成」，在某種意義上仍可說是客觀目的論，主觀合目的性只是審美世界；宋明理學則以這種「天人合一，萬物同體」的主觀目的論來標誌人所能達到超倫理的本體境界，這被看作是人的最高存在。這個本體境界，在外表形式上，確乎與物我兩忘而非功利的審美快樂和美學心境是相似和接近的。

　　然而，也正因為如此，給理學特別是朱熹的哲學體系帶來了巨大矛盾。由於本體界與現象界沒有阻隔割裂，本體領域可以滲入情感（如上述的「孔顏樂處」）、經驗，這樣，也就使感性本身取得了重大的地位。再由於對人和世界的感性存在的承認和肯定，在人性論上也就必然承認人的感性欲求和需要。既然「天地之大德曰生」，那麼順應感性自然的生長發展的要求、意向──其中包括感性欲求的自然規律，就不僅不是惡，而且還是善；既然「理」必須依存於「氣」而體現，那麼天理人欲如何分界也就很難。「惡」並不能具有原罪式的本源的強固地位。「惡」只是對「善」──宇宙和群體的和諧、生意的背離或破壞而已，它與「善」不能是平等的對立地位，而只有從屬的次要位置。善惡的本源性的對立既不存在，如何具體區分也就相當艱難。所以朱熹一再說，「天理

48 「問浩然之氣，曰：這個孟子本說得來粗，……只似個粗豪之氣，……但非世俗所謂粗豪者耳」《朱子語類》卷52）。

人欲，幾微之間」[49]，「若是飢而欲食，渴而欲飲，則此欲亦豈能無？」[50]「雖是人欲，人欲中亦有天理」「天理人欲無硬定底界」[51]……，足見理性本體（天理）與感性現象（人欲）本應無對抗。但是，封建統治階級的社會要求，使這些理學家們把短暫的特定社會時代的統治秩序行為規範即封建制度的法規，當作普遍必然無所不在的「天理」「性命」，來壓迫扼殺人的感性自然欲求。禁欲主義、封建主義、等級主義，被當作宇宙的「天理」和人的「性命」。「親親之殺，尊賢之等，皆天理也」[52]，「所謂天理，復是何物？仁義禮智信豈不是天理？君臣父子兄弟夫婦朋友豈不是天理？」[53]這樣，一方面，純粹理論上肯定了感性自然的生存發展，並不要求本體與現象世界的分離；另方面實際又要求禁錮、壓制甚至否定人的感性自然要求，倫理本體必須與現象世界劃清界限。這個重大矛盾，在宋明理學的核心——人性論的「心統性情」的理論中，由潛伏而走向爆發。

也是由張載提出而朱熹集大成的「心統性情」說，把「心」分為「性」與「情」兩個方面，「性，心所具之理，而天，又理之所從出也」。「性」是「天理」，來自本體世界，它是所謂「未發」，也稱作「道心」。它的具體內容則是「仁」、「義」、「禮」、「智」、

---

49 《朱子語類》卷 13。

50 《近思錄集注》卷 5。

51 《朱子語類》卷 13。

52 《四書集注・中庸注》。

53 《朱子文集》卷 59。

「信」等封建倫常規範，是純粹理性。另方面是「人心」，即「情」，屬於「已發」的現象世界，它的具體內容是「惻隱」、「善惡」、「辭讓」、「是非」等觀念情感、心理狀態。它是有感性成分或與感性因素相關的。「性」與「情」的區分實際是「天命之性」與「氣質之性」區分的同位推演。正如「理」不離「氣」一樣，「道心」不離「人心」，卻要管轄「人心」。「心」的這種雙重性的假設，把理學體系的上述矛盾尖銳化了。

本來，在朱熹早期，「性」是未發，「心」是「已發」，這樣「心」與「性」便仍有割裂；「性」不能貫徹、滲透到「心」，成為外在的要求、命令。所以後來朱熹認為「心」應包括「未發」、「已發」即「道心」、「人心」，從而「兼體用、貫幽明、通動靜」，把作為「天理」的「性」一直貫穿到不能脫離血肉身軀的「心」中。於是「心」也就只好一分為二（道心與人心），從另方也可說是合二而一了。總之，理性、感性；社會、自然；本體、現象被一股腦地濃縮和集中在這同一個「心」中：「性者心之理，情者心之動，心者充性情之主」，「心如水，性猶水之靜，情則性之流，欲則水之波瀾」。「命猶誥敕，性猶職事，情猶設施，心則其人也」[54]，「此心之靈，其覺於理者，道心也；其覺於欲者，人心也。……人心出於形氣，道心本於性命，……於人心之中，又當識道心……」[55]，在朱熹看來，道心人心本一心，但有天理人欲

---

54 《朱子語類》卷 5。
55 《朱子語類》卷 62。

之分。若只講道心，「將流為釋老之學」，因為有形體血氣就有人心。人心有善惡，道心無不善，所以必須在人心中講道心。如果飲食男女出乎「正」，人心可以變道心。道心就在於制限人心，使飲食男女出乎「正」……。可見，這是既求「道心」（性、未發、純然是天理）管轄、統理、支配、主宰「人心」（情、已發、可走向人欲），又求「道心」與「人心」只是一心，「道心」不能離開「人心」。一方面，「人心」與感性自然需求欲望相連，與血肉之軀的物質存在相連，這是異常危險的，弄不好便變為「過度」的「私意」「私欲」而「人欲橫流」，成為惡。另方面，「道心」又仍需依賴這個與物質存在相連的「人心」，才可能存在和發揮作用，如果沒有這個物質材料，「道心」、「性」、「命」也都落了空。「性只是理，然無那天氣地質，則此理沒安頓處」[56]，否認了「天氣地質」、「人心」、「形氣」，也就等同於否定物質世界和感性自然的釋家了。因之如何在這兩方面取得均衡、穩定即中庸，就成了朱熹和理學所特別著意的地方。「人心唯危，道心唯微，唯精唯一，允執厥中」，所謂十六字真訣也自然成了他們的綱領。理與欲，性與情，道心與人心，倫理與自然，既來自截然不同甚至對立的兩個世界（本體世界與現象世界、理性世界與感性世界），卻又要求它們一致、交溶甚至同一，這的確是很艱難的。像「仁」這個理學根本範疇，既被認作是「性」、「理」、「道心」，同時又被認為具有自然生長發展等感性因素或內容。包括「天」、「心」等範疇也

---

56 《朱子語類》卷4。

都如此：既是理性的，又是感性的；既是超自然的，又是自然的；既是先驗理性的，又是現實經驗的；既是封建道德，又是宇宙秩序……。本體具有了二重性。這樣一種矛盾，便蘊藏著對整個理學破壞爆裂的潛在可能。這個可能在朱熹的龐大的宇宙論、認識論的體系掩蓋下還不突出，「心統性情」、「道心人心」的命題還沒有占居整個體系的主導地位，矛盾被淹沒在大量有關格物致知、無極太極等等議論中。但只要一到以「心」為本體的明代理學（心學）的新階段，「心」比「理」更成為體系的中心課題後，這個矛盾便不可避免地呈現出來和不斷向前發展，最終造成理學體系在理論上的瓦解。

 「心」的超越與感性

　　王陽明是繼張載、朱熹之後的宋明理學全程中的關鍵人物；張建立（理學），朱集大成，王使之瓦解。儘管這並非個人有意如此，但歷史的和理論的邏輯程序使之必然。如果說，張的哲學中心範疇（「氣」）標誌著由宇宙論轉向倫理學的邏輯程序和理學起始，朱的中心範疇（「理」）標誌著這個理學體系的全面成熟和精巧構造，那麼王的中心範疇（「心」）則是潛藏著某種近代趨向的理學末端。他們又各自有其追隨擁護者而形成理學中的三種不同

傾向或派別。

　　哲學史家一般都把王陽明的理論追溯到程顥和陸象山，本文同意此說。大程跟他弟弟確有不同，他沒去強調「道」（「形而上」）與「陰陽」（「形而下」）的嚴格區分，相反，他把它們看作一回事。「天只是以生為道，繼此道者，即是善也」，他認為水清水濁都是水，水流本身即善，即生，即性，即道。「生之謂性，性即氣，氣即性，生之謂性」。在他這裡，「道」與「陰陽」、「理」與「氣」、「性」與「生」、「天命之性」與「氣質之性」……等等尚在未嚴密分化區劃的狀態中，因之感性自然的存在合理性更為鮮明，倫理的秩序、規範在大程這裡也更多地不時閃爍出感性的光輝，不像他弟弟那樣，一定要把一個抽象的、先驗的、超感性現實的「理」、「道」、「形而上」從感性自然中分離出來以君臨其上。程顥這種感性與理性合一的觀念體系，比小程和朱熹在邏輯的分析水平和理論的發展層次上，處在更為簡單更為初級的狀態[57]。但另方面，它又更多地保存了未被嚴密邏輯規範弄得乾枯抽象的感性直接性的優點和長處，從而反使它似乎更為接近理學家們所追求的「天人合一」的最高境界──那個「孔顏樂處」的目的論的精神境界。

　　陸象山自覺承接大程，明確反對小程和朱熹。他認為陰陽即道，主張「道」「器」一體，反對把一個邏輯的「無極」加在存在的「太極」之上，從而也就反對天理人欲、道心人心的截然分劃：

---

[57]「……明道之性論，於宋儒中最薄弱者也」（王國維：《靜安文集·釋性》）。

「天理人欲之言，亦自不是至論。若天是理，人是欲，則是天人不同矣。……人心為人欲，道心為天理，此說非是。心一也，人安有二心？」[58] 與朱熹「性即理」不同，陸強調的是「心即理」，「心外無理」，「萬物森然於方寸之間，滿心而發，充塞宇宙，無非此理」[59]，「心之體甚大，若能盡我之心，便與天同」[60]。把「心」作為通萬物同天地的本體，這個「心」本體比起那純「理」世界當然客觀上具有更多的感性血肉。「心」比「理」更多是感性自然和現實經驗的，這樣來談心性，無怪朱熹要說陸是告子了。

　　陸象山比程顥在理論推演上也前進了一步，對程顥的直觀把握方式作了自覺論證和說明：與「心即理」的宇宙觀並行的是直覺認識論。既然一切認識、一切格物致知都是為了達到「豁然貫通」，了悟倫理本體，那麼何不直接求諸本心，又何必費神勞思，今日一件明日一件地去格外物呢？只要去掉心中的各種弊病，真理的光輝便會自然顯露。「順乎心之自然」便可以自自然然地實現、履行倫常真理，而與本體合一。「道塞宇宙，非有所隱遁，……在人曰仁義，故仁義者，人之本心也」[61]；「收拾精神，自作主宰，萬物皆備於我，有何欠闕？當惻隱時自然惻隱，當羞惡時自然羞惡，……」[62]。

---

58 《陸九淵集》卷 34。

59 同上。

60 同上書，卷 35。

61 同上書，卷 1，〈與趙監書〉。

62 同上書，卷 35。

　　王陽明則進一步把陸象山的這些論點系統化、周密化、條理化，陸象山不講「工夫」，於是「道」的「本體」便似乎不可得而求；王陽明強調「工夫」，認為「工夫」即「本體」，這就一面保持了講求修養持敬的理學本色，同時又論證了「知行合一」的哲學理論：「知」即是「行」，「行」不離「知」，「知是行之始，行是知之成」；「知」在這裡就不同於朱熹「格物致知」的客觀認識，而完全成為道德意識的純粹自覺。王陽明最終把這一切集中在「致良知」這個綱領性的口號之上。

　　「忠與孝之理，在君親身上？在自己心上？若在自己心上，亦只是窮此心之理矣」[63]。「假而果在於親之身，則親沒之後，吾心遂無孝之理歟？」[64]「人心是天淵，無所不賅，原是一個天，只為私欲障礙，則天之本體失了。如今念念致良知，將此障礙窒塞一齊去盡，則本體已復，便是天淵了」[65]。「格物如孟子大人格君心之格，是去其心之不正，以全其本體之正」[66]。

　　作為理學，陸王與程朱同樣為了建立倫理學主體性的本體論，都要「明天理去人欲」；其不同處在於，程朱以「理」為本體，更多地突出了超感性現實的先驗規範，陸王以心為本體，更多地與感性血肉相聯。於是前述的潛伏在朱熹和理學中的困難和矛盾，

---

63 《傳習錄》上。

64 同上書，中。

65 同上書，下。

66 同上書，上。

到王陽明和心學中便成為主要矛盾了。我曾認為,「王陽明哲學中,『心』被區劃為『道心』(天理)『人心』(人欲) [67]。『道心』反對『人心』而又須依賴『人心』才能存在,這當中即已蘊藏著破裂其整個體系的必然矛盾。因為『道心』須通過『人心』的知、意、覺來體現,良知即是順應自然。這樣,知、意、覺則已帶有人類肉體心理性質而已不是純粹的邏輯的理了。從這裡,必然發展出『天理即在人欲中』、『理在氣中』的唯物主義」[68]。

這種破裂首先表現為由於強調「道心」與「人心」、「良知」與「靈明」的不可分離,二者便經常混在一起,合為一體,甚至日漸等同。儘管「心」、「良知」、「靈明」在王陽明那裡被抽象提昇到超越形體物質的先驗高度,但它畢竟不同於「理」,它總與軀殼、物質相關連。從而理性與感性常常變成了一個東西而緊相糾纏以至不能區別,於是再進一步便由理性統治逐漸變成了感性統治。

　　所謂汝心,卻是那能視聽言動的,這個便是性,便有天理。[69]

---

67 道心人心之分在張載那裡就有,在張那裡恰好是理學的必然開頭,要點在道心的超越性;在王這裡則恰好是結尾,要點是它的依存性。當然嚴密說來,「人心」並不等於「人欲」,見上文。

68 《康有為譚嗣同思想研究》,上海人民出版社,1958 年,第 89 頁。著重點原有。

69 《傳習錄》上。在這裡,心的感性方面視聽言動還為理性——「能視聽言動的」所統治。

良知只是個是非之心，是非只是個好惡，只好惡便盡了是非，只是非便盡了萬事萬變。[70]

良知是天理之昭明靈覺處。[71]

只是一個靈明，……我的靈明便是天地鬼神的主宰。離卻天地鬼神萬物，亦沒有我的靈明，如此便是一氣流通的。[72]

能視聽言動、知覺、靈明，都或多或少地滲入了感性自然的內容和性質。它們更是心理的，而不是純粹邏輯的，它們有更多的經驗性和更少的先驗性。並且更重要的，在理學行程中，這個具有物質性的東西反而逐漸成了「性」、「理」的依據和基礎。原來處於主宰、統治、支配地位的邏輯的「理」反而成了「心」、「情」的引申和派生物。於是，由「理」、「性」而「心」倒過來成了由「心」而「理」。由「性」而「情」變而為由「情」而「性」。「充其惻隱之心，至仁不可勝用，這便是窮理工夫」[73]。不是由「仁」（朱學中的「性」「理」）來決定、支配「惻隱之心」（朱學中的「情」），而是倒過來，「仁」和「窮理」反而不過是「惻隱之心」的推演和擴充了。既然「心」即「理」，而「心」又

---

70 同上書，下。「是非」等同於「好惡」，然而「好惡」比「是非」更容易走向感性。

71 同上書，中。

72 《傳習錄》下。

73 同上書，上。

不能脫離血肉之軀的「身」，毋寧還需依靠「身」才能存在（《傳習錄》下：「無心則無身，無身則無心，但指其充塞處言之謂之身，指其主宰處言之謂之心」）。「道心」與「人心」既不能分，「心」與「身」又不能分，這樣，「理」「天理」也就愈益與感性血肉糾纏起來，而日益世俗化了。從宇宙論認識論說，由張載到朱熹到王陽明，是唯物論（「氣」）到客觀唯心論（「理」）到主觀唯心論（「心」），似乎是每況愈下，日益倒退，時下好些哲學史論著都如此說。但如果從理學全程說，卻是從自然到倫理到心理，是理學的成形、爛熟到瓦解，倒正是趨向近代的一種前進運動。

　　王陽明著名的「無善無惡是心之體，有善有惡是意之動，知善知惡是良知，為善去惡是格物」[74]的「四句教」和「身之主宰便是心，心之所發便是意，意之本體便是知，知之所在便是物」[75]，儘管前者企圖把「心」說成超實在超道德（善惡）的主體境界，但比起朱熹的邏輯主義的「理」來，它畢竟更心理主義化。王學集中地把全部問題放在身、心、知、意這種種不能脫離生理血肉之軀的主體精神、意志上，其原意本是直接求心理的倫理化，企圖把封建統治秩序直接裝在人民的心意之中。然而，結果卻恰恰相反，因為這樣一來，所謂「良知」作為「善良意志」（good will）或「道德意識」（moral conciousness）反而被染上了感性情感色調。並由王龍溪到王心齋，或以「無念」為宗，強調

---

74 同上書，下。詳本章第五節。

75 《傳習錄》上。

「任心之自然」即可致良知；或以「樂」為本，強調「樂是心之本體」，「人心本自樂，自將私欲縛，……樂是樂此學，學是學此樂」，都把心學愈益推向感性方向發展。因為所謂「任心之自然」，所謂「樂」，儘管指的並不是官能享受、感性快樂或自然欲求，而仍是某種精神滿足、道德境界，但不管怎樣，它們或較直接或通過超善惡的本體而與感性相連，便日益脫離純粹的道德律令（天理）。於是「制欲非體仁」之類的說法、提法不久便相繼出現，王學日益傾向於否認用外在規範來人為地管轄「心」禁錮「欲」的必要，亦即否認用抽象的先驗的理性觀念來強制心靈的必要。「謂百姓日用即道，……指其不假安排者以示之，聞者爽然」；「天理者，天然自有之理也，才欲安排如何，便是人欲」[76]……，所有這些都是「心即理」的王學原則在日益走向感性化的表現，不是倫理即心理，而逐漸變成心理即倫理，邏輯的規範日益變為心理的需求，「心即理」的「理」日益由外在的天理、規範、秩序變成內在的自然、情感甚至欲求了。這也就是朱熹所擔心的「專言知覺者……其弊或至於認欲為理者有之矣」[77]。這樣，也就走向或靠近了近代資產階級的自然人性論：人性就是人的自然情欲、需求、欲望。無論是泰州學派或蕺山學派，總傾向都如此。從王艮講「愛」、顏山農認為「……只是率性而行，純任自然，便謂之道……凡儒先見聞道理格式，皆足以

---

76 《明儒學案》卷 32。

77 《朱子文集》卷 67。

障道」[78]，到何心隱說「性而味，性而色，性而聲，性而安逸，性也」[79]；劉宗周強調「道心即人心之本心，義理之性即氣質之本性」[80]，想建立至善無惡的心之本體來擯除一切可能的人欲的思想，但是到他的學生陳乾初那裡，就發生了變化，陳說：「人心本無天理，天理正從人欲中見，人欲恰好處，即天理也，向無人欲，則亦並無天理之可言矣」；「人欲正當處即是理，無欲又何理乎」[81]；等等，似乎和泰州學派殊途同歸了。

　　李卓吾更大講「童心」，不諱「私」、「利」：「夫私者，人之心也。人必有私而後其心乃見，如無私則無心矣」，「若不謀利，不正可矣，……若不計功，道又何時而可明也？」[82]這幾乎是與宋明理學一貫肯定和宣講的「正其誼不謀其利，明其道不計其功」唱完全的反調了；不但肯定了「利」、「功」、「私」、「我」，而且還認為它們是「誼」、「道」、「公」、「群」的基礎。由這裡，再到戴東原強調「好貨好色，欲也，與百姓同之即理也」[83]，「古聖賢之所謂仁義禮智，不求於所謂欲之外，不離乎血氣心知」[84]，便只一步之隔，而從戴東原這些思想再進一步到康有為的「理，人理

78　《明儒學案》卷 32。

79　《何心隱集》，中華書局，1960 年，第 40 頁。

80　《明儒學案》卷 62。

81　《陳確集》下冊，中華書局，1979 年，第 461、468 頁。

82　《藏書・卷 32・德業儒臣後論》。

83　《孟子字義疏證》。

84　同上。

也」[85]，「夫生而有欲，天之性哉！……口之欲美飲食也，居之欲美宮室也，……」「人生之道，去苦求樂而已，無他道矣」[86]，在理論邏輯上又只有一步之隔了。這些開關近代自然人性論的先驅健將李贄、康有為或公開崇奉王學，或直接與王學理論相連，絕不是偶然的。

從理論上說，由「氣」到「理」，由「理」到「心」，由「心」到「欲」，由強調區分「天理」與「人欲」、「義理之性」與「氣質之性」始，到「理在欲中」「欲即性」終，略去細節和現象的種種紛繁出入不論，這一整體行程發展的井然次序頗使人驚異。由外在的宇宙觀建立內在的倫理學，而最終竟又回歸為心理──生理學，而使整個理學體系在理論上崩毀瓦解。倫常道德又開始建立在個人的感性欲望、利益、幸福、快樂的身心基礎和現實生活之上，封建主義的天理人性論變而為資本主義的自然人性論，走了一個圓圈，似乎回到張載、朱熹所要反對的地方，實際上卻是大大地前進了。它給人類留下了精神的收獲和思辨的財富。

邏輯的遊戲不會憑空產生，它的真實基礎是歷史。為什麼陸象山的心學「未百年其說已泯然無聞」[87]，而王陽明登高一呼則四方響應，如洪波急流，泛濫天下？為什麼李卓吾人被囚、書被焚，卻使當時「大江南北如醉如狂」？這一切難道與明中葉以來的

---

85 《康子內外篇》13。

86 《大同書》。

87 《宋元學案》卷58。

經濟、政治、文化、社會氛圍和心理狀態的整個巨大變遷沒有關係嗎？與當時商品經濟非常發達、市民生活奢侈繁榮等等沒有關係嗎[88]？

　　除了走向近代自然人性論而外，王學的另一特徵是對主體實踐（道德行為）的能動性的極大強調，即知行合一。「知之真切篤實處即是行，行之明覺精義處即是知」。這實際是把一切道德歸結為個體的自覺行為。「知」必須是「行」，「良知」無不行，而自覺的行也就是知。這就是說，人的真實存在是在行為活動的「良知」之中，在此行為中，人才獲得他的本體存在。人們常把王陽明山中花隨心生滅的著名論點當作巴克萊來批判，其實，在王陽明知行合一說中，認識論已不占什麼地位，在某種意義上甚至可以說已經取消了認識論問題。所謂「致良知」並非知，乃倫理感也。所以，不是「存在就是被感知」，不是「我知故我在」而毋寧是「我行故我在」。在自覺的「致良知」的倫常行為中，來證實、肯定和擴展人的存在，如黃宗羲所云「心無本體，工夫所至，即是本體」[89]。由於反對追求純客觀認識的知，反對離開或脫離「行」的「知」，這就使一大批王門後學日益明確地或揚棄、或排斥、或反對程朱正統的居敬持靜，並且對現實日常生活採取了更為積極的參與干預態度。王學中的泰州學派四處講學，甚至招搖過市，對群眾、對人生、對生活表現某種狂熱的「宣教」熱誠，便是王

---

88 參看拙作《美的歷程》第 10 章。

89 《明儒學案》序。

陽明這一理論的實際後果。所以，與此相聯繫，突出個體主觀戰
鬥精神成了王學的一大特徵。本來，自陸象山始，就十分強調「自
作主宰」「自立自重」，主懷疑、反盲從、「六經皆我注腳」，經王
陽明到王門後學，這一特徵便更重要和更有意義了。「良知」既是
本體，就無待乎外，最高權威是自己，而不是「六經」或任何神
靈。王艮主張「造命」「易命」，劉宗周強調「主意」，都以不同方
式表現出這個方面。而王學的這個方面當然與強調倫理學的意志
自律原則有關，同時又與上述走向現實參與政治鬥爭相聯繫。泰
州學派的驚世駭俗，何心隱、李卓吾與權貴、上層的抗爭，劉宗
周、黃宗羲的民族氣節、政治觀念，都是與這種著重主觀戰鬥精
神和獨立意志的人生態度緊密結合在一起的。從理論說，它是用
另一種方式極大地突出了倫理主體性；個體的歷史責任感、道德
的自我意識感更加重要，成為整個學說的基本精神和首要課題。

　　王學的這兩個方面都把「理」學引向純粹的心靈，要求「心
靈」超脫現實世界而獨立、而自由，而成為宇宙的本體。前一方
面由於否定人有「二心」，泯滅了「義理之性」與「氣質之性」的
嚴重區分，走向了近代自然人性論。後一方面由於強調主觀立志
和意志力量，使後代許多志士仁人——從康有為、譚嗣同到青年
時期的毛澤東、郭沫若，都或多或少在一定程度上受了感染和影
響，把它們作為向舊社會、舊制度、舊風氣進行抗爭、抵制的精
神武器或依靠。從理論上講，前一方面似乎更為重要，但發展卻
並不大。中國近現代的資產階級自然人性論，除了在五四運動後
的新文學中有所表現外，並沒有充分的展開，這與近代反封建的

啟蒙任務並沒完成有關。因之，後一方面（講求個體的道德修養、意志鍛鍊和戰鬥精神）反而成為有實際影響的因素。一個非常有趣的現象則是青年毛澤東在五四運動前夕的《倫理學原理》批語中，表現了把這兩個方面結合起來的企圖，即以肯定感性欲求的利己主義基礎上來誇揚、鍛鍊個體的主體意識、道德修養和意志自律，以「我即宇宙」「只爭朝夕」的精神來迎接和參與社會現實生活。然而，這種嫁接並沒持續多久，感性的自由和歡樂遠遠沒有得到理論上的充分肯定和發揮，主體的倫理自覺和意志要求在艱苦的革命生活和軍事鬥爭的漫長歲月中，反而取得了實際的效果和過分的強調。

總之，本文以為，王陽明的「心學」與其看作與程朱並峙的理學內部紛爭或派別，不如就整個宋明理學的歷史全程來考察和確定其地位，這個地位就是「理學」走向末梢的邏輯終結。儘管王陽明個人主觀上是為「破心中賊」以鞏固封建秩序，但客觀事實上，王學在歷史上卻成了通向思想解放的進步走道。它成為明中葉以來的浪漫主義的巨大人文思潮（例如表現在文藝領域內）的哲學基礎[90]。

理論的邏輯行程以現實社會的變化為最終依據。所以，值得注意的是，與王學對立的程朱學派也同樣展現了這種變異。與王陽明同時的羅欽順、稍後的王廷相以及更後的方以智、王夫之、顧炎武甚至陸世儀、李二曲等人，他們儘管或真心崇奉程朱，或

---

90 參看拙作《美的歷程》第 10 章。

正面批判陸王，在思想解放趨向近代的啟蒙方面，遠不及王學各派，但他們又都以另一種方式，即由「理」向「氣」的回歸，走向客觀物質世界。他們大都或主張、或傾向於氣一元論，或明白或不自覺地再次提出張載作為榜樣。羅欽順是主氣的，王廷相也如此，王夫之更明確地追溯到「張橫渠之正學」，方以智也是主氣主火的著名的自然哲學家……。他們實際上與程朱的方向已經拉開了距離，他們開始真正重視對外界客觀事物的規律法則的研究探討，而不只是為建立倫理主體服務了。認識論開始再度成為認識論，不再只是倫理學的僕從、附庸或工具。因之，他們在理論構造的豐富性、謹嚴性、科學性等方面，又超過了王學各派。如果說，戴東原承續王學傳統[91]是指向近代自然人性論解放思潮的先驅；那麼，方以智、王船山則承續朱學傳統，是三百年前具有科學思辨的前導。

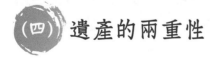 遺產的兩重性

宋明理學到底留給我們一些什麼呢？

這問題太大了，本文仍然只能掛一漏萬地粗糙描述兩筆。

---

91 參看馮友蘭《中國哲學史》下冊。

　　首先當然是以程朱為中心的「理學」在其數百年統治期中對廣大人民的慘重毒害。它給人們那麼多的災難和痛苦,「尊者以理責卑,長者以理責幼,貴者以理責賤。雖失,謂之順。卑者、幼者、賤者以理爭之,雖得,謂之逆。……上以理責其下,而在下之罪,人人不勝指數,人死於法,猶有憐之者,死於理,其誰憐之?」[92]「其所謂理者,同於酷吏之所謂法。酷吏以法殺人,後儒以理殺人,浸浸然捨法而論理,死矣,更無可救矣」[93]。「俗學陋行,動言名教(即禮教、理學),敬若天命而不敢渝,畏若國憲而不敢議,……上以制其下,而不能不奉之。則數千年來三綱五倫之慘禍烈毒,由是酷焉矣」。「名之所在,不惟關其口,使不敢昌言,乃並錮其心,使不敢涉想……」[94]。

　　之所以又一次搬出這些人所熟知的引文,是因為它們以自己切身感受最清晰地表達了、說明了宋明理學(主要是朱學)在當時的現實作用。而且,重要的是,即使在純理論或行動中具有優秀表現的人物(例如劉宗周),只要一翻閱他們那些涉及社會現實生活的種種議論(如劉的《人譜類記》),便怵目驚心地可以看到這些理學家們是那樣地愚昧、迂腐、殘忍……,他們幾乎無一例外地要求用等級森嚴、禁欲主義……等等封建規範對人進行全面壓制和扼禁。而事實上,一句「餓死事小,失節事大」的語錄,

92 戴震:《孟子字義疏證》。
93 戴震:《與某書》。
94 譚嗣同:《仁學》。

曾使多少婦女有了流不盡的眼淚和苦難。那些至今偶而還可看到的高聳的石頭牌坊——貞節坊、烈女坊，是多少個「孤燈挑盡未能眠」的痛楚情感的凝聚物。而一頂「名教罪人」的帽子，又壓死了多少有志於進步或改革的男子漢。戴東原、譚嗣同滿懷悲憤的控訴，清楚地說明了宋明理學給中國社會和中國人民帶來的歷史性的損傷。所以，戊戌以來，從譚嗣同到鄒容、宋恕，從陳獨秀到吳虞、胡適，從魯迅到巴金、曹禺，無論是政論是小說，無論是《狂人日記》是《家》，也無論是巴金的《家》還是曹禺的「家」（《雷雨》）……，充滿了戰鬥激情，博得了歷史聲譽，贏得了人民喜愛的，不正是因為它們以反理學作為基本主題的緣故麼？

直到今天，這個歷時千年的陳舊幽靈也仍然不時地在中華大地上遊蕩，儘管它常常改頭換面，甚至打出馬克思主義革命旗號（「狠鬥私字一閃念」、「靈魂深處爆發革命」等等）來紅裝素裹，再世還魂。既然如此，1949 年以來，我們對宋明理學採取徹底否定的態度不也就是完全可以理解的事情嗎？並且，直到今天，不也仍有繼續執行這種批判、否定的歷史使命嗎？

那麼，行程達數百年的宋明理學就是思想史上毫無意義的一堆破爛嗎？它是否也留給了人類某些積極的東西呢？特別是展望未來，當可以徹底消除它的特定封建作用之後，它本身是否還有某種價值呢？

這個問題似乎尚未有令人滿意的回答。並且，現實的利害總勝過純粹理論的考慮。宋明理學的巨大現實禍害完全掩沒了它在純理論上的成就和特點。但是，如果從整個人類和整個民族的更

為長遠的角度來看，情況當有不同。

　　人類不但製造、積累、發展外在世界的物質文明，從原始石器、陶器到今天的航天飛機，而且同時也在不斷創造、積累、發展內在世界的精神文明。除了物態化的作品（Karl Popper 的世界3）之外，它還表現為人的精神、心靈本身的結構狀態（世界2）。人的心理不同於動物，人有其區別於動物的人性，這就是建築在動物性生理機制上的社會性的心理結構和能力。文化心理結構使人區別於動物，它即是人性的具體所在。探討、分析、研究這一結構應該是今天哲學的一個重要課題。

　　這個結構中至少又可以分出智力結構、意志結構和審美結構三大分支（知、意、情），科學、道德和藝術是物態化的表現。它們確乎是歷史具體的，隨社會、時代、民族、階級而具有各自特定的內容和作用，但是，同時它們又有其不斷內化、凝聚、積澱下來的結構成果，具有某種持續性、穩定性和非變異性。前者（內容）時過事遷，經常變化、發展或消失，後者（形式）卻常常內化、凝聚、積澱、保存下來，成為人的主體能力和內在結構。以前討論得很多的所謂道德繼承性、文化遺產繼承性諸問題也都與此相關。任何文化、道德都是歷史具體的，具有特定的社會、時代、民族、階級的不同內容，原始時代不同於封建社會，封建社會又不同於資本制度，各種知識觀念、道德標準和藝術趣味都在不斷變遷。然而也就在這種種變遷運動中，卻不斷積累著、鞏固著、持續著、形成著與動物相區別的人所特有的心理結構、能力和形式。它是心理的，但建築在生理基礎之上，實際上是生理和

社會兩個方面的交溶統一。因之，它表現為感性自然的普遍性並不是生物性的，而毋寧是社會性的了。

例如，人和動物都有犧牲個體以維護群體的感性活動形式。在動物，這是本能；在人，卻是自覺的意志行為，是理性意識作用、主宰、支配感性活動的結果。它表現的正是人的意志結構的威力。這種表現在感性形式裡的理性意志，恰恰是在與感性生理的自然欲望——求生、快樂、幸福相對峙甚至衝突中，展現出它的人的本質和人性的莊嚴。可見，人的主體意志和道德行為並不建築在自然欲求的基礎之上，而是建立在理性主宰、支配感性的能力和力量之上。在這個問題上，康德和宋明理學無疑比法國唯物主義和自然人性論要深刻。連日常語言中的所謂「意志薄弱」「道德淪喪」等等，指的也正是理性主宰的喪失、人對自然欲求的屈從或遷就，如貪生怕死、追求安逸、耽於聲色等等。儘管不同社會、時代、民族、階級的道德要求倫理內容各不相同甚至彼此對立，但它們在建立人類的意志結構和主體能力這件事本身上，卻有其共同的要求、性質和歷史的延續性、傳遞性。劉少奇《論共產黨員的修養》與宋明理學的封建道德說教是完全不同的，但是它們在建立主體意志和倫理責任感的形式上，難道真正沒有任何共同的東西嗎？難道真正沒有民族傳統方面的繼承因素嗎？使頑夫廉，懦夫立，聞者興起，宋明理學在中國民族性格、中國實踐理性的形成發展中，在中國民族注重氣節、重視品德、講求以理統情、自我節制、發奮立志等建立主體意志結構等方面，難道真正毫無關係嗎？

文天祥的〈正氣歌〉不正是宋明理學嗎？封建時代的正派人士、資產階級某些革命家們在監獄苦刑中以宋明理學自恃自樂，難道是偶然的嗎？毛澤東青年時代從他老師楊昌濟那裡認真學習宋明理學，稱道曾國藩，特別是對強調活動和實踐經驗、具有小生產勞動者特色的顏元哲學[95]的學習，講求修養、鍛鍊意志、重視人生理想、精神價值和道德境界，難道在他以後的活動和思想中沒有留下任何作用和影響嗎？

　　如果從這樣一種角度來看宋明理學，便可以見到，由於宋明理學細密地分析、實踐地講求「立志」、「修身」，以求最終達到「內聖外王」、「治國平天下」，把道德自律、意志結構，把人的社會責任感、歷史使命感和人優於自然等方面，提揚到本體論的高度，空前地樹立了人的倫理學主體性的莊嚴偉大。在世界思想史上，大概只有康德的倫理學能與之匹敵或相仿。康德著名的基碑：「位我上者燦爛的星空，道德律令在我心中」，與張載的名言「為天地立心，為生民立命，為往聖繼絕學，為萬世開太平」，在表現人類主體倫理性本體的崇高上，是同樣偉大的。人的本質，一切人性，並非天生或自然獲得，它們都是人類自我建立起來的。對人類整體說是這樣，對個體也如此。前者通過漫長歷史，後者主要通過教育（廣義）。意志結構便主要是通過實踐活動本身和體育、德育來建立。

　　如前所述，與康德不同的是，康德的道德律令具有更多的可

<hr>

95 參看本書第二章〈墨家初探本〉。

敬畏的外在性，宋明理學在理論上卻保留了更多的人情味[96]。在康德，是本體與現象界、倫理世界與自然世界的分裂；在理學，是「贊化育，與天地參」的「情理協調」和「天人合一」。所以，它不是完全忽視情感的純理性的社會契約，也不是完全忽視理智的純感情的宗教迷狂。這種追求「情理諧和」、「天人合一」的思想、觀念，以建立區別於動物的人性本體，在精神空虛、價值崩潰、動物性個體性狂暴泛濫，真可說「人欲橫流」的今天的資本主義世界中，有沒有一定的意義和價值？宋明理學的理論成果和世界意義，是一個尚待深究的題目。

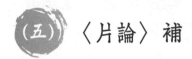 （五）　〈片論〉補

　　〈片論〉既成，意遠未盡；異日再論，暫補數則：

---

96 這是從孔孟起的中國儒家傳統，把倫理修養最終放在心理愉悅上。直到近代，熊十力、梁漱溟由佛歸儒仍然說明了這一傳統的力量。如梁便認為「樂」是使他歸儒的主要原因（《中國哲學》第 1 輯，第 330～341頁），甚至章太炎由「轉俗成真」到「回真向俗」（《菿漢微言》）也有此意。處於近代門檻的這些哲學家們迴光返照似地折射出中國古典哲學（儒──佛──儒）的縮影行程，這是有深刻意義的：它提示中國哲學應有新的出路。

（一）〈片論〉曾將宋明理學與康德相比。

甲、這是為了指出宋明理學以倫理作為本體。宋明理學的根本目的和理論建構是以倫理學為指歸，來證實封建倫常的普遍必然性。但由於宋明理學所遵循的仍是中國「天人合一」的傳統，這又與康德有了根本區別。康德將現象與本體截然兩分，認為倫理與自然無關；宋明理學強調體用不二，認為「人道」（倫理秩序）即「天理」（宇宙規律）所在。因之〈片論〉的比較，不僅表中外思想之同，而亦為顯東西傳統之異。

乙、〈片論〉開篇引青年毛澤東語以示高揚道德本體的宋明理學與康德哲學在近代偉人身上的共同影響，即一面略見這種倫理主義和主觀意志在近代中國所產生的不容忽視的現實作用，另面亦見它在農民小生產國家容易獲得廣泛響應（參閱本書〈墨家初探本〉），而在社會現代化過程中造成的巨大禍害。足見，〈片論〉將康德與理學相提並論，並不盡因二者理論本身故。

（二）[97]朱熹建立了一個秩序森嚴的「理」世界以統攝宇宙和人世，把道德的「應當」與事理的「必然」等同混淆起來。其要點則在「理一分殊」之說。朱熹的老師李侗曾告朱，難者分殊，非理一也。理學的不同於佛宗，正在於此。因為它所強調、所重視的是「一理散為萬殊，萬殊又合為一理」；即統一的「天理」體現在各個具體不同的倫常「分殊」中，各個具體不同的封建倫常

---

97 （二）、（三）、（四）、（五）中的部分內容乃 1982 年 7 月 12 日檀香山「朱熹國際學術會議」上的發言。

的「分殊」又共同地體現了這個「理」。從而這個「理」就不是某種單一的存在或機械的法則，而是一個由各個彼此也很不相同的「分殊」所構成的有機整體，亦即紛繁複雜的封建社會的等級秩序。它又不只是如佛家簡單的「一月印萬川」而已。它也不同於康德只建立形式的普遍立法，而是要在這「理一分殊」中建立具體的普遍立法。理學正是把這種「立法」與宇宙自然的客觀規律（理、氣；無極、太極等等）聯繫等同起來而論證其永恆性和生命力的。總之，理學關心的是實現封建倫常秩序等級體制的「分殊」的普遍必然性。所以理學講的「人皆可以為堯舜」，並不能完全等同於「人皆可以成佛」。在佛面前，人可以是平等的；在堯舜那裡，世間卻有尊卑等級、親疏差別。理學所要捍衛的正是這個君臣父子的世上王朝，而不是那個不認父兄、脫開現實的平等佛國。因此為這個雖「分殊」卻又「一理」的封建社會有機體作哲學建構，就比佛學遠為艱難和複雜。朱熹終於構成了一個無所不包而能大體自圓其說的龐大體系，才成了儒學的「正宗」和「禮教」的聖人，歷經封建王朝的興替而不衰落。不能只分析理論本身的純粹邏輯，而不看到它的這種實在的社會依據。

（三） 從而所謂朱、陸之爭，以及朱之反對胡五峰 （〈知言〉），反對謝上蔡（「訓覺為仁」），便有其現實的道理。這就是：由於上述社會背景，朱熹必須強調「理」的客觀性才能保證它的「分殊」（各種具體的封建倫常秩序）的普遍性和實在性。所以朱熹要強調分出「性」、「情」；「理」、「氣」；「無極」、「太極」……等等來。這種客觀的「理」決不能從個體的道德自覺、個體的精

神超越出發，決不能與個體的「心」完全等同，而需要有一個具有外在於個體而又主宰個體的絕對權威——「天理」在。個體必須無條件的服從於它。從而朱熹就突出了天與人、理欲的二元對峙以及二元的矛盾和衝突，要求在這衝突中建立起實踐理性的主體，亦即建立起支配、控制感性的個體理性的意志結構。

　　之所以突出「理」、「欲」的對立和衝突，所謂「天理存則人欲亡，人欲勝則天理滅」[98]，所謂「痛理會一番，如血戰相似」等等，都是為了強調對具有客觀性的「天理」的自覺意識亦即道德意識。而「天理」既是作為普遍規律無所不在，「格物致知」便成為達到道德意識的必由之津梁；而「德性之知」（道德意識）也有賴於「聞見之知」。朱熹的倫理學之所以還附有認識論，原因也在於此；即由認識外在世界事物的「理」（秩序）以達到對作為倫理本體的「理」（道德）的自覺。這樣，也就使朱熹的哲學體系比較起陸象山、胡五峰、謝上蔡等人來，它所包含的現實內容遠為豐富飽滿，它的邏輯結構和分析層次也遠為細緻清晰。例如，它就不像胡五峰那樣把「理」與「欲」、「天」與「人」、「性」與「情」混在一起不加分析（「天理人欲同體而異用」「好、惡，性也」），也不像程顥、陸象山等人那種「天人合一」的直觀式的簡單表述（「仁」＝「天」＝「心」＝「理」）。這種未經細密的理論分析，也未真正足夠重視其中衝突的「天人」、「理欲」的合一，實際上只是一種比較低級的混沌的原始的圓滿或和諧。真正高級

---

98 《朱子語類》卷13。

的和諧或「天人合一」是經由了嚴重的衝突鬥爭的悲劇之後的成果。儘管朱熹也並沒能達到這種理論水平，但他畢竟重視了「理欲」等等的對立和衝突。在理論層次上，如〈片論〉所指出，它高於程顥、陸象山、謝上蔡、胡五峰等人。

（四）所以，我的看法與牟宗三的觀點剛好相反。牟認為朱熹是「別子為宗」，但沒有解釋這個「別子」居然可以成為正宗數百年之久的現實原因。他是純從思想本身來立論的。簡而言之，牟認為朱熹的「理」是「有而不在」，「存有而不活動」，因為它是靜態的知性抽象，它雖超越卻並不內在，不是「活潑潑的」，從而道德也就變成了外在於人的他律和形式了。朱熹是由外而內，由「格物致知」而「正心誠意」，於是倫理學變成了認識論，失去了本體地位。牟宗三認為陸、王（以及胡、謝等）才是孔孟正宗，因為它們強調「理、氣」，「性、情」，「天、人」的同一，「心」即「天」即「理」。因之道德本體不是建築在超越的外在（「理」）上，而是直接建築在個體的「此在」(Dasein) 中（「心」）。從而便不是從外在的主宰（「理」）出發，而是從內在的良知（「心」）出發，這才是由內而外。所以「格物致知」就決非認識，而只能是道德自覺，它即是「正心誠意」。只有這樣，才有真正的自律道德，它既超越又內在，既「有」且「在」，是「知」亦即是「行」，是具體的現實的「此在」。朱熹強調「仁」是「心之體，愛之德」，「仁」和「心」便是分開的。而在這裡，「仁」就是「心」，就是「愛」；「心」「愛」也就是「仁」。「心」比「理」具有活生生的行動義，牟宗三強調它即是康德講的只有上帝才有的「智的直覺」。

在這種直覺中，本體與現象、目的與因果合二而一，它正是心學所講的倫理本體。因此，此「心」既是個體的道德自覺，又是普遍的本體存在；既非個體的純感知經驗，又為個體所直接地經驗和擁有。牟宗三及其學生們在解釋謝上蔡「以覺訓仁」時，便強調此「覺」並非知覺之覺，乃「不安不忍的道德真情之覺」「不麻木而惻然有覺」，亦即王陽明的「良知良能」、道德本性的「覺」。

　　牟宗三崇陸、王，是「現代新儒家」的最後一代。他與上一代的馮友蘭崇程、朱剛好映對[99]。牟對宋明理學心性論的研究比前人的確前進了一步。上述揭示出理學心學的這種區分，不滿於程朱建立理性對感性的主宰、控制，而要求在個體中來建立或達到道德本體，就是如此[100]。如同馮友蘭的「新理學」與當時的新實在論相聯一樣，牟的新心學與現代存在主義也明顯有關。

　　但問題是，這種不離個體「此在」的道德本體論必然向兩個方向發展。王陽明學說正是這樣。因為儘管心學強調「心」不是知覺的心，不是感性的心，而是純道德本體意義上的超越的心。但是它又總要用「生生不已」、「不安不忍」、「惻然」等等來描述它，表達它，規定它（包括牟宗三也如此）。而所謂「生生」、「不安不忍」、「惻然」等等，難道不正是具有情感和感知經驗在內嗎？儘管如何強調它非心理而為形上，如何不是感性，儘管論說得如

---

99 中國「現代新儒家」可分四代（指理論邏輯階段非個人年代順序）即熊十力、梁漱溟、馮友蘭、牟宗三。詳見另文。

100 參看牟著《心體與性體》、《現象與物自身》等著作。

何玄妙超脫，但真正按實說來，離開了感性、心理，所謂「不安不忍」、「惻然」等等，又可能是什麼呢？從孔子起，儒學的特徵和關鍵正在於它建築在心理情感的原則上。王陽明所謂《大學》古本，強調應用「親民」來替代朱熹著力的「新民」，也如此。但這樣一來，這個所謂道德本體實際上便不容否定地包含有感性的性質、涵義、內容和因素了。它的進一步發展中的兩種傾向，由於有社會變化作為基礎，主要便是走向近代的自然人性論。這是〈片論〉中所論證的一個主題思想。

正如王學殿軍劉宗周所說：「猖狂者參之以情識，超潔者蕩之以玄虛」。前者可以泰州學派以及李贄等人為代表。他們把道德本體日漸參之以情感和情欲，最後走到人欲即天理、私心即公道的地步，那個道德本體的超驗性質便實際無存了。後者則可以龍溪學說為代表，它心空外物，強調無善無惡，結果認心如佛，撇開儒家倫理，完全步入禪宗。劉宗周反對它們，特地糾正「無善無惡心之體」的超倫理的「危險」理論，強調提出刻苦誠意，以抓緊發掘、時刻糾正種種罪惡意識為主旨。他把「心」歸結為「意」，認「意念」為至善本體。這樣，道德人格的自覺主體便完全變成了純至善意識的追求、培育。這種追求培育被強調必須通過對自己各種意識和無意識[101]的所謂「罪惡」意向的追尋伐討才有可能。劉宗周強調人「通身都是罪過」，強調「體獨」、「靜坐」，

---

101 「嘗夜誤入林園，私食人二挑，既寤，深自咎曰，吾必旦晝義心不明，以致此也。為之三日不餐」（《人譜類記‧記警遊夢第31》）。

認為「敬肆之分,人禽之弁」（均見劉宗周《人譜》）。如果說,泰州、龍溪的理論傾向因走向自然人性論甚至縱欲主義,符合了當時社會潮流而「靡然從風」影響很大的話,那麼,劉宗周把心學最終歸結於追求所謂至善本體的「誠意」,由「理」到「心」,由「心」到「意」,路便愈走愈窄愈內向,走入準宗教式的禁欲主義,而完全失去任何豐滿的客觀內容,成為異常枯槁的戒律教條,毫無生意[102]。其實,愈求「至善」,愈求純化意識,就愈使人欲問題突出,無怪乎劉的著名學生陳確反而提出接近自然人性論的命題了。

由此可見,為牟宗三抬為正宗的王學,不管哪條道路（龍溪、泰州或蕺山）都沒有發展前途,它或者走入自然人性論,或者走入宗教禁欲主義。它們兩者倒又恰好是同一時代的不同反響。在明末自由解放縱欲風高的同時,便有袁了凡的「功過格」、周安世的《太上感應篇》等在社會上影響極大的封建禁欲主義的反動。這正可以作為王學上述兩種傾向的現實注腳。

（五）可見,宋明理學雖然還不是宗教,但它通過個體的心性修養以達到所謂「合天人」境界而「安身立命」,本就具有宗教性能。到劉宗周這裡,那種要求對「罪過」的充分意識,就更明白地顯示了這一點。本來,理學講「先天」「後天」、「未發」「已

---

102 劉宗周《人譜》一百條「記警」,包括「記警毀字紙」「記警食牛犬」「記警射飛鳥」「記警不敬神明」「記警觀戲劇」「記警作豔詞」等等,實迂腐不堪之至。

發」、「中」「和」等等，即與佛教禪宗追尋所謂「本來面目」「父母未生時面目」的宗教性直接相關；在心學中，由於強調「心即理」，「良知」即本體，而所謂本體又並不離開現象，所以它亦動亦靜，「動而無動，靜而無靜」即超越動靜；它亦寂亦感，「寂而未嘗不感，感而未嘗不寂」，「未扣時已驚天動地，既扣時也是寂天寞地」即超越「寂」「感」；它是「未發即已發，已發即未發」即超越「已發」「未發」，……，正是在這個意義上，王陽明提出了著名的「四句教」首句的「無善無惡心之體」。這就是上述超越動靜、寂感、已發、未發……的神祕體驗，也就是王陽明一再講的「默而識之，非可以言語也」，「雖耳不聞，目不見，然見聞在得」；「無聲無臭獨知時，此是乾坤萬古時」。儒家本有「無聲無臭」之說，到王陽明這裡變成「無善無惡」，前者只是超感知，後者則已超倫理超道德，於是自然生發出王陽明到底是儒還是禪，「本體」是道德性還是宗教性的一連串問題。實際上，王陽明確乎把儒家教義從哲學上提到了宗教性的形而上學。在王陽明渲染的這種宗教性的神祕體驗中，「本體」當然是超善惡（「無善無惡」）超倫理而與宇宙同一；「良知」即是宇宙，而具有無限的普遍性。王學把孟子的「萬物皆備於我」的原始命題通過吸取佛學禪宗「我即佛」，推上了空前的形上高度。如果說，程朱主要是從「天理」的外在規範來約束人心來建立這種宗教性的話，那麼陸王則是從「良知」的內在體驗來取得這種性質和功能。也正由於它著重抓住當下心靈體驗的具體實在，強調它的本體性質，今天海外一些論者便把它與存在主義相比擬。

　　但是，儘管如何接近宗教或具有宗教性能，包括王學在內的儒家又畢竟還不是宗教。王陽明對「無善無惡」的說法（所謂「利根之人」等等）便是含混模糊的，遠遠沒有展開。而其中關鍵的一點，如〈片論〉中所強調，即它仍然執著於經驗的感性，它仍然承續著原始儒學的「樂」的傳統。王陽明說：

　　樂是心的本體，雖不同於七情之樂，而亦不外於七情之樂。雖則聖賢別有樂，而亦常人之所同有……[103]

　　與朱熹由於天人、性情二分而強調「戒慎」，繼承曾子所謂「戰戰兢兢，如臨深淵，如履薄冰」的「修身」傳統有所不同，與劉宗周強調「至善」乃心之本體，從而強調「誠意」以反省罪過也不同，王陽明學說中那種強調感性的傾向除了可以導向自然人性論之外，它那近乎禪宗的神祕體驗卻又可以還原為審美的超越。因之，理學心學所追求的「孔顏樂處」的最高境界，既可以是倫理──宗教式的，又可以是倫理──審美式的，或還原為純審美式的。

　　「子在川上曰，逝者如斯夫，不舍晝夜」[104]，「暮春者，春服既成，冠者五六人，童子六七人，浴於沂，風乎舞雩，詠而歸。夫子喟然嘆曰，吾與點也」[105]，朱熹對曾點是不滿意而有微辭的

---

103 《傳習錄》中。

104 《論語·子罕》。

105 《論語·先進》。

（見《語類》）；王陽明卻說「點也雖狂得我情」。「從來尼父欲無言，須信無言已躍然，悟到鳶魚飛躍處，工夫原不在陳編」，「夜靜海濤三萬里，月明飛錫下天風」等等具有鮮明禪詩風味的王學，卻是指向了人與自然的某種超倫理的審美契合。由於本體並不超越時空而即在此不斷流逝的時空之中，所以要把握當下，珍惜此刻，從而它就不是去等待那超時空超世事的森嚴、畏懼、緊張的最後審判，而是即在此當下時空世事中去獲得「與天地參」的從容快樂。〈片論〉說它是「屬倫理又超倫理、準審美又超審美的目的論的精神境界」，也就是這個意思。正因為此，它就似乎無往而不適，自由而愉快。這種愉快「雖不同於七情之樂而亦不外於七情之樂」，它是在「七情之樂」中積累沈澱了道德理性的感性快樂。如果徹底去掉那些神祕的、宗教的、倫理的包裹和成分，還其本來面目，它實際正是一種合目的性與合規律性相統一的審美快樂。

應該說，這種審美快樂遠非一蹴可得，而且也不是如宋明理學家心學家所設想，只要「正心誠意」「守靜持敬」便可以獲得。由這種方式所獲得的所謂「孔顏樂處」經常只能是一種準宗教體驗，這種準宗教體驗在中國社會和文化條件下，經常是純靜觀的、被動的、安寧平靜的快樂，而缺乏那種具有巨大內在震盪和積極衝擊力量的悲劇精神和苦難意識。要把這種精神和意識包容進來，首先就需要更充分地發揚和發展荀子、《易傳》中「制天命而用之」「天行健君子以自強不息」的面向外在世界和現實生活的鬥爭奮進傳統，並把它提揚到宋明理學所深刻精細化了的本體高度。

真實的存在既在人間的「此在」，難道「此在」只能在空虛的内省之中？難道中國哲學傳統止於倫理本體的理學心學？否！要回到艱難的現實和鬥爭的人生，回到具體的歷史和心理。只有追求和把握擁有具體歷史性的心靈才可能有真正深刻的「此在」。所以下面要講「經世致用」的傳統。

（原載：《中國社會科學》1982 年第 1 期，「〈片論〉補」部分為新增）

八、經世觀念隨筆

「內聖」與「外王」

在以儒學占據主要統治地位的傳統思想中，由於從一開始就具有宗教性因素與政治性因素的交溶合一，使「修身」與「治平」、「正心誠意」與「齊家治國」、亦即所謂「內聖」與「外王」，呈現出兩極性的歧異關係[1]。在孔子那裡，這兩者還是相對地統一著的，其原因在於遠古原始傳統本以源於宗教巫師的氏族首領本人的典範風儀、道德規範來進行等級統治，一切成文或不成文的客觀法規比較起來是次要的。因之，有「其身正，不令而行；其身不正，雖令不從」的說法。這也就是中國儒學傳統的「有治人無治法」的原始根由。在這裡，首領、貴族們的個體「內聖」本是與其能否成功地維繫氏族團體的生存秩序的「外王」，相緊密聯繫在一起的。可見，如以前拙文所強調，內在的「修身」與外在的「治國」（氏族國家）在儒學中的這種姻緣，從殷周宗教倫理性的禮儀講求到春秋時代個體心理性的「仁」的自覺，確有著深刻的現實的歷史根基，即它們本都是為了氏族國家的生存發展而

---

1 參看 Benjamin Schwartz, "Some Polarities in Confucian Thought"，見 David S. Nivison, Arthur F. Wright 編 *Confucianism in Action*, Stanford, 1959 年。

被提出和倡導的。

子貢曰：如有博施於民而能濟眾，何如？可謂仁乎？子曰：
何事於仁，必也聖乎！堯舜其猶病諸？[2]

在孔子的觀念裡，客觀功業的「聖」本高於主體自覺的
「仁」。「仁」只是達到「聖」的必要前提。所以孔子儘管一再責
備管仲僭禮，又仍然非常高興地稱道：「……霸諸侯，一匡天下，
民到如今受其賜。微管仲，吾其被髮左衽矣」[3]。這分明是從巨
大的外在事功（維持了中原諸氏族聯盟的生存延續）的角度來著
眼和估量的。正是它構成了孔子仁學的第三因素。但從此也開始
了一個重要的矛盾：一方面，管仲不知「禮」，又不能死君難，按
照舊制度的標準，管仲應該是「不仁」的。孔子的學生們一再提
出了這個疑問，孔子仍然回答說：「與其仁，與其仁」。

這個矛盾似乎並沒有在《論語》中得到真正滿意的解答，因
為它所反映的正是一個無情的歷史事實。這就是，隨著春秋時代
的迅速的社會發展，老一套由「內聖」而後「外王」，用遵循道德
規範的「知禮」來「治國」，已經不靈通了。人們不必知「禮」，
也不必識「仁」，卻仍然可以作出一番有益的巨大事業。

有趣的是，在寡廉鮮恥、戰爭吞併激烈、仁義掃地以盡的戰

2　《論語・雍也 6・30》。

3　《論語・憲問 14・17》。

國時代,孟子對管仲的態度反而大不同於孔子[4]。孟子對管仲是力加反對和抨擊的,孟子強調像管仲那種霸道功業是不足道的:「……功烈如彼其卑也,爾何曾比予如是」[5]「仲尼之徒無道桓文之事者」[6]。

這是因為孟子在氏族國家已徹底崩毀完蛋的時候,力圖挽狂瀾於既倒,於是也就更加強調孔學維繫的氏族傳統,強調必須先「修身治家」、知「禮」識「仁」,然後才能談得上「治國平天下」。這樣,就使整個問題重心完全落在「內聖」這一方面來了。孟子的性善論、養氣論、仁政論等等,都是要說明只有內在的道德品質才是出發點、立足處和本質關鍵所在。只有「不忍人之心」才能「行不忍人之政」,才可能有王道仁政。所以,由孔子到孟子,儒學的「內聖」一面所占的優勢地位大為突出,獲得了更充分的理論論證和表述形式,並開始與「外王」相離異。

由離異而走向對立。以繼承孟子自許的宋明理學,便是如此。它極大地也是片面地發展了這一傾向,使「內聖」成為可以脫離甚至必須脫離「外王」而具有獨立自足的價值和意義。在孟子那裡,外在功業雖已居於從屬地位,卻仍然很重要。孟子本人便有巨大的事功抱負,還大講「樂以天下,憂以天下」以及各種具體

---

4 前人早已指出。美國 F. W. Mote 也注意了這點。見其 *Intellectual Foundation of China*, New York, 1971 年。

5 《孟子‧公孫丑上》。

6 《孟子‧梁惠王上》。

的「仁政」「王道」等等。但自宋儒以後,「內」卻不但日益成為支配、主宰和發生根源,而且甚至成為唯一的理論內容了。第一,它強調「內」是本,「外」是末,必須先「內」後「外」,必須先「正心誠意」然後才可能談「治平」。第二,有「內」自有「外」,只要能做到「正心誠意」,自然就會「國治民安」。「外」或「治平」是「內」或「修身」、「正心」之類的直線的延長或演繹。以至最後發展到第三,一講「外」就錯,只要「內聖」就可以作「聖人」。「為學」就是「修身」,即內在心性的修養。從而,心性修養就成為一切,即所謂「為己之學」。正如朱熹所引述的:「……獨曾子之學專用心於內,故傳之無弊,觀於子思孟子可見矣」[7]。

　　所有這些,在二程朱熹王陽明那裡都表現得非常清楚,儘管他們也講求事功,例如小程積極參與了政爭,有洛黨之稱;朱熹也大談政治,頗為注意時務;王陽明本人就有赫赫事功……。但從他們理論的根本和實質來說,卻很明顯地只是「內聖」之學。小程的洛黨看不出與他講的「天理」有何邏輯聯繫;王陽明的心學與他的事功也很難說理論上有深刻的關係。相反,只要翻開《朱子語類》、《近思錄》、《傳習錄》等等,可以十分清楚地看出他們所講的「學」、所授的「業」,主要甚至全部都是內省修身,而極少經世致用的探討研究。所以,無怪乎程頤說,「凡學之道,正其心養其性而已。中正而誠,則聖矣」[8]。朱熹說:「人君之學與不

7　《四書集注・論語注》。

8　《河南程氏文集・卷8・顏子所好何學論》。

學，所學之正與不正，在乎方寸之間……蓋格物致知者，堯舜所謂精一也。正心誠意者，堯舜所謂執中也。自古聖人口授心傳而見於行事者，唯此而已」[9]。程朱理學如此，陽明心學用心來主宰、根源一切，就更不用說了。總之，「方寸之間」（心靈）的「正心誠意」是一切外在事功的根本和泉源；有了它，便有了一切，沒有它，也就失去一切。這種「內聖」之學對一般個體來說，明顯地成了某種準宗教性的修養與體驗，把人生意義的追求指向內在的完善和超越。對皇帝來說，像程頤親自勸告年輕的哲宗不要折樹枝以「體天心好仁」之類，卻簡直只夠做迂腐的笑談。所以就它的現實政治和社會效用來說，這種「內聖」之學便日漸成了脫離實際事務的無益空論。到理學成了正宗之後的明清時代，「平時袖手談心性，臨危一死報君王」，更成了理學家的典型態度和理學的典型後果：由於鄙棄事功，脫離現實，高談性理，滿足於心靈修養的所謂境界，結果一遇危難（如外侮），便束手無策，只能以「一死」的犧牲以表達平日的修養。這正如顏元所深為感慨地說過的：「吾讀《甲申殉難錄》至愧無半策匡時難，惟餘一死報君恩，未嘗不淒然泣下也，至覽和靖祭伊川不背於師有之，有益於世則未之語，又不覺廢卷浩嘆，為生民愴惶久之」[10]。

近人在研究中國官僚政治時也指出，宋以後，道德要求壓倒了一切，少問甚至不問行政才能和政績如何，而多半以是否盡忠

---

9 《朱子大全・卷11・壬午應詔封事》。

10 《存學編・卷2・性理評》。

盡孝、廉潔奉公等道德品操作為官吏考核、升遷、評論的標準。
也正因為這個緣故，就使原來的封建官僚體制日趨閉塞、內向、
因循、腐朽，日益喪失了本來就不高的行政效能，而這也正是理
學成為統治的意識形態之後果之一[11]。

　　這一切的發生又並不是偶然的，理學之所以抬高「內聖」也
不是偶然的。

　　如我所再三指出，從原始社會後期到西周以至春秋時代，一
直延續著氏族政治的傳統，即群體命運經常取決於首領們的才德。
所以在那裡，道德常常就是政治，這正是原始儒學和孔孟之道的
真正歷史祕密。但自漢唐直到北宋初年，無論是董仲舒的宇宙圖
式的帝國秩序論，或者是儒道釋三家鼎立的唐代官方意識，個體
操守與行政標準、道德與政治儘管有密切聯繫，卻始終並沒完全
合為一體，也不需要合為一體。漢代有許多並不符合「內聖」標
準卻威名赫赫、治績斐然的「酷吏」英雄；唐代有或以理財富國
著稱、或以詭譎多智聞名的好些安邦定國的名臣賢相，直到中晚
唐，如李泌、劉晏、楊炎、李德裕，也都名重一時，事功顯赫。
他們的成功並不是修身養性的結果，他們並沒有什麼「內聖」之
學。所以，在後世理學家的眼中，他們總帶有異端或霸道的氣味，
或多或少都在被貶斥之列，像李泌就是如此。可見到了宋代，情
況的確有一個重要的轉折變化。朱熹說「國初人便已崇禮義，尊

---

11 參看 C. K. Yang, "Some Characteristics of Chinese Bureaucratic Behavior"，
　　見 A. F. Wright 編 *Confucianism in Action*, Stanford, 1959 年。

經術，欲復二帝三代，已自勝於唐人，但說未透在。直到二程出，此理始說得透」[12]。但當「此理說透」「自勝唐人」後，也就不但沒有唐代那樣顯赫的事功，連唐代那樣的名相也少見了。范仲淹曇花一現，王安石沒有成功。明代有個張居正，卻被儒學罵作法家。清代蓋無聞焉。

　　這也就是理學「崇禮義，尊經術，欲復二帝三代」，要以「內聖」控「外王」，用「正心誠意」來導出「治國平天下」的後果之一。但理學為什麼要這樣呢？一個根本的原因在於，自北宋起，中國形成了權力空前高度集中的絕對君權，已沒有任何力量能再制約它。唐代地方勢力牽制中央的形勢已經消除；在思想上，董仲舒的天人感應學說又早崩潰。具有龐大權力的官僚體制和擁有絕對權威的皇帝本身的可維繫性成了一大問題。於是在王安石為對付內憂外患主張改革而失敗之後，在朝廷隨皇位的傳遞而不斷改變政策（變法反變法的政治鬥爭延續了幾個朝代）之後，終於出現了以「正君心」為標號的哲學政治理論，並逐漸在南宋末年和元明清占居統治意識的地位。這似乎並無足怪：既沒有人格神宗教傳統來制約皇權，統一信仰；又沒有別的什麼辦法，於是將原始儒學講的「正心誠意修身齊家」提到空前的本體高度，以作為整個封建社會綱常秩序以及其官僚體系的維繫力量。一方面要求所謂「格君心之非，正心以正朝廷」來制約君權，認為這是「治道之本」；另方面宣揚「明天理滅人欲」來訓導百姓，服從治理。

---

12 《朱子語類輯略》卷8。

理學把盛行於唐代的佛教吸收進來，把宗教還原為世俗倫常，又把世俗倫常賦予宗教本體的神聖性質，建立起中國式的政教合一的統治系統，力求使政不脫離「教」。即使「拯民水火」「救人飢渴」等原始儒學的「外王」的政治內容也賦予以「內聖」的準宗教性質，成為所謂「對人的終極關懷」，即對人如何悟道、如何能成為聖人的關注。一切「外王」都只是為了「內聖」，於是「外王」本身就成為次要的了。這顯然是佛教「普度眾生」的世俗翻版，不過不是在另一世界中，而是即在這個世俗世界中。理學成了一種具有宗教功能的準宗教，也可說是某種道德的神學。如果說，在原始儒學，道德實質乃是政治；那麼在宋明理學，政治實質從屬道德。由於這道德具有超道德的宗教本體性質，所以，包括皇權在內的一切，在理論上就都應服從或從屬於它。從而，心性論談高於治平方略，聖賢位置勝過世俗功勳。影響所及，就是上面講的那些，連官吏的選拔考核也不以政績功業而以個體道德作為標準。假道德、假道學不脛而走，社會機體在極端虛偽的衣裝中腐爛。專求「內聖」的宋明理學在現實中就走到了這一步[13]。

有正必有反。也正是在理學開始流行時，出現了反理學講求功利的思潮。這就是著名的永康（陳亮）永嘉（葉適）學派。

---

13 「宋儒以絕欲為至難，竟有畫父母遺像置帳中以自警者，以為美談……。閱書至此，為之欲嘔」（袁枚：《隨園三十種・牘外餘言》卷1），此種事例甚多。

朱、張、呂、陸四君子皆談性命而避功利，學者各守其師說，截然不可犯。陳同甫崛起其旁，獨以為不然。且謂性命之微，子貢不得而聞，吾夫子所罕言。後生小子與之談之不置，殆多乎哉？[14]

其說皆今人所未講，朱公元晦意有不與而不能奪也。[15]

朱、陳的爭論、歧異，哲學史家們已談論得不少。這裡只摘一斑，略窺全豹：

朱：察於天理人欲之判，……若於此處見得分明，自然不得流入世俗功利權謀裡去矣。……今自家一個身心不知安頓去處，而談王說霸，將經世事業別作一個伎倆，商量講求，不亦誤乎？[16]

願以愚言思之，絀去義利雙行、王霸並用之說，而從事於懲忿窒欲，遷善改過之事，粹然以醇儒之道自律。[17]

陳：自道德性命之說一興，……為士者恥言文章行義，而曰盡心知性；居官者恥言政事書判，而曰學道愛人。相蒙相欺，以盡廢天下之實，則亦終於百事不理而已。[18]

---

14 《宋元學案・龍川學案》。
15 葉適：〈龍川文集序〉。
16 《朱子大全・卷47・答呂子約》。
17 《朱子大全・卷36・答陳同甫》。
18 《龍川文集・送吳允成運幹序》。

今世之儒士，自以為得正心誠意之學者，皆風痺不知痛癢之人也。舉一世安於君父之仇，而方低頭拱手以談性命，不知何者謂之性命乎？[19]

分歧一目了然，無庸此處多說。在朱熹看來，「三代」是不講功利的，秦漢以下就壞事了。這也可說是歪打正著，因為這的確是氏族傳統（「三代」）與階級社會的不同。因此，朱要把政治化為道德，把「政刑書判」化為個體修養，從而回到「三代」去。但這對歷史說，卻正好是開倒車，實際是完全行不通的。所以儘管理學的哲理如何高妙，卻總無補於現實。後世李贄曾嘲笑說：

吾意先生（指朱熹）當必有奇謀祕策，能使宋室再造，免於屈辱，呼吸俄頃，危而安，弱而強，幼學壯行，正其時矣。乃曾不聞嘉謀嘉猷，入告家內，而直以內侍為言，是為當務之急與？或者聖人正心誠意之學，直為內侍一身而設，顧不在夫夷狄中國的強弱也，則又何貴於正心誠意為也。[20]

李贄的譏諷或有片面之處，但總的說來，不但朱文公，就是後世的許多「粹然而醇儒」，卻大都不出這個總模式：高談心性，極高明之致；一涉政務，便空疏之極。

---

19 《龍川文集・上孝宗皇帝第一書》。

20 《藏書・卷35・趙汝愚》。

　　葉適與陳亮同時而更急進地反理學:「古人多識前言往行以蓄其德，近世以心通性達為學，而見聞幾廢，狹而不充，為德之病」[21]。「今之為道者，各出內以治外，故常不合」[22]。葉適對理學家所崇奉的正統，從曾子、子思、孟子開始，便加以非議。例如，對朱熹及理學家們說，曾子是得孔學真傳的，如朱熹〈中庸序〉說:「……惟顏氏曾氏之傳得其宗」。但對葉適來說，「曾子之學，以身為本……於大道多遺略，未可謂至」[23]。「言孔子傳曾子，曾子傳子思，必有謬誤」[24]。「曾子之易聽不若子貢之難曉」[25]。「一貫之指，因子貢而粗明，因曾子而大迷」[26]。後者講的只是對《論語》「吾道一以貫之」的涵義的不同解說，但葉適的總傾向是講求外在功利，並反對曾子那種純粹內省路線，是十分明白的[27]。在儒家正宗那裡，日常生活也應念念不忘「修養」，程明道見樹木思修橋便感到罪過（想及功利）成為美談佳話。但在

---

21 《宋元學案・水心學案下》。

22 同上。

23 同上。

24 同上。

25 《習學記言・卷13・里仁》。

26 《習學記言・卷13・顏淵》。

27 所以很有意思的是，葉適這種態度今天還激起「現代新儒家」的極大不滿:「故真正輕忽孔子而與孔子傳統為敵者，葉水心也。……其愚悍狂悖亦云極矣……吾讀其書極不懌」等等（牟宗三:《心體與性體・綜論》，臺灣正中書局，1973年，第225頁）。

陳、葉這裡，卻恰好相反，「六經」也必須是講功利實用的：「禹無功，何以成六府；乾無利，何以具四德」（陳），「既無功利，則道義者，乃無用之虛語矣」（葉）。可見「內聖」和「外王」在理學與陳、葉這裡已確然成為學派的二分，而有對峙之勢了。前者有高深的哲理，卻無補於世事，它所起的是某種準宗教性的個體修養的功用；最多只能「安身立命」，很少能「兼濟天下」。後者以「兼濟」為懷，雖如陳亮所言，「正欲攬金銀銅鐵，熔做一器以明天地常運而人為常不息」[28]，但他沒有能在哲學上做到這一點，缺乏真正深刻的理論論證。它只是不自覺地承續了先秦荀子以來的重改造外在的主體活動、重破除虛妄迷信的經驗理智的傳統，卻未能從哲理上作進一步的展開發揮。陳亮仍講「天理人欲」，葉適也提「人心道心」，他們不能擺脫理學家的哲學控制，而只是反對把心性論談當作儒學根本。他們雖不是理學家，卻仍然是儒家。

（二）　「治人」與「治法」

　　如上所述，從理學家來看，儒門正宗是顏子、曾子、孟子，連子貢、子路以及荀子都不能算孔學真傳，其標準正在於是否有

這個「內聖」之學或是否視「內聖」為首要、根本或基礎。只要稍稍偏離這一標準，即使有偌大事功，也都要被指斥為申韓、法家等等。朱熹之論諸葛孔明就是一例。儘管朱對諸葛相當欽佩，頌讚甚多，但歸根結底，「諸葛孔明天資甚美，氣象宏大，但所學不盡純正」[29]，「病於粗疏」，「孔明出於申韓」[30]。比起理學那種精細玄微的道德形而上學來說，也確乎如此；諸葛亮的時代，還沒有心性哲理，漢末仲長統、徐幹等人留下的著作也大多為經世之談；所以說諸葛出於申韓，也不算冤枉。但是，後代的理學家們卻經常把只要是建功立業有所作為或希望如此的儒者，一律貶斥為法家，或至少也是邪門歪道，這便不能算公允了。例如王安石未做官時，並無異議，名聲極好。但是，只要他一搞改革，儘管仍然尊孟子，重《周官》，頒《三經新義》，卻總被後世罵為「法家」。柳宗元、張居正等人也如此。從而，儒學「正統」便似乎只能是顏、曾、孟、程、朱、陸、王這些不講事功的「粹然醇儒」。

　　結果，便出現這樣一種怪現象。這個「內聖」之學的「正確性」只能保存在在野的學者儒生手裡或身上，如要作為政策施行就弊端百出。以至現代一些學者認為理學本身並無缺點，只是落實到政治上就壞了。也就是說，經是好的，和尚念壞了；程朱陸王的學說本身是好的，只是被朝廷和庸儒們一作為政策推行，就壞了。所以，各種罪惡不能算在程朱陸王身上，而應算在封建朝

---

29 《朱子語類》卷 136。

30 同上。

廷以及俗儒庸儒身上。這有一定的道理，因為從純粹理論到依據
此理論所施行的政策之間有巨大差距，這本是普遍規律。但因之
就能說二者之間完全風馬牛不相及嗎？特別像理學是元、明、清
三代皇朝數百年所大力獎勵提倡的，能說理學理論與實際效果完
全是兩樣東西嗎？如上文所述，正是宋明理學大興之後，空談性
理輕視實務之風，不但瀰漫士林，而且影響了整個政治。所以明
亡之後，如同前人指斥魏晉清談，認為何（晏）王（弼）之罪浮
於桀紂一樣，從顧炎武到顏元的許多正統儒家都十分沈痛地反對
心性空談，或罵王門，或責程朱，就不是簡單的事情。顧炎武說：

> 是故性也、命也、天也，夫子之所罕言，而今之君子之所恆
> 言也。出處、去就、辭受、取與之辨，孔子孟子之所恆言，而今
> 之君子所罕言也。[31]

> 謝氏曰……獨曾子之學專用心於內，故傳之無弊。夫心所以
> 具眾理而應萬事，正其心者，正欲施之治國平天下，孔門未有專
> 用心於內之說也。[32]

> 孰知今日的清談，有甚於前代者？昔之清談談老莊，今之清
> 談談孔孟。未得其精而已遺其粗，未究其本而先辭其末。不習六
> 藝之文，不考百王之典，不宗當代之務，舉夫子論學論政之大端

---

31 《亭林文集‧卷3‧與友人論學書》。

32 《日知錄‧卷18‧內典》。

一切不問，而曰一貫，曰無言。以明心見性之空言，代修己治人
之實學。股肱惰而萬事荒，爪牙亡而四國亂，神州蕩覆，宗社
丘墟。[33]

　　這不就是五百年前的陳亮、葉適的同一腔調同一主張同一理
由嗎？但這已經是經歷了再一次亡國慘痛的現實教訓之後的經驗
總結。正因為此，它便構成了當時一股宏大的時代思潮。這種思
潮上有淵源[34]，下啟近代，正是中國精神和中國文化的一個極為
重要的方面。顧炎武所堅持的重經驗見聞、貴親知實錄、以「治、
平」天下為己任的精神，他那「天下興亡，匹夫有責」的主張，
他那些豐富具體的活動和著作，不正是很好的儒家「外王」之學

---

33 《日知錄・卷7・夫子言性與天道》。
34 宋末周密《癸辛雜識續集・下・道學》：「道學之名，起於元祐，盛於淳
　熙……凡治財賦者，則目為聚斂，開闔捍邊者，則目為粗材，讀書作文
　者則目為玩物喪志，留心政事者，則目為俗吏，其所讀者，止四書、《近
　思錄》、《通書》、《太極圖》、《東西銘》、語錄之類，自詭其學為正心修身
　齊家治國平天下，……釣聲名，致膴化，而士子場屋之文，必須引用以
　為文，則可以擢巍科，為名士，……然夷考其所行，則言行了不相顧，
　率皆不近人情。異時必為國家莫大之禍，恐不在典午清談之下……賈師
　憲專用此一類人，列之要路，名為尊崇道學，其實幸其不才憤憤，不致
　掣其肘耳，卒致萬事不理，喪身亡國……仲固之言，不幸而中，尚忍言
　之哉」。這便是專崇「內聖」的宋代理學的實際後果，是第一次的慘痛歷
　史經驗。第二次就是顧炎武、顏元的這些悲痛評論了。這似已足為專尊
　理學者深思。

的榜樣嗎？顧是標準的孔孟信徒、儒學巨子。他所堅持的不正是
從荀子、董仲舒、王通、歐陽修，到陳亮、葉適這條線索的儒學
精神嗎？

　　所以，如果僅以孔孟程朱或孔孟陸王作為中國儒學的主流和
「正統」是並不符合歷史真實的。程朱陸王所發展或代表的只是
儒學的一個方面。儒學生命力遠不僅在它有高度自覺的道德理性，
而且還在於它有能面向現實改造環境的外在性格。這就是以荀子
「制天命而用之」的光輝命題為代表的方面[35]。這一方面把墨、
法、陰陽諸家的經驗論、功利觀消溶併合在儒學的體系裡，非常
重視事功。如前所說，即使朱熹等人也並不能完全否定這一方面。
因為宋明理學畢竟還不是佛學或宗教，在理論上並不否定人生，
於是總還得講些「治國平天下」的道理，只是他們把這一方面完
全放在從屬甚至非常輕視的位置上。拙文〈荀易庸記要〉曾說，
如果儒學只有子思孟子，可能早已走入神祕主義的迷狂宗教，也
就沒有漢代以來中國意識形態的局面。同樣，如果沒有漢代以後
不絕如縷的這根「外王」線索來制約宋明理學的「內聖」，也就沒
有近代以至今天的救國精神。儘管理學在發展純哲學思辨和培育
道德自覺的主體性上有巨大成就，但在現實社會發展和政治制度
的改革中卻無疑起了保守以至反動的作用。把政治化為道德的倫
理主義的惡劣影響，至今仍灼然可見，儘管它可以披上某種新裝。

　　這裡一個重要的問題是，如前所述，由於理學以正宗自居而

---

35 參看本書〈荀易庸記要〉。

排斥異己，一切講求事功的非理學或反理學的儒家，就經常被指斥為法家。從歷史真實看，法家思想在先秦和西漢早被儒家所不斷地而又分階段地吸收溶化，作為獨立的法家學派不但早已無存，而且作為法家思想內容如明賞罰、講功利、重軍事等等，也早已成為儒家的東西。因之，自宋代以來的所謂法家或重視功利、主張變革的現實思想家、政治家所真正面臨的「法家」內容，毋寧是一個日趨走向近代的新歷史課題。

　　這個時代課題就表現為要求用近代的啟蒙主義來限制君權以至取締君權的民主思想問題，這在明清之際的黃宗羲、唐甄等思想中最為突出。它在理論上意味著「意向倫理」（道德動機）與「責任倫理」（現實效果）、價值判斷與事實判斷相分別的要求，此亦即是經濟學、政治學、社會學應該從宗教學、道德學中分化和獨立出來，以便取得科學形態的問題。不再是靠宗教的信仰、道德的善惡，而是明確地由現實的利害、生活的功用來維繫、調節和處理社會現象和人際關係。這其實正暗含著中國式的「政」（行政）「教」（倫常教義）相分離的近代要求。黃宗羲應該被看作是體現這一要求的中國思想史上的具有轉折意義的人物。他的《明夷待訪錄》一書在晚清被梁啟超、譚嗣同等人祕密刊行，同時也為章太炎所詆毀，都是具有典型意義的事情。黃在當時特定歷史條件下，以中國思想的傳統形式，銳利地開始表述了近代民主政治思想。這不是舶來品、西洋貨，而仍然是打著「三代之治」旗號的儒學傳統。黃本人是忠實的王門理學家，但他確然說出了一種新意識新思想。

　　對君權過重而思加以限制，如前所指出，是宋代以來的重大問題。理學希望從內的方面去約束君主個體的動機心意。明清之際的思潮則恰恰倒過來，要求從外的方面去約束。包括顧炎武所謂「寓封建於郡縣之中」，即地方分權以制約中央，也無非此意。但黃比顧高明之處，在於他從理論上直接地觸及了這個問題，並提出了比較徹底的主張。

　　黃宗羲指出，君是為民而設的。這本是原始儒學的老命題，但黃作了近代式的發揮。他認為君臣之間的關係不同於父子。父子是血緣關係，君臣是共事關係；前者是天生的尊卑關係，後者卻不然，「夫治天下猶曳大木然，……君與臣，共曳木之人也」[36]。「故我之出而仕也，為天下，非為君也；為萬民，非為一姓也。……天下之治亂，不在一姓之興亡，而在萬民之憂樂」[37]。因此不能「視天子之位過高」[38]。這就不但與宋明理學把君臣父子的尊卑秩序視為一體大不相同，而且也與原始儒學以血緣氏族為國家根本從而由「父子」到「君臣」（所謂「邇之事父遠之事君」[39]）也頗相背離了。黃痛斥「三代」之後的「人君」把「天下」當作自己的家業，所定的典章制度實際上只是「一家之法而非天下之法」，所以主張徹底變革，以建立真正的法。黃說：「論

---

36 《明夷待訪錄・原臣》。

37 同上。

38 《明夷待訪錄・原相》。

39 《論語・陽貨》。

者謂有治人無治法，吾以謂有治法而後有治人」[40]，這是一個極大的思想突破，它把自孔孟荀到宋明儒家所普遍承認的「有治人無治法」的傳統命題倒過來了。實際上是提出了「有治法無治人」的嶄新觀念，儘管黃仍然打著「三代以上有法」的傳統復古旗幟。

　　黃所要建樹的「法」的內容是什麼？其中很重要的兩項是「置相」和「學校」。前者是設立宰相，實際已接近於近代責任制的內閣總理：「原夫作君之意，所以治天下也。天下不能一人而治，則設官以治之；是官者，分身之君也」[41]。「君之去卿猶卿、大夫之遞相去，非獨至於天子遂截然無等級也」[42]。這即是說，「天子」並無特別懸絕的尊高地位，天子之於卿，如同卿之於大夫，不過是同樣的等差級別而已。因之，「宰相」實際上便是政事的總負責人。「古者不傳子而傳賢，其視天子之位，去留猶夫宰相也。其後天子傳子，宰相不傳子。天子的子不皆賢，尚賴宰相傳賢足相補救，則天子亦不失傳賢之意」[43]。用能「傳賢」的宰相來制約不能傳賢的天子，這樣「天子」就不能大權獨攬，搞專制獨裁。

　　「學校」則接近於近代議會，並非僅是教育機關。「必使治天下之具皆出於學校，而後設學校之意始備……天子之所是未必是，天子之所非未必非，天子亦遂不敢自為非是而公其非是於學

40　《明夷待訪錄・原法》。

41　《明夷待訪錄・置相》。

42　同上。

43　同上。

校」[44]，「東漢大學三萬人，危言深論，不隱豪強，公卿避其貶議；宋諸生伏闕捶鼓；請起李綱；三代遺風，惟此猶為相近」[45]，「太學祭酒，推擇當世大儒，其重與宰相等，……天子臨幸太學，宰相、六卿、諫議皆從之。祭酒南面講學，天子亦就弟子之列。政有缺失，祭酒直言無諱」[46]。

　　這不非常接近於近代民主觀念麼？這其實倒恰好是原始儒學在新現實條件下的新展現。顧炎武讀《明夷待訪錄》曾稱讚之極，說：「百王之弊可以復起，而三代之盛可以徐還」。顧本人也曾認為「天下有道則庶民不議，然則政教風俗，苟非盡善，即許庶民之議矣」[47]。同時代的唐甄的《潛書》更多有貶斥君主的激烈言論，雖然深度不及黃，但思想傾向是相同的。所以，似乎可以說，以黃宗羲為代表的這批思想家倒真可以說是具有某種近代意義的「法家」，他們鮮明地提出與儒學傳統不同的「有治法而後有治人」的原則，從君臣理論到重要制度，都相當具體地開始形成一整套思想。這就並不是如某些學者所說的「不超出儒家政治的陳詞濫調」，而是符合時代動向的真正的新聲音。「此等論調，由今日觀之，固甚普通甚膚淺；然在二百六七十年前，則真極大膽之創論也。……梁啟超譚嗣同輩倡民權共和之說，則將其書節抄，

---

44 《明夷待訪錄・學校》。

45 同上。

46 同上。

47 《日知錄》卷 19。

印數萬本，祕密散布，於晚清思想之驟變，極有力焉」[48]。黃宗羲在中國十九世紀末的近代民權思想中居然還能起這種啟蒙作用，並不是偶然的。

在黃宗羲那裡，改變君權過重、由於皇帝胡作非為而「喪天下」的辦法，已開始放棄了二程、朱、王專門要求「正人心」和「格君心之非」，而企望通過建立現實制度來得到保障，這固然可以看作「內聖」之學在這位信徒手裡有了向外的新開拓，但也正因為原來本有重事功主實際的傳統，才使得在理學中也終於出現了像黃宗羲這樣的思想。明中葉以來，無論朱學或王學，都有走向現實世界即所謂走向實學的普遍趨勢[49]。近乎科學的實證之風已開始吹起，除學術本身的發展邏輯外，商業都市的高度繁榮、各種行業的分化興起、眾多科學論著的出現（如徐光啟、李時珍、宋應星、方以智等人的著作）、浪漫主義的文藝思潮的湧出……，都表明當時社會結構、時代氛圍和意識形態開始有了某種重要的變動，這可能是使理學內部發生變化的重要因素。不但是黃宗羲，還有好些人都有「工商皆本」的觀念，與自秦漢以來重農抑商的傳統思想開始有了離異。

可見，「治法」或「治人」、「外王」或「內聖」、「經世致用」或「存養修心」、「政」（政治）「教」（倫理）分離或合一……，在

---

48 梁啟超：《清代學術概論》。

49 可參閱余英時〈從宋明儒學之發展論清代思想史〉、〈清代思想史的一個新解釋〉等文，見余著《歷史與思想》，臺灣聯經出版社，1977 年。

這裡開始具有重要的時代內容，它是近代與古代的分野。表現在明清之際的這兩種不同的思想傾向，其深刻的意義，我以為就在這裡，而並不在別的什麼地方。

　　如〈宋明理學片論〉一文所說，宋明理學的貢獻在於建立個體自覺的道德主體性。這也是海外學者說的所謂「新儒家的道德個人主義」[50]。所謂「富貴不淫貧賤樂，男兒到此是豪雄」（程顥詩），大概就是這種理學家們的英雄主義的內容。好些理學家也確乎抱著道德至上的信念，赴湯蹈火，對抗邪惡，威武不屈，萬死不辭，像王陽明、劉宗周等人，他們確乎閃爍出這種道德人格的光輝。但絕大多數卻遠遠並不能這樣，而成為遭人笑罵的「假道學」。就是「真道學」，也如前所指出，除了他們的個人道德給後世留下倫理學上的榜樣而外，也並沒能作出什麼真正大有益於當時後世的重要貢獻。他們的心性哲理脫離實務，絲毫不能經世濟民。直到晚清，當統治者開始搞洋務時，理學家倭仁（曾國藩的老師）還大加反對，說了一大套孔孟之道，連奕訢也只好回答說，倭仁「久負理學盛名」，「陳義甚高，持論甚正」，卻無奈「道義空談」，毫無用處[51]。光講心性道德，光憑心學理學，無法富國強兵，對付洋人，這是連腐朽的統治階級中的好些人也明白的。

　　由於中國沒能經歷資本主義的歷史階段，明中葉以來的進步

---

50 見狄百瑞 (Wm. T. de Bary)《中國的自由傳統》，李弘祺譯，香港中文大學出版社，1983 年。

51 《籌辦夷務始末・同治朝》卷48。

思潮沒有穩固的社會基礎，黃宗羲這種微弱晨光式的近代的法治思想，很快便沈埋在清代偽古典主義的復古浪潮中。而且直到近代民主主義革命時期，也仍然遭到有如章太炎這樣勇敢的思想家的非難和輕視。近代民主思潮在封建統治和農民小生產階級的雙重夾攻中，其生存和發展是極為艱難的。近代中國思想史曾不斷證實這一點。

所以，本文不同意海外某些學者關於中國知識分子有個人主義的「自由傳統」，並把這傳統追溯到宋明理學，認為理學乃啟蒙、自立等說法[52]。恰好相反，理學遠非啟蒙，而是某種準宗教性的道德的神學。從而中國士大夫知識分子的所謂個人主義、自由主義始終也沒能脫離服從於封建綱常準宗教式的倫理系統。由於他們沒能獲得近代社會因職業分化和經濟自由所帶來的人格獨立性，中國士大夫知識分子只能擁擠在「學而優則仕」這條中國式政教合一的社會出路上，必需依附於皇權——官僚系統的政權結構，爭權奪勢，爾虞我詐。以理想化了原始氏族社會的巫師為傳統，中國知識分子的最高理想是「應帝王」，「作宰輔」，「為帝王師」。伊尹、周公、諸葛亮⋯⋯而並不是皇帝本身才經常是他們夢寐中的最高位置。除了退隱山林以莊禪自娛或極少數人懷抱野心投入農民起義外，一般很少能在意識和行動上衝破這個倫理——政治的政教結構，而總是心甘情願地屈從於皇家權力和綱

---

52 參看 Wm. T. de Bary 《中國的自由傳統》、*Principle and Practicality*, "Introduction", New York, 1979 年。

常秩序中，以謀得一定的政治地位和社會榮譽，政治上的人身依附和人情世故關係學極為嚴重，始終缺乏獨立的近代人格觀念。這正是中國知識分子個人命運和自我意識的歷史性的悲劇所在，也是知識分子尚未能脫出傳統社會的一種表現。

　　也正因為此，在理論創造上，中國士大夫知識分子多半只能以注釋經典來發揮新意，打著聖人的招牌來陳述自己的主張。王安石求改革而搞《三經新義》，戴震反理學也必須以《孟子字義疏證》而出現。但在這種合法性的注經形式中，最值得重視的，又仍然是在中國傳統的歷史意識中走向近代的新傾向。

 （三）　經學與史學

　　少數民族占居統治地位的清代政權，在經濟、政治、文化上施行了一整套封閉、保守、愚昧的政策，把明清之際的經世致用的「外王」精神，擠進了經典考據的避難所。但是，即使在乾嘉樸學中，也開始潛藏有某種實證精神，以致胡適把它誤認為即是近代的科學方法論。其實這是弄錯了。我以為，與印度不同，中國一直有重史的傳統，這倒是中國特有的「科學」精神。它與非宗教、重經驗的中國實用理性有關。每個朝代都注重修史，以記錄歷史，積累經驗。明清之際，更是如此，幾位大師都寫有大量歷史著

作。黃宗羲寫了著名的宋元明的理學思想史。《四庫提要》說顧炎武「每一事必詳其始末，參以證佐，而後筆之於書。故引證浩繁而牴牾甚少」。所謂「詳其始末」，「通其源流」，也正是注意從歷史上來觀察考查，例如他的《日知錄》。然而，真正企圖把歷史提上哲學高度，或從自己的哲學體系出發來論議歷史的，卻只有王船山。

顧炎武、黃宗羲都沒有自己的哲學體系，而王船山卻有之。王成為中國傳統思想的最後的集大成者。他一方面總結了宋明理學，對理氣心性作了細緻和透闢的論證，批判了王學，改造了程朱，發展了張載的「氣」唯物論，並崇之為正宗；另方面，他又高揚了中國的歷史意識的長久傳統，並把它提到了不以人的意志為轉移的哲學高度。這兩方面的結合，使王船山理論體系達到了儒家所一貫嚮往的「內聖外王」雙合璧的完滿水平。

從前一方面說，王船山強調的是「道」在「器」中，「理」在「氣」中，「形而上」即在「形而下」中：

　　形而上者，非無形之謂。……唯聖人然後可以踐形。踐其下，非踐其上也。……君子之道，盡夫器而已矣。[53]

　　無其器則無其道……，洪荒無揖讓之道，唐、虞無吊伐之道，漢、唐無今日之道，則今日無他年之道者多矣。……故古之聖人，能治器而不能治道。治器者則謂之道……[54]

---

53 《周易外傳·繫辭上傳第 12 章》。
54 同上。

　　一切「道」、「理」、規律、秩序、法度都必須寓於現實物質事物之中，而不能離開這些具體事物去探求。這種由心性探求而轉向外在世界的實踐，即由「尊德性」而日趨「道學問」，如已指出，是明中葉以後程朱學派中已顯露的某種共同傾向；但在王船山這裡的特色是，他突出地以歷史作依歸。上面講的「內聖」與「外王」、「治人」與「治法」，都實際被統攝在船山的歷史觀念中。

　　王船山在思想上仍然是理學正宗，在政治上也是封建地主階級的正統；所以他斥不知禮義的老百姓為禽獸；他痛恨李贄等人的近代個性解放思潮。但是，他卻在通過評論中國各朝歷史時，感受到和提出了不以人的倫理是非、認識對錯、善惡動機為轉移和標準的某種客觀規律。這種規律不是一時一地的得失利害，而是影響久遠的必然趨勢。所以他不但認為社會是發展的，大不同於儒家們豔稱「三代」提倡復古，而且更強調應該從「勢」來看「理」、「天」，從而這個「天」、「理」也就逐漸脫出傳統理學家的倫理性的「天理」，而接近於客觀歷史總體規律的近代觀念了。

　　　順必然之勢者，理也。理之自然者，天也。君子順乎理而善因乎天，人固不可與天爭久矣。[55]

---

55 《宋論・哲宗》。

天者，理而已矣；理者，勢之順而已矣。[56]

這樣，也就不應再是以道德的善惡、內心的動機為尺度標準，而是有某種「不可測」的客觀外在規律在：

秦以私天下之心而罷侯置守，而天假其私以行其大公，存乎神者之不測，有如是夫。[57]

以一時之利害言之，則病天下；通古今而計之，則利大而聖道以弘。天者，合往古來今而成純者也。……時有未至，不能先焉。迨其氣已動，則以不令之君臣，役難堪之百姓，而即其失也以為得，即其罪也以為功，誠有不可測者矣。[58]

這裡，與司馬光、朱熹已有所不同，應該說是達到了中國歷史意識和哲學思想的空前的理論高度。因為它開始暴露了歷史與倫理的巨大矛盾：「不令的君臣，難堪的百姓」，一時的禍害，卻可以構成偉大的功業，是「惡」而並非「善」在現實中起著動力的作用。歷史的發展，百世的功過，「古往今來之道」，遠遠超出了包括倫理在內的人的主觀願望、動機、目的、行為和利益。它有某種客觀總體的規律在，它超過和壓倒了任何主體（包括「聖

---

56 同上。

57 《讀通鑑論・卷 1・秦始皇》。

58 《讀通鑑論・卷 3・武帝》。

君賢相」)的一切。從而,以「聖君賢相」為理想的傳統倫理主義在這種歷史觀面前,便顯得異常空泛、蒼白和迂腐了。這也就從根本理論上離開了以倫理價值來判斷歷史的儒學傳統,從而倫理也就不能再是最高本體實在,只有歷史自己才是這個「道」、「理」的本身。史學(歷史意識)將替代經學(倫理教義)而成為主流。

很明顯,這與黃宗羲在政治理論上提出「有治法而後有治人」一樣,同樣體現逐漸擺脫儒學傳統的同一個時代心音。

總括起來看,在漢儒那裡,倫理學從屬於宇宙論,社會政治、歷史系統、倫理秩序統統被安排在宇宙論的反饋圖式中,儘管是他律道德(即道德由外在五行等規定),但倫理學與歷史觀、社會論、政治論還是一個相互溝通的整體的結構。到宋儒的時代,這個宇宙論圖式早已崩毀,濂、洛、關、閩各大學派儘管也有治平理想和經世方略,但這些方略不但浮淺平常,而且也沒能真正與其宇宙觀歷史觀倫理學構成內在的理論系統。他們的成就只在內聖心性之學:把宇宙論與倫理學溝通了起來,建立了自律道德的形而上學本體論。這個本體論正由於缺乏與「外王」的深刻的理論關係,從而如前所說,對心性的個體追求走向了準宗教性的超越道路。帶來的社會後果非常有害,於是遭到了從陳、葉開始到顧、王、顏、戴的猛烈批判。

但是,無論陳、葉,或者別人,也包括王船山在內,又都未能建立任何可替代宋明理學的新的哲學系統。他們在「內聖」方面,所講不及朱、王那麼精微和深刻;在「外王」方面也沒有提出真正的哲學觀念。只有王船山,算是初步提出了上述以客觀的

「勢」為本體的歷史觀，並企圖與倫理學、宇宙論相聯繫。但是王船山並沒能做到這一點，他也仍未能把倫理學、宇宙觀與這種歷史觀真正會通溶合起來。他開始覺察到、觸及到歷史與倫理的並不一致，但是他並沒能真正發現和展開這個巨大矛盾。他強調的仍然是天理人欲之辨、君子小人之別的倫理本體。歷史觀也仍然從屬和局限在傳統倫理學範圍內。儘管他被外國學者稱作是「中國思想家中最『非中國式』的一個」[59]，但他畢竟不能像黑格爾那樣，乾脆將倫理學從屬於歷史觀之下，以歷史過程來統攝一切。因為他沒有西方基督教背景，不能產生一個有如上帝的「絕對理念」的觀念來統領全局。他遵循中國傳統，追求「天人合一」。既然這個「合一」不可能實現在董仲舒式的那種宇宙五行圖式裡，又不能實現在朱熹、王陽明式的那種「仁即天心」的心性倫理中，而必須回歸到具體的歷史的現實活動上：這對於王船山，就顯然是不可能的事情。王船山纏繞在「天」、「理」、「時」、「勢」中而不能真正找到新的理論出路。他不能擺脫理學的框架，更不能越出儒家的藩籬；相反，他是非常自覺地和明確地捍衛和堅持著它們。中國當時還沒有近代社會的背景和基礎，不能像西方那樣，能結合自然科學和社會現實的發展，從中世紀神學藩籬下逐漸而堅決地脫身出來，產生從笛卡兒到康德的偉大近代哲學。王船山不能脫出中國哲學的倫理主義的強固傳統，他畢竟不可能建構出以「勢」（客觀歷史規律或趨向）為基礎的新的「天理」（倫理本

---

59 Dert Bodde, *Essays on Chinese Civilization*, New Jersey, 1981, p. 251.

體）觀。要做到這一點，並在現實世界和歷史長河中來實現這種「天人合一」，只有在以現代大工業社會為背景的基礎上才有可能。這當然就不是王船山所能夢想的了。王船山走到了中國傳統哲學的盡頭。

王船山猶如此，比王矮小得多的顏元、戴震諸人更不用說。但他們在抨擊程朱陸王的理論鬥爭中卻仍有其意義。關於顏元，在本書〈墨家初探本〉文中已經講過。至於戴震，雖以考據大師為當時所重，但他自己明確指出「生平著述之大，以《孟子字義疏證》為第一」[60]，「以六書九數等事盡我，猶誤認轎夫為轎中人也」[61]。一切考據對戴本人來說，不過是「轎夫」，他為吃飯必須作這些，但這禁錮不住他的思想，他的思想（轎中人）卻正對宋明理學的無比義憤。這種義憤是明中葉以來社會先進思想的最後回響，它與大體同時的曹雪芹、袁枚、揚州八怪等人，同屬於那個黑暗的中國十八世紀中反理學反封建的灼灼明星。

論述戴震的著作已有很多，本文不想重複。只想指出戴震在反理學中倫理學與認識論相混同的特色。理學本是倫理本體論的心性論；理學之所以要講許多理氣、心性、無極太極，都是為了歸宿於封建倫理。理學的種種宇宙論和認識論本都主要是為倫理本體論服務的；戴震通過所謂「血氣心知」的論證，強調「德性資於學問」，實際是把宋明理學的心性論倫理學放在認識論的基礎

---

60 段玉裁：〈戴東原集序〉。

61 同上。

上來解釋，從而，戴震所闡明的先驗的內在德性必須經過後天的學習培育才有可能，實際便是對宋明理學高揚「德性之知」貶低「聞見之知」的倒轉。錢穆說戴是繼承了荀子的性惡論[62]，余英時認為戴是主智的[63]，都察覺到了這一現象。但是由於戴的目標是反禁欲主義，他強調情欲正常滿足的合理性、「自然性」，所以馮友蘭又說戴是主情的[64]。我認為，戴的特點正在於表現了中世紀倫理學向近代認識論的過渡。它的實質是倫理學（反理學禁欲主義），它採取的論證角度卻是認識論。實際上，它是將明李贄等人以來的重情主欲的思想初步框入哲學認識論中作為內容。但由於他以認識論來講倫理學，不但把二者混在一起，很難講清楚；而且也使倫理學的形而上學的意義大為褪色，在深度上反比朱、王等理學大師們簡單而粗糙。西方哲學的認識論一般總與自然科學相聯繫而得到發展，中國近代的認識論的興起也如此。戴震的認識論缺乏自然科學基礎，又並沒有與他的考據方法自覺地聯繫起來，所以它就並未能取得多少科學的成就，它的意義只在於反映了對宋明理學的倫理本體論的強烈抗議和當時整個意識形態要求走向近代的呼聲。

　　人文學科十分發達的中國文化，這種思想的歷史動向，仍然更為主要地更為波瀾壯闊地表現在由經學而史學，即著眼於具體

---

62 錢穆：《中國近三百年學術思想史》下卷，商務印書館，1937 年。

63 余英時：《論戴震與章學誠》，龍門書店，1976 年。

64 馮友蘭：《中國哲學史》下卷，商務印書館，1936 年。

的歷史意識來替代抽象的心性玄談的思潮中。即使王船山的歷史觀念無人知曉、長久沈埋，但無論是今文經學派以微言大義寓說時事，或者是古文經學派的章學誠「六經皆史」的著名命題，又都以不同方式表現出顧炎武最早提出「經學即史學」的這一總趨勢，在新條件下發揚了中國哲學的歷史意識的古老傳統。

關於晚清今文學，最後以康有為為代表，也仍然附著在「三世」歷史觀念上，我在《中國近代思想史論》一書中已講了不少，此處不再談。這裡只簡略提一下「六經皆史」的說法。如所周知，王陽明和其他一些人已早有此提法，但畢竟是章學誠把這一命題與經世致用、與反理學、與前述「外王」路線連接了起來：

「天人性命之學，不可以空言講也。……儒者欲尊德性而空言義理以為功，此宋學之所以見譏於大雅也。……三代學術，知有史而不知有經，切人事也。後人貴經術，以其即三代之史耳。近儒談經，似於人事之外別有所謂義理矣。浙東之學，言性命必究於史，此其所以卓也」[65]。「史學所以經世，固非空言著述也。且如六經，同出於孔子，先儒以其功莫大於《春秋》，正以切合當時人事耳。後之言著述者，捨今而言古，捨人事而言性天，則吾不得而知矣，學者不知斯義，不能言史學也」[66]。

這裡說得相當明白了。「六經皆史」、「經學即史學」的真正涵義不即是反對空談性理的「內聖」之學麼？! 戴震從認識論來反理

---

65 《文史通義・內篇 5・浙東學術》。

66 同上。

學；章學誠以歷史學來反理學。章自覺地和明確地承繼宋代陳、葉，明確提出「六經」之為經典，是因為它們乃古代典章制度、行政事實的歷史記錄，連《易經》這種被宋明理學奉作宇宙倫理本體論的聖典，也被章解釋為「政典」、「法憲」，「其所以原民生與利民用者」，「而非聖人一己之心思，離事物而特著一書謂以明道也」[67]。從而，「六經」、孔孟的真傳便並不在什麼心性義理，而在於具體歷史經驗的記錄。這不正是從準宗教性的倫理學本體論走向近代現實性的歷史意識的表現麼？王船山是從哲學上，章學誠是從歷史學上提出了同一課題。

對章來說，所謂真正的史學不只是記錄事實、搜羅材料、排比現象，而在於探求規律。顧炎武說過「明古今之變而知之所以然」，章學誠則說得更明確：「整輯排比，謂之史纂；參互搜討，謂之史考，皆非史學」[68]。「撰述欲其圓而神，記注欲其方以智也。夫智以藏往，神以知來。記注欲往事之不忘，撰述欲來者之興起」[69]，記往是為了知來，所以這不是起居錄，不是記帳本，這是要求獲得某種規律性的認識以卜望未來，而有助於人事，服務於現實。章學誠所謂史家「微茫秒忽之際，有以獨斷於一心」，也正是這個意思。史學家要有眼光來作出獨立判斷。

章學誠《文史通義》《校讎通義》有各種錯誤，包括好些知識

---

67 《文史通義·易教上》。

68 《文史通義·內篇5·浙東學術》。

69 《文史通義·書教上》。

性錯誤，「徵文考獻，輒多謬誤」，「其讀書亦大鹵莽滅裂矣」[70]，但它的重要價值和影響卻絲毫未減，直至今日仍為海內外學者們所推重。其所以能如此，不正是由於它體現了中國社會和文化的近代趨向的新精神，為「切於人事」的「經世致用」觀念提出了歷史學的論證麼？正是他的這種富有創造性的史學理論，而不是他的那些具體的論證、考核或材料，使他終於取得思想史上的重要位置。在這種意義上，章學誠也正是陳亮、葉適、顧炎武、黃宗羲、王船山等人的所謂「外王」路線的伸延和擴展。

　　不是宋明理學，而是這條路線與近代中國進步思想有直接的聯繫。從龔自珍、魏源到梁啟超、章太炎，當然還有許多其他的人，都是在「經世致用」等觀念影響下，注重事實、歷史、經驗，主張改革、變法、革命。無論是龔的「尊史」，魏的「師長」，還是梁的「新史學」，章的「國粹」，……都可以看作是中國這種傳統在近代特定條件下的繼承和發揚。他們憤然推開心性玄談，而面向現實，救亡圖存。譚嗣同有段話把這一點描述得最為清楚了：

　　往者嗣同請業蔚廬，勉以盡性知天之學，而於永嘉則譏其淺中弱植，用是遂束閣焉。後以遭逢世患，深知揖讓不可以退崔符，空言不可以弭禍亂，則於師訓竊有疑焉。夫浙東諸儒，傷社稷阽危，蒸民塗炭，乃蹶然而起，不顧瞀儒曲士之訾短，極言空談道德性命無補於事，而以崇功利為天下倡。揆其意，蓋欲外御胡虜，

---

70 《余嘉錫論學雜著・卷下・書章實齋遺書後》。

內除秕政耳。使其道行，則偏安之宋，庶有豸乎？今之時勢，不
變法則必步宋之後塵，故嗣同於來書之盛稱永嘉，深為嘆服，亦
見足下與我同心也。[71]

　　這就是思想史的真實。

---

71 〈致唐佛塵〉，見《中國哲學》第 4 輯，第 425 頁。

九、試談中國的智慧

（一）時代課題

　　近幾年我陸續發表了幾篇談中國傳統思想的文章，現在把這些文章匯集起來，講幾句歸總的話。

　　首先是研究課題問題。我贊成多樣化。關於中國思想史哲學史的論著，無論海內外，都已有不少，而且有迅速增加的趨勢，其中由通史而走向專史（思潮史、學派史、人物史、專題史等等），是一個很好的勢頭。我一直主張中國歷史和思想史、文學史應該盡量多作細緻的專題探究，只有在許多專題作了充分探討研究之後，才有可能作出比較準確的通史概括。中國人多，搞中國思想史的人也會相對地多一些（對比國外或對比搞西方思想史的人），不妨各自分頭隨性之所近去深鑽細究，而不必千人一面眾口一詞地擠在通史這條道上。多年來國內關於中國哲學史的通史和專史的著作比例似乎有點失調，應該改革一下，使哲學史思想史的局面來個多樣化的新貌。

　　抱歉的是，我自己這裡提供的，卻仍然屬於通史範圍。不過在通史範圍內，也應該多樣化，即可以從各個不同的角度、用各種不同的方法去接近、探討、表述中國哲學史、思想史。它們所提出的課題、所經由的途徑和所企圖達到的目標，可以很不相同。例如，可以有以搜羅整理材料見長的哲學史，也可以有以解釋闡

發新意見長的哲學史；可以有偏重考證的歷史學家的思想史，也可以有偏重義理的哲學家的思想史。在後者中，可以有以唯物論與唯心論的鬥爭作為根本線索的研究，也可以有以認識發展進程為線索的研究，還可以有其他的課題、途徑和線索的研究。我寫的這些文章不敢自稱哲學史，但哲學史既應是「自我意識的反思史」[1]，那麼對展現在文化思想中的本民族的心理結構的自我意識，也就可以成為哲學和哲學史的題目之一。我所注意的課題，是想通過對中國古代思想的粗線條的宏觀鳥瞰，來探討一下中國民族的文化心理結構問題。我認為這問題與所謂精神文明有理論上和實踐上的關係，是很值得研究的。總之，我贊成百花齊放，殊途同歸，同歸於歷史唯物主義，同歸於像馬克思那樣謹嚴地解釋歷史，找出它所固有的客觀規律[2]，以有助於今日之現實，即「有助於人們去主動創造歷史」[3]。

美國研究中國思想史的知名教授、已故的列文森 (Joseph R. Levenson) 曾把思想史比作博物館，即認為它已失去現實作用和實用價值，而只具有供人們觀賞的情感意義。列文森曾以理智上接受西方、情感上面向傳統的矛盾來描述解釋中國近代知識分子的思想；美國另一位研究中國思想史的專家史華滋 (Benjanmin

---

1 參看《李澤厚哲學美學文選・美學的對象與範圍》，湖南人民出版社，1985年。

2 我不同意 K. Popper 認為歷史無客觀規律可尋、Collingwood 認為「一切歷史均思想史」誇張思想的獨立決定作用等理論。

3 拙作《中國近代思想史論》，人民出版社，1979年，第488頁。

Schwartz) 則認為，思想史不應該比作博物館，而應該比作圖書館，即認為它所保存的過去的東西，也許有一天又會有某種參考用途。我的意見是，既不是博物館，也不是圖書館，而似乎是照相簿：因為思想史研究所應注意的是，去深入探究沈積在人們心理結構中的文化傳統，去探究古代思想對形成、塑造、影響本民族諸性格特徵（國民性、民族性）亦即心理結構和思維模式的關係。我以為，展現為文學、藝術、思想、風習、意識形態、文化現象，正是民族心靈的對應物，是它的物態化和結晶體，是一種民族的智慧。這裡所用「智慧」一詞，不只是指某種思維能力、知性模式。它不只是 wisdom, intellect；而是指包括它們在內的整體心理結構和精神力量，其中也包括倫理學和美學的方面，例如道德自覺、人生態度、直觀才能等等。中國思維的特徵也恰恰在於它的智力結構與這些方面交溶滲透在一起，它是這個民族得以生存發展所積累下來的內在的存在和文明，具有相當強固的承續力量、持久功能和相對獨立的性質，直接間接地、自覺不自覺地影響、支配甚至主宰著今天的人們，從內容到形式，從道德標準、真理觀念到思維模式、審美趣味等等。對它們進行自覺意識，科學地探究它們，了解它們在適應現代生活的長處和弱點、需要肯定和否定的方面或因素，總之既發展又改進我們民族的智慧，我以為是一件有意義的事情。因為無論是心理結構或者是民族智慧，都不是一成不變的超時空因果的先驗存在，它們仍然是長久歷史的成果。面臨二十一世紀工藝——社會結構將發生巨大變革的前景，如何清醒地變化和改造我們的文化——心理結構，徹底拋棄

和清除那些歷史陳垢，以迎接和促進新世紀的曙光，我以為，這正是今日中國哲學要注意的時代課題。但我的這些文章只是開一個頭，把問題初步提出來而已。正如我在本書第一篇文章〈孔子再評價〉提出「文化心理結構」這概念時所說的那樣。

因為集中在這個概括性的主題之上，我就只能選擇一些最有代表性、最有實際影響的人物和思潮，棄而不論許多比較起來屬於次要的人物、學派和思想。例如先秦的名家以及其他好些非常著名甚至非常重要的思想家；也捨棄了所論述的人物、思潮中離這一主題關係較遠的方面、內容和層次，當然更完全捨棄了一些屬於考證範圍的問題如人物生平、史料源流、版本真偽等等。總之，本書所作的只是一種十分粗略的輪廓述評。孫子說：「無所不備則無所不寡」。我絲毫不想以齊備為目的，而只望能在捨棄中更突出所要研討的主題：即在構成中國文化──心理結構中起了最為主要作用的那些思想傳統。同時在論述中也盡量注意詳人之所略，略人之所詳，以避開重複。從目錄中可以看出，我所注意論述的是孔墨、孟荀、老韓、易董、莊禪以及所謂「內聖」（理學）「外王」（經世）之學。我沒有講唯物唯心之爭或認識論範疇論之類（如現在好些論著），也不同意以孔孟程朱或孔孟陸王為「正宗」（如港、臺好些論著）。我以為這兩者都太狹隘，不能很好地說明中國思想傳統、民族性格或文化心理結構。

研究民族性格或文化心理結構，也可以有各種不同的途徑和角度。其中更重要的，也許還是從社會經濟、政治的角度出發作些根基的探究。例如，同是人道主義，古代人道主義（如孔孟）

與近代人道主義（如西方文藝復興以來）就由於社會根基不同，
其具體內容才產生重大差別。前者以原始氏族傳統為根基，強調
人際之間的和諧親睦、互愛互助；後者以資本主義的崛興為背景，
強調的是個性解放、個人的獨立和自由。從社會經濟基礎經由政
治、宗教等中介環節，直至昇華或提昇為思想理論和哲學觀念，
反過來又作用於影響於人們的行為、活動；我以為歷史唯物主義
的這一基本原理仍是深刻的。雖然這種根基的研究並不在我的目
標之內，我的這些文章仍然是從思想到思想，即思想史自身的研
究。但我覺得應該把這個問題強調一下。因為既然不可能專門去
探究思想傳統的社會史的根源，便應該在研究、論述時十分注意
到它，下面想再集中地談一下這個問題。

（二）血緣根基

　　任何民族性、國民性或文化心理結構的產生和發展，任何思
想傳統的形成和延續，都有其現實的物質生活的根源。中國古代
思想傳統最值得注意的重要社會根基，我以為，是氏族宗法血親
傳統的強固力量和長期延續。它在很大程度上影響和決定了中國
社會及其意識形態所具有的特徵。以農業為基礎的中國新石器時
代大概延續極長，氏族社會的組織結構發展得十分充分和牢固，

產生在這基礎上的文明發達得很早，血緣親屬紐帶極為穩定和強大，沒有為如航海（希臘）、遊牧或其他因素所削弱或衝擊。雖然進入階級社會，經歷了各種經濟政治制度的變遷，但以血緣宗法紐帶為特色、農業家庭小生產為基礎的社會生活和社會結構，卻很少變動。古老的氏族傳統的遺風餘俗、觀念習慣長期地保存、積累下來，成為一種極為強固的文化結構和心理力量。直到現在，在廣大農村中，不仍然可以看見許多姓氏聚族而居，其中長輩晚輩之分秩序井然麼？就在稱謂（中國人的親屬稱謂極為細密，與西方大不相同）和餐桌（西方分而食之，各自獨立；中國共進飯菜，要求謙讓有「禮」）上，便也可說是一「名」一「實」地在日常生活中把這種以血緣親屬為基礎的尊卑長幼的等級秩序，作為社會風習長期地鞏固下來了。今天走向二十世紀結尾，現代生活已在世界範圍內打碎著種種古老傳統，中國農村也在開始變革，但觀念形態在這方面的變革進度卻並不能算迅速（例如關於性愛的觀念），那就更不用說鴉片戰爭以前的傳統社會了。

　　充分了解和估計到這一點，就容易理解為什麼儒家會在中國社會和中國思想史上占據了那麼突出的地位，為什麼儒學、儒家或儒教幾乎成了中國文化的代名詞，孔子成了可與基督、釋迦並立的「教主」。在整個中國文化思想上、意識形態上、風俗習慣上，儒家印痕到處可見。充分了解和估計到這一點，也就容易理解，儒家孔子為什麼要講「仁」，要把仁學放置在親子之愛的情感心理的基礎之上，終於成為整個儒學（從世界觀、宇宙論到倫理學）一個基本特徵。只有了解這一點，也就容易理解，為什麼從

孔孟到顧炎武，儒家老要「復古」，復「封建」，老喜歡講「三代
之治」（夏商周）。這種所謂「三代之治」與後世虛構的「向前看」
的烏托邦不同，也與柏拉圖虛構的「理想國」不同。孔子夢見周
公，儒家要「復」的「三代之治」，確乎有其「向後看」的歷史依
據的，即父家長制下黃金時代的氏族社會[4]。所以，本書著重講
了孔子和儒家，以其作為主軸。這不是因為我特別喜歡儒家，而
是因為不管喜歡不喜歡，儒家的確在中國文化心理結構的形成上，
起了主要的作用，而這種作用又有其現實生活的社會來源的。我
之重視墨子、老莊也與此有關。因為他們也從不同方面、不同立
場、不同角度反映了原始氏族傳統的某種因素或問題，對後世一
直有重要影響。中國以後的思想大體是在儒、墨、道這三家基礎
上變化發展起來的。孟子激進的人道民主與內聖人格，莊子抗議
文明反對異化，荀子、《易傳》的「外王」路線和歷史意識，以及
以現實軍事政治鬥爭為基地的古代辯證法和以陰陽五行為骨架的
宇宙論，宋明理學的倫理本體、理學和非理學的儒家們的經世致
用理論，都是既置根於此歷史長河之中，又對後世影響深遠的中
國傳統思想中的最重要的東西。

　　以儒家為中國文化的軸心或代表，遠不是什麼新鮮意見，問

---

4 關於中國歷史分期是迄今仍在爭論的問題，我沒有能力參與意見。但以
　為，周公「制禮作樂」大概是使父系家長制度規範化完善化的一次具有
　歷史意義的重要確定。王國維的《殷周制度論》中的論點仍是值得重視
　的。其後春秋戰國則是這一周制徹底崩毀的社會大變動時期，至此才正
　式進入真正成熟的階級社會。參看本書第一篇、第三篇文章。

題在於如何解釋它。所謂「解釋」卻包含有解釋者的歷史立場和現實態度在內。在中國近代直到今天，對此就有激烈的分歧和爭論。保守派經常以保衛孔孟之道作為維護民族傳統的旗幟，來對付實際是抵抗時代的挑戰；急進派則以打倒孔家店徹底否定儒家，來作為振興民族改造文化的出發點。但無論是保守派或急進派，都似乎並未對儒家或儒學的根基、內容和形式真正作出多少深刻的研究，並沒有客觀地分析它的各個主要方面、特徵、優缺點及其可能的前途；也就是說，對民族傳統缺乏真正的自我意識的反思。

　　可以舉一個例子。例如，「敬老尊長」是儒學傳統中所保存積累至今仍有巨大社會影響的氏族遺風[5]。它並不只是個簡單的禮儀形式問題，而是一種文化現象和心理情感。在今天以至未來的社會生活中，它可以起某種稠密人際關係的良好作用，應該肯定它，保存它。但另方面，這種傳統的價值觀念卻有貴經驗而不重新創、講資歷而壓抑後輩等等很壞的作用，成為社會進步、生活開拓、觀念革新的極大障礙，應該否定它，排除它。從而，如何在制度上、思維中排除它（這應該是目前的主要方面），而又在心理上、情感上有選擇地保留它、肯定它，便是一種非常複雜而需

---

5 參看本書〈孔子再評價〉。它源自原始氏族的重經驗（老人擁有）。嚴復說，「其於為學也，中國誇多識而西人尊新知」（〈論世變之亟〉），以知識博雅為高，輕視新說創見，甚至在今天的學術界也可以明顯看到此種遺跡。

要充分研究的問題。傳統是非常複雜的，好壞優劣經常可以同在一體中。如何細緻地分析剖解它們，獲得清醒的自我意識，就顯得比單純的「保衛」或「打倒」，喜歡或憎惡，對今天來說，更為重要。孔孟儒學一方面保存了氏族傳統中的人道、民主等許多優良的東西，另方面又同樣保存了氏族傳統中許多落後的東西，如「不患寡而患不均」、「何必曰利」、「父母在不遠遊」、「子為父隱」……等等，這種雙重性的剖析，我以為是必要的。對其他各家如墨、老、莊，亦然。氏族社會長期延續於正式的階級社會之前，它確乎有為階級社會所喪失掉的許多人類的優良制度和個體品德[6]。孔孟雖然維護的是已經分裂為階級，已經有統治被統治、

---

6 恩格斯：「這種十分單純質樸的氏族制度是一種多麼美妙的制度呵！沒有軍隊、憲兵和警察，沒有貴族、國王、總督、地方官，沒有監獄，沒有訴訟，而一切都是有條有理的。……不會有貧窮困苦的人，因為共產制的家庭經濟和氏族都知道它們對於老年人、病人和戰爭殘廢者所負的義務。大家都是平等、自由的，包括婦女在內。……凡與未被腐化的印第安人接觸過的白種人，都稱讚這種野蠻人的自尊心、公正、剛強和勇敢……。……最卑下的利益——庸俗的貪欲、粗暴的情欲、卑下的物欲、對公共財產的自私自利的掠奪——揭開了新的、文明的階級社會，最卑鄙的手段——偷竊、暴力、欺詐、背信——毀壞了古老的沒有階級的氏族制度，把它引向崩潰。而這一新社會自身，在其整整兩個五百餘年的存在期間，又不過是一幅區區少數人靠犧牲被剝削和被壓迫的絕大多數人的利益而求得發展的圖景罷了」（《馬克思恩格斯選集》 第4卷，第92～94頁）。應該指出，這是指氏族內部。氏族、部落或部族之外則常常是凶狠的殘殺和掠奪。「在沒有明確和平條約的地方，部落與部落之間

勞力與勞心、野人與君子的家長宗法制即「小康」世，但這個早期制度中也確然保存了原始氏族社會中（即「大同世」）的好些傳統。如「泛愛眾」、「君為輕」等等。孔孟思想的力量，主要就在這裡，它們保存了氏族社會中的人道民主理想，而不像代表成熟的後期地域國家制的法家思想那麼赤裸裸地宣傳剝削與壓迫、功利與軍事。但孔孟思想弱點也在於此，它們輕視功利、強調道德的倫理主義，一直到近現代，仍然是阻礙改革社會結構和改變社會意識的消極力量。不久之前流行的所謂「政治掛帥」、「算政治帳」（即不算經濟帳）之類，實際上不就是「何必曰利」的傳統翻版麼？所以值得慶幸的是，數千年的農業小生產在近幾年商品生產、市場價值的衝擊下，已開始在走向重大變化，強固的血緣根基和各種傳統觀念第一次被真正動搖，個體的獨立、創造、前進日漸被承認和發展⋯⋯，工藝——社會結構的基礎方面的改變將帶來文化——心理的變革，如何對它作出自我意識，清醒地處理新舊模式、觀念、價值的衝突或互補，傳統與未來將是一種什麼具體關係⋯⋯，凡此種種，都正是需要哲學史去探索深思的問題。對於孔孟儒家也應如此，我們不是穿著西裝來朝拜孔子，也不是將它「批倒批臭」，扔進垃圾箱。

僅存在著戰爭，這種戰爭進行得很殘酷，使別的動物無法和人類相比」（《馬克思恩格斯全集》第 21 卷，第 112 頁）。儒家原始所強調「夷夏之辨」，「非我族類、其心必異」等等，也都來源於此。

（三） 實用理性

如果說，血緣基礎是中國傳統思想在根基方面的本源；那麼，實用理性便是中國傳統思想在自身性格上所具有的特色。先秦各家為尋求當時社會大變動的前景出路而授徒立說，使得從商周巫史文化中解放出來的理性，沒有走向閑暇從容的抽象思辨之路（如希臘），也沒有沈入厭棄人世的追求解脫之途（如印度），而是執著人間世道的實用探求[7]。以氏族血緣為社會紐帶，使人際關係（社會倫理和人事實際）異常突出，占居了思想考慮的首要地位，而長期農業小生產的經驗論則是促使這種實用理性能頑強保存的重要原因。中國的實用理性是與中國文化、科學、藝術各個方面相聯繫相滲透而形成、發展和長期延續的。中國古代常喜歡說某家源於某官。在我看來，似乎也可以說，中國實用理性主要與中國四大實用文化即兵、農、醫、藝有密切聯繫。中國兵書成熟極早，中國醫學至今有效，中國農業之精耕細作，中國技藝的獨特風貌，在世界文化史上都是重要現象。它們與天文、曆數、製造、煉丹等等還有所不同，兵、農、醫、藝涉及極為廣泛的社會民眾

---

7 也正因為此，「實用理性」一詞有時以「實踐理性」一詞替代，當它著重指示倫理實踐特別是有自覺意識的道德行為時。

性和生死攸關的嚴重實用性，並與中國民族的生存保持直接的關係。所以，我在這些文章中曾不斷指出老子之於兵、荀《易》之於農、陰陽五行之於醫、莊禪之於藝（首先是技藝）的聯繫，因為研究不夠，可能有些牽強，然而中國實用理性的哲學精神與中國科學文化的實用性格，我以為是明顯地有關係的。

從而，從哲學看，中國古代的辯證思想雖然非常豐富而成熟，但它是處理人生的辯證法而不是精確概念的辯證法。由於強調社會的穩定、人際的和諧，它們又是互補的辯證法，而不是否定的辯證法，它的重點在揭示對立項雙方的補充、滲透和運動推移以取得事物或系統的動態平衡和相對穩定，而不在強調概念或事物的鬥爭成毀或不可相容。中國古代也有唯物論唯心論之分，例如孟子與荀子，王陽明與王船山……，但由於主客體的對立和人我之分在中國古代哲學中並不占重要地位，唯物唯心之爭就遠未獲有近代西方哲學認識論上的巨大意義。而像「氣」、「神」、「道」、「理」等等，不僅僅是中國哲學而且還經常是中國整個文化中的基本範疇，有時便很難明確釐定它們究竟是精神還是物質。「氣」可以是「活動著的物質」，也可以是「生命力」的精神概念 [8]。「神」、「理」、「道」似乎是精神了，然而它也可以是某種物質性的功能或規律。中國也講認識論，但它是從屬於倫理學的。它強調的主要是倫理責任的自覺意識，從孔子的「未知，焉得仁」到

---

8 如陳榮捷譯「氣」為 "material force"（物質的力），而 F. W. Mote 卻譯它為 "vital spirit"（有生命的精神）更有譯作「質能」的 (matter-energy)。

理學的「格物致知」，都如此。

　　就整體說，中國實用理性有其唯物論的某些基本傾向，其中我以為最重要的是它特別執著於歷史。歷史意識的發達是中國實用理性的重要內容和特徵。所以，它重視從長遠的、系統的[9]角度來客觀地考察、思索和估量事事物物，而不重眼下的短暫的得失勝負成敗利害，這使它區別於其他各種實用主義。先秦各家如儒、墨、老、韓等都從不同角度表現了這種歷史意識。到荀子、《易傳》，則將這種歷史意識提昇為貫古今通天人的世界觀。把自然哲學和歷史哲學鑄為一體，使歷史觀、認識論、倫理學和辯證法相合一，成為一種歷史（經驗）加情感（人際）的理性，這正是中國哲學和中國文化一個特徵。這樣，也就使情感一般不越出人際界限而狂暴傾洩，理智一般也不越出經驗界限而自由翱翔。也正因為此，中國哲學和文化一般缺乏嚴格的推理形式和抽象的理論探索，毋寧更欣賞和滿足於模糊籠統的全局性的整體思維和直觀把握中，去追求和獲得某種非邏輯、非純思辨、非形式分析所能得到的真理和領悟。具有抽象思辨興趣的名家和墨辯沒能得到發展，到了漢代大一統意識形態確定後，實用理性的思維模式便隨之確定，難以動搖了。唐代從印度引入為皇家倡導而名重一時的思辨性較強的佛教唯識宗哲學，也終於未能持久。中國實用理性的傳統既阻止了思辨理性的發展，也排除了反理性主義的泛濫。它以儒家思想為基礎構成了一種性格——思想模式，使中國

---

9 參看本書〈秦漢思想簡議〉。

民族獲得和承續著一種清醒冷靜而又溫情脈脈的中庸心理：不狂暴，不玄想，貴領悟，輕邏輯，重經驗，好歷史，以服務於現實生活，保持現有的有機系統的和諧穩定為目標，珍視人際，講求關係，反對冒險，輕視創新……。所有這些，給這個民族的科學、文化、觀念形態、行為模式帶來了許多優點和缺點。它在適應迅速變動的近現代生活和科學前進道上顯得蹣跚而艱難。今天，在保存自己文化優點的同時，如何認真研究和注意吸取像德國抽象思辨那種驚人的深刻力量、英美經驗論傳統中的知性清晰和不惑精神、俄羅斯民族憂鬱深沈的超越要求……，使中國的實踐（用）理性極大地跨越一步，在更高的層次上重新構建，便是一件巨大而艱難的工作。它也將是一個歷史的漫長過程。

 （四）樂感文化

中國實用理性不僅在思維模式和內容上，而且也在人生觀念和生活信仰上造成了傳統，這兩者不可分割。中國神話傳說中，如女媧造人已區分貴賤，似乎命由天定；西方《聖經》卻是上帝造人後，人背叛上帝，被逐出樂園而與命運相鬥爭。一般思想史喜歡說西方文化是所謂「罪感文化」，即對「原罪」的自我意識，為贖罪而奮勇鬥爭：征服自然，改造自己，以獲得神眷，再回到

上帝懷抱。《聖經舊約》中描述的耶和華和撒旦的鬥爭，是心理上的巨大衝突，並非人世現實的糾紛，它追求的超越是內在靈魂的洗禮。雖然這種希伯來精神經由希臘世俗精神的滲入而略形緩和（《新約》以後），但是個體與上帝的直接精神聯繫，優越於其他一切世間（包括父母）[10] 的關係、聯繫和秩序這一基本模式始終未變。以靈與肉的分裂，以心靈、肉體的緊張痛苦為代價而獲得的意念超升、心理洗滌以及與上帝同在的迷狂式的喜悅……，便經常是以個人為本位的西方「罪感文化」的重要環節。人們把人生的意義和生活的信念寄托於神（上帝），寄托於超越此世間的精神歡樂。這種歡樂經常必須是通過此世間的個體身心的極度折磨和苦痛才可能獲有。這是基督教以及其他好些宗教的特徵。下面是看報偶然剪下的一則材料，具體細節不一定可靠，但它在表現自我懲罰以求超越的宗教精神上仍是可信的，特抄引如下：

　　據路透社報導，最近馬來西亞有許許多多的印度教徒群集在吉隆坡附近一個大霧籠罩的石灰穴洞口上，慶祝泰波心節（悔過節），他們用利針戳穿自己的舌頭，或將一支手指寬的鐵桿穿過自己的臉頰，去擊鼓和歌頌他們的家庭和朋友。他們用鐵扣針、鐵

---

10 嚴復所說「中國委天數，而西人恃人力」，「中國首重三綱而西人最明平等」，固然是指近代西方文化與中國的不同，但也可溯源於中西傳統源起的差異。由於強調贖罪，所以重人力奮鬥；由於有上帝，所以人均平等地等待最後審判。

鏈和尖利凶器來「懲罰」自己，表示對神懺悔和誠心。這些教徒在進行這種活動的過程中都暈倒過去。

這只是一種較低級的宗教，遠不及基督教的深邃精緻。基督教把痛苦視作「原罪的苦果」，人只有通過它才能贖罪，才能聽到上帝的召喚，才能達到對上帝的歸依和從屬，痛苦成了入聖超凡的解救之道。把釘在十字架鮮血淋漓的耶穌作為崇拜的對象，這種情景和藝術，在中國文化傳統中便極少見，甚至是格格不入的[11]。

這只是肉體的摧殘，還有精神的磨折。陀斯妥也夫斯基小說中的那種「靈魂拷問」便是例子，它們都是要在極度苦疼中使人的精神得到超升。這種宗教精神在西方文化中非常重要。例如馬克斯・威柏 (Max Weber) 最著名的理論，便是清教徒的宗教信念使他們刻苦、節約、積累和工作，產生了資本主義。這在根本上說並不準確，但它畢竟強調表述了這種極端克己、犧牲一切以求供奉上帝的西方宗教精神對歷史的巨大推動作用。中國雖然一直有各種宗教，卻並沒有這種高級的宗教精神。中國的實用理性使

---

[11] 正如「惡」在中國哲學中不占重要的原始地位一樣，罪、苦，亦然。在中國哲學中，「天道」本身是「生生」、是「善」，「惡」只是對它的偏離，從而是派生和從屬的。人的現實生存和人世生活是善，並非惡或罪。而「道」的無處不在（甚至「道在屎溺」）更使罪、惡無存身處。所以中國哲學的陰陽便不是光明與黑暗、善與惡、上帝與魔鬼誓不兩立的鬥爭，而是彼此依存、滲透互補。參看本書諸文。

人們較少去空想地追求精神的「天國」；從幻想成仙到求神拜佛，
都只是為了現實地保持或追求世間的幸福和快樂。人們經常感傷
的倒是「譬如朝露，去日苦多」，「他生未卜此生休」，「又只恐流
年暗中偷換」……；總之非常執著於此生此世的現實人生。如果
說海德格爾認為人只有自覺地意識到他正在走向死亡才能把握住
「此在」，他是通過個體的「此在」追求著「存在的意義」；實際
上如同整個西方傳統一樣，仍然是以有一個超越於人世的上帝作
為背景的話，那麼孔子說「未知生，焉知死；未知事人，焉知事
鬼」，死的意義便只在於生，只有知道生的價值才知道死的意義
（或泰山或鴻毛），「生死」都在人際關係中，在你我他的聯繫中，
這個關係本身就是本體，就是實在，就是真理。「鳥獸不可與同
群，吾非斯人之徒而誰與？」自覺意識到自己屬於人的族類，在
這個人類本體中就可以獲有自己的真實的「此在」。因之，在這
裡，本體與現象是渾然一體不可區分的，不像上帝與人世的那種
關係。這裡不需要也沒有超越的上帝，從而也就沒有和不需要超
越的本體。正如章太炎在駁斥康有為建立孔教所說：「國民常性，
所察在政事日用，所務在工商耕稼，志盡於有生，語絕於無
驗」[12]，亦即「體用不二」。「體用不二」[13] 正是中國哲學特徵「天
人合一」的另一種提法。與印度那種無限時空從而人極為渺小不

---

12 《太炎文錄・駁建立孔教議》。

13 本文所講「體用不二」與熊十力講的心物不分的「體用不二」不同，這
　　裡不涉及物質、精神的認識論關係問題。

同，在中國哲學中，天不大而人不小，「體」不高於「用」，「道」
即在「倫常日用」、「工商耕稼」之中，「體」、「道」即是「倫常日
用」、「工商耕稼」本身。這就是說，不捨棄、不離開倫常日用的
人際有生和經驗生活去追求超越、先驗、無限和本體。本體、道、
無限、超越即在此當下的現實生活和人際關係之中。「天人合一」、
「體用不二」都是要求於有限中求無限，即實在處得超越，在人
世間獲道體[14]。

　　中國哲學無論儒、墨、老、莊以及佛教禪宗都極端重視感性
心理和自然生命。儒家如所熟知，不必多說。莊子是道是無情卻
有情，要求「物物而不物於物」，墨家重生殖，禪宗講「擔水砍
柴」，民間諺語說「留得青山在，不怕沒柴燒」，等等，各以不同
方式呈現了對生命、生活、人生、感性、世界的肯定和執著。它
要求為生命、生存、生活而積極活動，要求在這活動中保持人際
的和諧、人與自然的和諧（與作為環境的外在自然的和諧與作為
身體、情欲的內在自然的和諧）。因之，反對放縱欲望，也反對消
滅欲望[15]，而要求在現實的世俗生活中取得精神的平寧和幸福亦

---

14 海德格爾遵循西方傳統，強調反人類中心，而去追求超越的存在實即非
　人格神的上帝；薩特不去強調這種存在，卻使自己陷入純然主觀的境地
　而使其體系較之海氏大為渺小。值得注意的是海氏後期講「樂」(Joy)，
　從而由無家被棄到有家可歸。但這個「家」對海來說，仍然不脫上帝的
　影子，儘管海是無神論者。

15 在許多宗教那裡，如馬克思評論印度教所指出的那樣，它是自我折磨的
　禁欲的宗教，又是極端縱欲淫蕩貪暴的享樂宗教。佛教中的某些派別也

即「中庸」，就成為基本要點。這裡沒有浮士德式的無限追求，而是在此有限中去得到無限；這裡不是陀斯妥也夫斯基式的痛苦超越，而是在人生快樂中求得超越。這種超越即道德又超道德，是認識又是信仰。它是知與情、亦即信仰、情感與認識的溶合統一體。實際上，它乃是一種體用不二、靈肉合一，即具有理性內容又保持感性形式的審美境界，而不是理性與感性二分、體（神）用（現象界）割離、靈肉對立的宗教境界。審美而不是宗教，成為中國哲學的最高目標，審美是積澱著理性的感性，這就是特點所在。

自孔子開始的儒家精神的基本特徵便正是以心理的情感原則作為倫理學、世界觀、宇宙論的基石。它強調，「仁，天心也」，天地宇宙和人類社會都必需處在情感性的群體人際的和諧關係之中。這是「人道」，也就是「天道」。自然、規律似乎被泛心理（情感）化了。正因為此，也就不再需要人格神的宗教，也不必要求超越感性時空去追求靈魂的永恆不朽。永恆和不朽都在此感性的時空世界中。你看，大自然（「天」）不是永恆的麼？你看，「人」（作為綿延不絕的族類）不也是永恆的麼？「天地之大德曰生」，「生生之謂易」。你看它們（天地人）不都在遵循著這同一規律（「道」）而充滿盈盈生意麼？這就是「仁」，是「天」，是「理」，是「心」，是「神」，是「聖」，是「一」……。中國哲學正是這樣在感性世界、日常生活和人際關係中去尋求道德的本體、理性的

是如此。

把握和精神的超越。體用不二、天人合一、情理交溶、主客同構，這就是中國的傳統精神，它即是所謂中國的智慧。如前面所多次說過，這種智慧表現在思維模式和智力結構上，更重視整體性的模糊的直觀把握、領悟和體驗，而不重分析型的知性邏輯的清晰[16]。總起來說，這種智慧是審美型的。

因為西方文化被稱為「罪感文化」，於是有人以「耻感文化」[17]（「行己有耻」[18]）或「憂患意識」[19]（「作易者其有憂患乎」[20]）來相對照以概括中國文化。我以為這仍不免模擬「罪感」之意，不如用「樂感文化」為更恰當。《論語》首章首句便是，「學而時習之，不亦悅乎；有朋自遠方來，不亦樂乎」。孔子還反覆說，「發奮忘食，樂以忘憂，不知老之將至云耳」，「飯蔬食飲水，曲肱而枕之，樂亦在其中矣」。這種精神不只是儒家的教義，更重要的是它已經成為中國人的普遍意識或潛意識，成為一種文化——心理結構或民族性格。「中國人很少真正徹底的悲觀主義，他們總願意樂觀地眺望未來……」[21]。

因之，「樂」在中國哲學中實際具有本體的意義，它正是一種「天人合一」的成果和表現。就「天」來說，它是「生生」，是

---

16 參看本書〈莊玄禪宗漫述〉。

17 如 Herbert Fingarette。

18 《論語・子路 13・20》。

19 如徐復觀。

20 《易・繫辭下》。

21 參看本書〈秦漢思想簡議〉。

「天行健」。就人遵循這種「天道」說，它是孟子和《中庸》講的「誠」，所以「誠者，天之道也；誠之者，人之道也」，而「反身而誠，樂莫大焉」。這也就是後來張載講的「為天地立心」，給本來冥頑無知的宇宙自然以目的性[22]。它所指向的最高境界即是主觀心理上的「天人合一」，到這境界，「萬物皆備於我」（孟子），「人能至誠則性盡而神可窮矣」（張載）：人與整個宇宙自然合一，即所謂盡性知天、窮神達化，從而得到最大快樂的人生極致。可見這個極致並非宗教性的而毋寧是審美性的[23]。這也許就是中國樂感文化（以身心與宇宙自然合一為依歸）與西方罪感文化（以靈魂歸依上帝）的不同所在吧？包括魯迅，也終於並不喜歡陀斯妥也夫斯基，這大概不會是偶然吧？我們今天應繼續沿著魯迅的足跡前進。魯迅一生不遺餘力地反國粹，斥阿 Q，要求改造國民性，而其靈柩上卻毫無所愧地覆蓋著「民族魂」的光榮旗幟。堅決批判傳統的魯迅恰恰正代表著中國民族開闢新路的樂觀精神：「日新之謂盛德」，「日日新，又日新」。現在的問題是不能使這種所謂「樂觀」和開拓變為一種淺薄的進化論、決定論，而應該像魯迅那樣，在吸取外來文化影響下所生長和具有的深沈的歷史悲

---

22 參看康德《判斷力批判》下卷，自然以文化道德的人為目的。《禮記・禮運》「人者，天地之心」，它們似乎都是從客觀上講的。但如純從客觀目的論講，就會走向宗教有神論。

23 審美境界可有三層次，悅耳悅目 (the sense of beauty)，悅心悅意 (the pleasant feeling, the satisfaction of mind/heart)，悅志悅神。這裡所指乃悅神（亦即「智的直觀」intellectual intuition），參看拙作美學諸文。

劇感、人類命運感……，這樣，它才真正具有現代型的無可抵擋的樂觀力量。

由於「樂感文化」所追求的「樂」並非動物式的自然產物，而是後天修養的某種成果。它作為所謂人生最高境界，乃是教育的功效，所以儒家無論孟、荀都主學習、重教育；或用以發現先驗的善（孟），或用以克制自然的惡（荀）。它們所要求的人格塑造是以仁智統一、情理滲透為原則，實際是孔子仁學結構向教育學的進一步的推演。一方面它要求通過培育鍛鍊以達到內在人格的完成和圓滿；另一方面，由於肯定人生世事，對外在世界和現實世事的學習講求，也成為塑造的重要方面和內容。「我善養吾浩然之氣」與「博施濟眾」從內外兩方面以構成所追求的完整人格，即建造個體主體性。這也就是所謂「內聖外王之道」。

如果說，孟子、《中庸》和宋明理學在「內聖」人格的塑造上作了貢獻的話；那麼荀、《易》、董和經世致用之學則在培養人格的「外王」方面作出了貢獻。所謂「現代新儒家」輕視或抹殺後一方面，並不符合思想史和民族性格史的歷史真實。我之所以要強調荀子，並一直講到章學誠，也是針對「現代新儒家」而發的。

儒學之所以成為中國傳統思想主幹的另一原因，如同中國民族不斷吸收溶化不同民族而成長發展一樣，還在於原始儒學本身的多因素多層次結構所具有的包容性質，這使它能不斷地吸取溶化各家，在現實秩序和心靈生活中構成穩定系統。由於有這種穩定的反饋系統以適應環境，中國思想傳統一般表現為重「求同」。

所謂「通而同之」，所謂「求大同存小異」²⁴，它通過「求同」來保持和壯大自己，具體方式則經常是以自己原有的一套來解釋、貫通、會合外來的異己的東西，就在這種會通解釋中吸取了對方、模糊了對方的本來面目而將之「同化」。秦漢和唐宋對道、法、陰陽和佛教的吸收同化是最鮮明的實例。引莊入佛終於產生禪宗，更是中國思想一大傑作。在民間的「三教合流」、「三教並行不悖」、孔老釋合坐在一座殿堂裡……，都表現出這一點。中國沒有出現類似宗教戰爭之類的巨大鬥爭；相反，存別異求共同，由求同而合流。於是，儒學吸取了墨、法、陰陽來擴展填補了它的外在方面，溶化了莊、禪來充實豐富了它的內在方面，而使它原有的仁學結構在工藝──社會和文化──心理兩個方面雖歷經時代

---

24 所以，有意思的是，不獨宋明理學，就是像蘇轍等人也同樣在搞儒佛同一，他用《中庸》解佛法：「所謂不思善不思惡，則喜怒哀樂之未發也。蓋中者，佛性之異名；而和者六度萬行之總目也。致中和而天地萬物生於其間，此非佛法何以當之？」（《老子解》卷4）「古之聖人中心行道而不毀世法」（同上）。也可以柳宗元作例。正如韓愈認為「孔子必用墨子，墨子必用孔子」一樣，柳則認為「余觀老子亦孔子之異流也，不得以相抗，又況楊墨申商刑名縱橫之說……皆有以佐世，其後有釋氏……通而同之，咸伸其長而黜其奇衺，要之與孔子同道」（《柳河東集‧送元十八山人南遊序》），也是以孔子儒學為基礎通過「求同」以溶取異物。這類文字、思想甚多，清晰地表現了「通而同之」的中國智慧和民族性格。雖然孔子說，「攻乎異端斯害也已」，孟子闢楊墨，韓愈排佛教，王船山斥陸王等等都聲色俱厲，「義正詞嚴」，但多半是社會鬥爭的短暫反映；就總體情況說，並不如此。漢唐文化的包容同化從外在方面顯示了這一點。

的推移變異，卻頑強地保持、延續和擴展開來。而這也正是中國智慧中值得注意的一個特色。也許，這正是文化有機體通過同化而生長的典型吧[25]。

　　大體來看，中國傳統思想的哲學方面經歷了五個階段。在先秦，主要是政治論的社會哲學，無論是儒、墨、道、法都主要是為了解答當時急劇變動中的社會基本問題，救治社會弊病。在秦漢，它變化為宇宙論哲學。到魏晉，則是本體論哲學。宋明是心性論哲學。直到近代，才有譚嗣同、章太炎、孫中山的認識論哲學。而在這所有五個階段中，儘管各有偏重，「內聖外王」「儒道互補」的實用理性的基本精神都始終未被捨棄。孫中山提出「知難行易」學說，開始在認識論上有真正重視知性的近代趨向，但遠遠沒能得到充分發展。

　　馬克思主義輸入中國後，中國傳統意識形態產生了迅速的改變。但是，為什麼馬克思列寧主義會這樣迅速地和忠摯地首先被中國知識分子而後為廣大人民所接受所信仰？這便是一個很值得思考的問題。當然，主要原因在於中國現代救亡圖存即反帝反封建的緊急的時代任務，使進步的知識分子在經歷了許多挫折和嘗試錯誤之後，選擇和接受了這種既有樂觀的遠大理想和具體的改造方案，又有踏實的戰鬥精神和嚴格的組織原則的思想理論。馬克思列寧主義的實踐性格非常符合中國人民救國救民的需要。但是，中國傳統的民族性格、文化精神（亦即文化心理結構）和實

---

25 參看本書〈秦漢思想簡議〉。

用理性是否也起了某種作用呢[26]？重行動而富於歷史意識，無宗教信仰卻有治平理想，有清醒理智又充滿人際熱情……，這種傳統精神和文化心理結構，是否在氣質性格、思維習慣和行為模式上，使中國人比較容易接受馬克思主義呢？以前一些人常說，馬克思主義不適合中國國情，但實際的事實卻並不如此，馬克思主義不僅在中國成功地領導和完成了一場翻天覆地的農民戰爭，在整個中國社會中生了根，而且在這個過程中，從毛澤東的軍事政治戰略到劉少奇的個人修養理論，到鄧小平的「實事求是是毛澤東思想的精髓」和「兩個文明」（物質文明與精神文明）的提法，已經使馬克思主義很大程度上中國化，即與中國社會的實際、思想意識的實際結合起來了。因之，如果將馬克思主義與許多其他一種近現代哲學理論如新實在論、分析哲學、存在主義等等相比較，馬克思主義對中國人也許是更為親近吧？這也說明馬克思主

---

26 1949 年以後許多有自己明確的哲學觀點、信仰甚至體系的著名學者和知識分子，如金岳霖、馮友蘭、賀麟、湯用彤、朱光潛、鄭昕等人，也都先後放棄或批判了自己的原哲學傾向，並進而接受馬克思主義。儘管他們對馬克思主義哲學了解的深度和準確度還可以討論，但接受的內在忠誠性卻無可懷疑。金岳霖解放初期還與艾思奇辯論，一九六〇年代初卻主動寫了《論所以》；朱光潛對馬克思主義哲學的態度也很典型。這與他們由熱情地肯定共產黨領導革命成功使國家獨立不受外侮從而接受馬克思主義有關；但這種由「人道」（政治）而「天道」（哲學）的心理轉移，不又正是中國的思想傳統麼？他們不正是自覺不自覺地表現了這一傳統麼？

義在中國結合傳統，進一步中國化當非偶然插曲，而將成為歷史的持續要求。相反，那些過度煩瑣細密的知性哲學（如分析哲學）、極端突出的個體主義（如存在主義），對中國人的心理結構和文化傳統倒是相距更為遙遠和陌生。我們可以吸收溶化其中許多合理的東西（如嚴格的語言分析、思辨的抽象力量、個體的獨立精神等等），但並不一定會被它們所同化，倒可能同化它們。所以，即使從中國思想歷史的傳統看，也似乎不必過分擔心隨著現代化的來臨，許多外來思潮如存在主義等等將席捲走中國的一切；相反，我們應該充滿民族自信去迎接未來，應該更有膽量、更有氣魄和智慧去勇敢地吸取外來文化和溶化它們。

 天人合一

　　但是，應該重複說一次，中國思想傳統有著自己的重大缺陷和問題，實用理性正面臨著嚴重的挑戰。如前所述，挑戰首先來自社會的迅速發展和變遷，從新石器時代以來歷史久遠的家庭農業小生產和血緣紐帶將宣告結束；現代化的進程要求掃清種種封閉因循、消極反饋的行為模式和生活模式，高度發達的自然科學要求捨棄局限於經驗論的思想模式……。除了經濟發展所帶來的社會秩序的變異和生活模式的更革，從而引起與傳統思想和傳統

模式的衝突變革外，文化本身所帶來的價值觀念的矛盾、衝突和
重新估計，也將日益突出。其中個體的重要性與獨特性的發展，
心理的豐富性、複雜性的增加，使原有的所謂「內聖外王之道」
和「儒道互補」成了相對貧乏而低級的「原始的圓滿」，而遠遠不
能得到現實生活發展中和精神超越中的滿足。缺乏獨立個性的中
國人如今有了全新人格的追求。捆綁在古典的和諧、寧靜與相對
穩定中，避開冒險、否定和毀滅，缺乏個體人格的真正成熟的歷
史時期已成過去，以佛洛伊德等理論為基礎的自由放縱傾向、與
之相反要求回歸上帝的神祕宗教傾向，以及追求離群流浪、單獨
承擔全部精神苦難的「絕對」個性[27]……等等，可能成為從各個
方向對中國傳統意識的挑戰。中國傳統思想和心理結構往何處去？
是保存還是捨棄？什麼才是未來的道路？如本文所一再認為，正
是今天需要加以思索的問題。

　　關於中國社會和中國文化出路的爭論，從清末到今天已經延
續了一百年。「中體西用」和「全盤西化」是兩種最具代表性而且
至今仍有巨大影響的方案。清末主張「中體西用」的洋務派，要
求只採取現代科技工藝而排斥與這些很難分割的西方的價值觀念
和政經體制，終於沒有成功。以後的「中國文化本位」論則影響
更小。主張「全盤西化」的胡適、吳稚暉等人要求徹底拋棄和否
定中國既有的文化──心理的各種傳統，一切模擬西方，但也應

---

27 近代由於「上帝死了」（尼采），產生了個體主義的絕對孤獨，於是有尼
　采的強力意志，海德格爾的「此在」，薩特的「自由」等等。

者寥寥，並無結果。殷海光在臺灣堅持這一主張，也不成功。實際上，中國現代化的進程既要求根本改變經濟政治文化的傳統面貌，又仍然需要保存傳統中有生命力的合理東西。沒有後者，前者不可能成功；沒有前者，後者即成為枷鎖。其實這就是我們今天講的「馬列主義中國化」、「中國化的社會主義道路」；如果硬要講中西，似可說是「西體中用」。所謂「西體」就是現代化，它是社會存在的本體。它雖然來自西方，卻是全人類和整個世界發展的共同方向。所謂「中用」，就是說這個現代化進程仍然必需通過結合中國的實際（其中也包括中國傳統意識形態的實際）才能真正實現。這也就是以現代化為「體」，以民族化為「用」。因為「體」「用」兩者本是不可分離地結合在一起的，從而如何盡量吸取消化外來一切合理東西，來豐富、改造和發展自己，便是無可迴避的現實課題。

這似乎是老生常談，卑之無甚高論；實際卻是艱鉅的歷史工作，需要我們作出長期的和各種具體的努力。即使在理論上也需要提出許多子命題來分門別類地去研究探討。其中，研究表現在傳統思想中的文化心理結構如何適應、轉換和改造才可能生存和發展，便是本書想要討論的問題。我試圖一分為二地描述剖析以儒家為主幹的中國傳統思想的某些現象，如上述的心理結構、血緣基礎、實用理性、儒道互補、樂感文化、天人合一等等。

「天人合一」便是一個十分複雜的問題。中國「天人合一」觀念源遠流長，其來有自。大概自漫長的新石器農耕時代以來，它與人因順應自然如四時季候、地形水利（「天時」「地利」）而生

存和發展有密切的關係。同時，這一時期尚未建立真正的階級統治，人們屈從於絕對神權和絕對王權的現象尚不嚴重，原始氏族體制下的經濟政治結構和血親宗法制度使氏族、部落內部維持著某種自然的和諧關係（「人和」即原始的人道、民主關係）。這兩個方面大概是產生「天人合一」（人與自然、個體與群體的順從、適應的協調關係）觀念的現實歷史基礎。從遠古直到今天的漢語的日常應用中，「天」作為命定、主宰義和作為自然義的雙層涵義始終存在。在古代，兩者更是混在一起，沒有區分。從而，在中國，「天」與「人」的關係實際上具有某種不確定的模糊性質，既不像人格神的絕對主宰，也不像對自然物的征服改造。所以，「天」既不必是「人」匍伏頂禮的神聖上帝[28]，也不會是「人」征伐改造的並峙對象。從而「天人合一」，便既包含著人對自然規律的能動地適應、遵循，也意味著人對主宰、命定的被動地順從崇拜。

「天人合一」觀念成熟在先秦。《左傳》中有許多論述，孔、孟、老、莊……都從不同角度不同方面提出了這種觀念。無論是積極的或消極的，它們都強調了「人」必須與「天」相認同、一

---

28 值得注意的是，即在此時，就有人對「天」的怨憤。《詩經·雨無正》「浩浩昊天，不駿其德，降喪飢饉，斬伐四國」；《詩經·召旻》「昊天疾威，天篤降喪。瘨我飢饉，民卒流亡」；《詩經·正月》:「瞻彼阪田，有菀其特，天之扤我，如不我克」等等，都是對天「降」自然災害的悲怨憤慨；仍然是把主宰與自然混連在一起的。與後世以至今日對自然災害的悲怨相去並不太遠。

致、和睦、協調。值得注意的是，這一認同恰好發生在當時作為時代潮流的理性主義興起、宗教信仰衰頹之際。這種「天人合一」觀念既吸取了原宗教中的天人認同感，又去掉了它原有的神祕、迷狂或非理性內容，同時卻又並未完全褪去它原有的主宰、命定涵義，只是淡薄了許多；其自然涵義的方面相對突出了[29]。

「天人合一」在董仲舒及其他漢代思想系統中扮演了中心角色，其特徵是具有反饋功能的天人相通而「感應」的有機整體的宇宙圖式。這個宇宙論的建構意義在於，它指出人只有在順應（既認識又遵循）這個圖式中，才能獲得活動的自由，才能使個體和社會得以保持其存在、變化和發展（或循環）。這種「天人合一」重視的是國家和個體在外在活動和行為中與自然及社會相適應、合拍、協調和同一。

如果說，漢儒的「天人合一」是為了建立人的外在行動自由的宇宙模式，這裡「天」在實質上是「氣」，是自然，是身體的話；那麼宋儒的「天人合一」則是為了建立內在倫理自由的人性理想，這裡的「天」則主要是「理」，是精神，是心性。所以前者是宇宙論即自然本體論，後者是倫理學即道德形而上學。前者的「天人合一」是現實的行動世界，「生生不已」指的是這個感性世

---

29 Joseph Needham 和 Dert Bodde 都強調中國思想根本特點之一，在於無創造主的觀念（見 J. N. 的《中國科技發展史》第 2 卷和 D. B. 的 *Essays on Chinese Civilization*, New Jersey, 1981 年），這大概正是因為「天」的雙層涵義的相互制約而並存的結果。所以一方面沒有脫開自然的人格神，另方面又無與人事無干的獨立的自然規律 (Law of Nature)。

界的存在、變化和發展（循環）；後者的「天人合一」則是心靈的
道德境界，「生生不已」只是對整體世界所作的心靈上的情感肯
定，實際只是一種主觀意識的投射，不過是將此投射提高到道德
本體上來了，即將倫理作為本體與宇宙自然相通而合一。它把「天
人合一」提到了空前的哲學高度，但這個高度是唯心主義的。「天
人合一」的感性現實面和具體歷史性被忽略以至取消了。值得注
意的是，無論在漢儒那裡或宋儒那裡，無論「天」作為「氣」的
自然或作為「理」的精神，雖然沒有完全去掉那原有的主宰、命
運涵義，但這種涵義確乎極大地褪色了。漢儒的陰陽五行的宇宙
論和宋儒的心性理氣的本體論從內外兩個方面阻礙了「天」向人
格神的宗教方向的發展。

　　如果今天還保存「天人合一」這個概念，便需要予以「西體
中用」的改造和闡釋。它不能再是基於農業小生產上由「順天」
「委天數」而產生的「天人合一」（不管它是唯物論的還是唯心論
的，不管是漢儒的還是宋儒的），從而必須徹底去掉「天」的雙重
性中的主宰、命定的內容和涵義，而應該以馬克思講的「自然的
人化」為根本基礎。馬克思主義源於西方。在西方近代，天人相
分、天人相爭即人對自然的控制、征服、對峙、鬥爭，是社會和
文化的主題之一。這也突出地表現在主客關係研究的哲學認識論
上。它歷史地反映著工業革命和現代文明：不是像農業社會那樣
依從於自然，而是用科技工業變革自然，創造新物[30]。但即在這

---

30 參看拙作《批判哲學的批判——康德述評》，人民出版社，1979、

時，一些重要的思想家，馬克思是其中的先行者，便已注意到在
控制、征服自然的同時和稍後，有一個人與自然相滲透、相轉化、
相依存的巨大課題，即外在自然（自然界）與內在自然（人作為
生物體的自然存在和它的心理感受、需要、能力等等）在歷史長
河中人類化（社會化）的問題，亦即主體與客體、理性與感性、
人群與個人、「天理」（社會性）與「人欲」（自然性）……，在多
種層次上相互交溶合一的問題。這個問題也就是歷史沈入心理的
積澱問題。就是說，它以近代大工業征服自然改造自然之後所產
生的人與自然嶄新的客觀關係為基礎，這個嶄新關係不再是近代
工業初興期那種為征服自然而破損自然毀壞生態的關係，而是如
後工業時期在物質文明高度發達的同時恢復自然、保護生態的關
係，從而人與自然不再是對峙、衝突的關係，而更應是和睦合一
的關係；人既是自然的一個部分，卻又是自然的光環和榮耀，是
它的真正的規律性和目的性。這是今天發達國家或後工業社會所
要面臨解決的問題，也是發展中國家所應及早注意研究的問題。
而這，恰好就是「天人合一」的問題，是這個古老命題所具有的
現代意義。它顯然只有在我所理解的馬克思主義實踐哲學的基礎
上才可能得到真正的解答[31]。

　　魯迅說，讀中國書常常使人沈靜下來。我認為，包括上述中
國傳統思想中的人生最高境界的審美，也具有這方面的嚴重缺陷。

　　1984 年。

31 同上。

它缺乏足夠的衝突、慘厲和崇高 (Sublime)，一切都被消溶在靜觀平寧的超越之中。因之，與上述物質實踐的「天人合一」相對應，今日作為人生境界和生命理想的審美的「天人合一」，如何從靜觀到行動，如何吸取西方的崇高和悲劇精神，使之富有衝破寧靜、發奮追求的內在動力，便又仍然只有把它建立在上述人化自然的理論基礎之上，才能獲得根本解決。這就是把美和審美引進科技和生產、生活和工作，不再只是靜觀的心靈境界，而成為推進歷史的物質的現實動力，成為現代社會的自覺韻律和形式。只有在這樣一個現實物質實踐的基礎上，才可能經過改造而吸收中國「參天地，贊化育」的「天人合一」的傳統觀念，真正實現人與自然（作為生態環境的外在自然）的和諧相處和親密關係，與此同時，人自身的自然（作為生命情欲的內在自然）也取得了理性的滲透和積澱。外在和內在兩方面的自然在這意義上都獲得了「人化」，成為對照輝映的兩個嶄新的感性系統，這才是新的世界、新的人和新的「美」。這就是我所理解和解釋的「自然的人化」或「天人合一」。

（本文據講演記錄整理）

後　記

　　自己有些不好的習慣。例如，最近幾年寫文章時總有點心不在焉。有時由於想著「下一個節目」而不能集中全力。編《中國近代思想史論》的集子時，心裡想的是《美的歷程》；寫《歷程》時，心裡想的是這本書；寫這本書時又想著別的……。於是每本書便都是急於脫手，匆匆寫完、編就、交出、了事。書出版後，自己又總是頗不滿意：論證不充分，材料有錯漏，文字未修飾，甚至有文法不通的句子。但又無可如何，不想再弄。就這樣使自己陷在寫書──不滿意──再寫──再不滿意的可笑境地中。

　　與此相關聯的近年寫作的另一習慣，是盡寫些提綱性的東西。從有關中國近代思想史的文章，到《美的歷程》，到這本書，都是極為粗略的宏觀框架。特別是後兩書，上下數千年，十多萬字就打發掉。而且，既無考證，又非專題；既無孤本祕笈，僻書僻典，又非旁徵博引，材料豐多。我想，這很可能要使某種專家不搖頭便嘆氣的。不過這一點，我倒是自甘如此，有意為之。我記得每次走進圖書館的書庫時，幾乎總有一種異樣的感覺：望洋興嘆，悵然若失。再博覽，書總是讀不盡的；既然已經有了這麼多的書，我何必再來添一本？活著就是為了皓首窮經來寫書麼？我應該寫什麼樣的書呢？……

　　這種非常幼稚的感受和問題，對我卻似乎是種嚴重的挑戰。「百無一用是書生」，自誤入文史領域之後，我是深感自己無用才來寫書的。但是，中國有那麼多的東西可寫，有那麼多的重要問題和典籍需要研究，有那麼多的荒地急待開墾，我到底搞什麼寫什麼呢？我時常惶惑著。五〇年代我曾想窮二十年之力研究和寫一本《從嘉靖到乾隆》的明清意識形態史；我也曾想結合上古史研究《三禮》；我也想編阮籍的年譜並搞些考證；我當然更想再深入探索一下中國近代的戊戌辛亥時期；或一生守著康德；此外，美學方面還有好些很有意思的題目。就拿這本書來說，這本書講了許多儒家，其實我的興趣也許更在老莊玄禪；這本書都是提綱，其實我更想對其中的一些問題例如宋明理學的發展行程作些細緻的分析。我常常想，只要在上述題目中選定一個，在我原有基礎上，搞它十年八載，大概是可以搞出一兩本「真正」的專著來的。如今垂垂老矣，卻始終沒能那樣作。

　　有一次與兩位年輕記者談話時，我偶然說到，自己不寫五十年前可寫的書，不寫五十年後可寫的書。這被記者們發表了，其實，人各有志，不必一樣。我非常愛讀那些功力深厚具有長久價值的專題著作，我也羨慕別人考證出幾條材料，成為「絕對真理」，或集校某部典籍，永遠為人引用……；據說這才是所謂「真學問」。大概這樣便可以「藏之名山，傳之後世」了。但我卻很難產生這種「不朽」打算，那個書庫張著大口的嘲諷似乎總在我眼前蕩漾著。這倒使我終於自暴自棄也自覺自願地選擇了寫這種大而無當的、我稱之為「野狐禪」的空疏之作。我在另處介紹過，「對於創造性思維來說，見林比見樹更重要」（《書林》1984年第

2 期）。我只希望我這種儘管粗疏卻打算「見林」的書，能對具有創造情懷的年輕一代有所啟發或助益。在學術文化和非學術文化領域內，我仍堅持五年前說過的，「希望屬於下一代」（拙文〈讀書與寫文章〉，《書林》1981 年第 2 期）；他們將破舊立新，大展宏圖，全面創造。我若能「為王先驅」，替他們效力服務，即於願足矣，又何必他求？特別是當我的這種寫作得到了許多青年同志和一些中老年學者的熱情支持、鼓勵和關懷後，我似乎更加快樂了。

這本書所想講的便與我所接觸的年輕大學生中的兩種不同意見有關。一種意見要求徹底打碎傳統，全盤輸入西方文化以改造民族；另一種希望在打碎中有所保存和繼承。前者認為後者在客觀上將阻礙現代化的進程；後者認為還應該看到後現代化，要注意高度現代化了的歐美社會所面臨的精神困擾。我沒有參與這一爭論。我仍然是社會存在決定社會意識的理論的信徒，深信當前中國的社會前進首先還是需要基礎的變動，需要發展社會生產力、科學技術以及改變相應的各種經濟政治體制。在意識形態領域，首先要努力配合這一變化。同時也應該高瞻遠矚，為整個人類和世界的未來探索某些東西。從前一方面說，中國民族的確是太老大了，肩背上到處都是沈重的歷史塵垢，以致步履艱難，進步和改革極為不易，「搬動一張桌子也要流血」（記得是魯迅講的）。在思想觀念上，我們現在某些方面甚至比五四時代還落後，消除農民革命帶來的後遺症候的確還需要衝決網羅式的勇敢和自覺。所以本書反對那準宗教式的倫理主義，揭示儒、道、墨等思想中的農業小生產的東西，並以《中國近代思想史論》一書作為本書前

導。從後一方面說，比較起埃及、巴比倫、印度、瑪雅……等古文明來，中國文明畢竟又長久地生存延續下來，並形成了世罕其匹、如此巨大的時空實體。歷史傳統所累成的文化形式又仍然含有值得珍貴的心理積澱和相對獨立性質；並且百年來以及今日許多仁人志士的奮鬥精神與這文化傳統也並非毫無干係。所以本書又仍然較高估計了作為理性凝聚和積澱的倫理、審美遺產。這實際也涉及歷史主義與倫理主義的二律背反問題。我有時總想起盧梭與啟蒙主義的矛盾，浪漫派與理性主義的矛盾，康德與黑格爾的矛盾，托爾斯泰與屠格涅夫的矛盾，油畫「禁衛軍臨刑的早晨」中雄圖大略的彼得大帝與忠誠的無畏勇士們的矛盾，也想起今天實證主義與馬爾庫塞的矛盾……。歷史本就在這種悲劇性矛盾中行進。這是一個深刻的問題啊。

　　本書目標之一，就是想把這類問題（不只這一個）從中國思想史角度提出來，供年輕同志們參考、注意和研究。

　　目的達到了沒有呢？不知道。所涉及那許多問題講清楚沒有呢？不知道。大概沒有。怎麼辦呢？以後再說。而這，就算這本書的後記吧。

中國近代思想史論　　　　　　　　李澤厚　著

本書收錄作者對近代中國自太平天國至辛亥革命時期各主要思潮和重要思想人物，如康有為、譚嗣同、嚴復、孫中山、章太炎、魯迅等的系統論述和細緻分析。首篇即從思想角度剖析太平天國為何「其興也勃，其亡也忽」，指出農民革命戰爭諸多規律性的現象，慨乎言之，深意存焉。其後數篇則詳盡分疏戊戌變法的維新思想和人物，於康有為大同思想和托古改制策略，評價甚高。此外，對嚴復在中國近代思想史的特殊地位、章太炎民粹主義的突出思想特徵、本世紀初知識分子由愛國轉而投身革命的心路歷程，以及梁啟超、王國維等人的獨特意義，都或詳或略予以點明和論述。

中國現代思想史論　　　　　　　　李澤厚　著

本書以「啟蒙」與「救亡」的雙重變奏，作為解釋中國近現代思想史上許多錯綜複雜現象的基本線索，在學術界引起了巨大討論。

此外，本書以數十年的新文學歷程，以及「現代新儒家」等哲學論題，深入淺出地探討現代中國思想的爭議與價值，並或明或暗地顯現了本世紀中國六代知識分子的身影與坎坷的命運。

我的哲學提綱　　　　　　　　　　李澤厚　著

作者以簡潔形式提出自己的哲學體系，即「天大，人也不小」，以一個世界為根本特徵的人類歷史本體論：創造一使用物質工具為基礎的工藝社會本體和以心理情感為人性指歸的文化心理本體。在全書結尾的「哲學探求錄」中，作者概括地提出「人活著」、「人如何活」、「為什麼活」和「活得怎樣」，深刻點觸了生活價值、人生意義等基本問題。

近代哲學趣談

鄔昆如 著

本書為從文藝復興開始,一直到黑格爾的辯證法為止的思想歷程。文藝復興一向被認為是西洋的再生,事實上,中世宗教情操中的「仁愛」思想被拋棄後,古代「殖民」和「奴隸」制度再度復活,導致十九世紀後半成為西洋近代思想最黑暗的時代。作者以深入淺出的方式,引導人們認識西方近代哲學,從而領悟到「精神生活的確立與提昇為人類文化發展之方向」的意義。

青春超哲學

冀劍制 著

青春期,是兒童長至成人的過渡期,也是一個探索、發現自我的階段。如果在這特殊時期,能獲得多元的思考方向,也將擁有更多自覺能力,逐步確立回應世界、看待自己的方式,自信地邁向未來。本書運用哲學觀點省思世界上正在發生的時事議題,將看似艱深的理論應用於日常生活中的實例,除了有助理解,更能增添趣味,提高一般大眾深度思考的能力,引領哲學進入我們的生活中。期望有一天,哲學能成為普羅大眾茶餘飯後的閒聊話題。

思考的秘密

傅皓政 著

本書專為所有對邏輯有興趣、有疑惑的讀者設計,從小故事著眼,帶領讀者一探邏輯之祕。異於坊間邏輯教科書,本書沒有大量繁複的演算題目,只有分段細述人類思考問題時候的詳細過程,全書簡單而透徹,讓您輕鬆掌握邏輯推演步驟及系統設計的理念。全書共分九章,讓您解碼邏輯,易如反掌!

柏拉圖

傅佩榮 著

懷德海 (A.N. Whitehead,1861-1947) 曾說：「歐洲的哲學傳統無非是一系列對於柏拉圖的註腳。」一語道盡柏拉圖的歷史定位。身為最為人所熟知的西方古典哲學家，柏拉圖在其《對話錄》中，為西方哲學建立了完整而難以超越的架構。在本書作者的淺顯介紹中，柏拉圖《對話錄》之各類題旨愈發清晰，而文雅又精鍊的原文翻譯，也讓讀者得以欣賞柏拉圖行文風格與敏銳心智。

韓非，快逃！

李賢中 著

韓非，法家的集大成者，他認為人的行為傾向都是為著自己的利益，世上眾人皆趨利避害；因此，國君唯有透過公正與強制性的「法」，責效與防奸的「術」，信賞必罰之「勢」，以及綜合三者靈活運用之「道」，才能發揮領導統御力，達到富國強兵的目的。然而，韓非為何要「快逃」？若韓非是現代人，他是否會沿用他的學說呢？在現代社會中，法家哲學還適用嗎？在作者輕鬆詼諧的文筆下，看韓非與各家人物對談，層層剖析其思想內涵，以淺近生動的譬喻，思索活用於現代的可能，讓讀者輕鬆閱讀、愛不釋卷！

墨翟先生，請留步！

李賢中 著

這是一本充滿對話的故事書，對話中隱含著哲理，故事中充滿著想像。兩千多年前的墨翟躍於紙上，在尋找天下至寶的途中，他巧遇了不同時空的先秦哲學家們：老子、莊周、惠施、孫武、公孫龍、荀子、韓非等，這些哲學家們談生命、論兼愛、講兵法、述鬼神，他們關心人性與管理、君子與立志，還有墨家是不是效益主義的問題。讀者不僅能從本書了解墨家哲學，亦得以從一個不同於儒家傳統的立場，鳥瞰先秦哲學。

美的歷程

李澤厚　著

本書以宏觀角度對中國數千年的藝術、文學作了概括描述和分析。從遠古藝術的「龍飛鳳舞」，殷周青銅器藝術的「獰厲的美」，先秦理性精神的「儒道互補」，楚辭、漢賦、漢畫像石之「浪漫主義」，「人的覺醒」的魏晉風度，到六朝、唐、宋佛像雕塑，宋元山水繪畫以及詩、詞、曲各具審美三品類，明清時期小說、戲曲等等的藝術表現，作者皆提出了許多前人所未發現的重要觀念，形成美學上的重要議題。